ひとびとの精神史

〔第2巻〕朝鮮の戦争

1950年代

ひとびとの精神史

〔第2巻〕

朝鮮の戦争
1950年代

テッサ・モーリス-スズキ〔編〕

道場親信
平田由美
鹿野政直
米山リサ
ラン・ツヴァイゲンバーグ
グレッグ・ドボルザーク
益田 肇
富田 武
岡村正史
カーティス・アンダーソン・ゲイル
小田博志

岩波書店

刊行にあたって

本企画は、第二次世界大戦の敗戦以降、現在に至るまでのそれぞれの時代に、この国に暮らすひとびとが、何を感じ考えたか、どのように暮らし行動したかを、その時代に起こった出来事との関係で、精神史的に探究しようとする企てである。

ここでいう精神史とは、卓越した思想家たちによる思想史でもなければ、大文字の「時代精神」でもない。市井のひとびとが、暮らしの中で感じ考え、振る舞い行動したこと、言い替えれば、生き方の姿勢としての精神の運動を探究すること。自分一個の「体験」でなく、他者との相互関係を含み、広い可能性に開かれた、精神の強度をもつ「経験」を記録すること。それが、「ひとびとの精神史」の課題である。

二〇一一年三月一一日以降に起こった出来事、東日本大震災と福島原発災害は、危機の進行のうちに、この社会がはらむ根元的な矛盾を一挙に噴出させ、あらゆる分野に潜在していた深刻な問題群を露わにした。一九四五年八月一五日という日付がそうであったように、三月一一日も「あなたはどのように生きるか」という問いを私たちに突きつけている。

三月一一日の「経験」は、私たちが今まで「経験」の中に十分に繰り込むことができず、したがって「経験」を精神のあり方に連結できないでいることへも、探究の視座を広げることを促している。それらは、以下のような問題群として、当企画の構成に組み込まれる。戦後史を一貫して、私たちの暮らしが戦争と深く関わりをもってきたこと。出来事にアメリカの世界支配が影を落としていること。出来事の「経験」にアジアとの深い関わりがあること。経済成長至上主義、「富国強兵」、天皇制、植民地主義、公害、差別と社会的排除など、連続する問題があること。沖縄、東北、九州、水俣、釜ヶ崎、福島など、「受苦」の場所でのひとびとの「経験」と精神のあり方が、「失われたもの」と「いまだ実現しないもの」との間に橋を架ける潜勢力をもつこと。

時代の底に押し込められてきて、今生まれつつあるものが、眼に見えるものへと形を現わすことに力を添えることをも、当企画の更なる課題としたい。

二〇一五年春

栗原　彬
テッサ・モーリス－スズキ
苅谷剛彦
吉見俊哉
杉田　敦

ひとびとの精神史 第2巻 朝鮮の戦争

目次

プロローグ　一九五〇年代――戦後、貫戦期、冷戦、朝鮮戦争……テッサ・モーリス－スズキ　1

I　冷戦下の兵站列島

1　山田善二郎と板垣幸三――キャノン機関 朝鮮戦争の隠された顔……テッサ・モーリス－スズキ　15
2　江島寛――東京南部から東アジアを想像した工作者……道場親信　45
3　金達寿《キムダルス》――「文学」と「民族」と……平田由美　77
4　阿波根昌鴻――「命《ぬち》どぅ宝」への闘い……鹿野政直　103

II　核の精神史

1　丸木位里と丸木俊――「核」を描くということ……米山リサ　133

2 アボル・ファズル・フツイと森瀧市郎
——原子力の夢と広島 …… ラン・ツヴァイゲンバーグ 157

3 マーシャル諸島のひとびと
——潮に逆らって闘う …… グレッグ・ドボルザーク 179

4 京都大学同学会
——戦後史における原爆展のもう一つの意味 …… 益田 肇 209

III 「豊かさ」へと向かう時代のなかで

1 石原吉郎——抑留を二度生きた詩人の戦後 …… 富田 武 239

2 力道山——ヒーローと偏見 …… 岡村正史 265

3 愛媛女性史サークル——歴史をつむぐ「普通のひとびと」 …… カーティス・アンダーソン・ゲイル 291

4 小池喜孝——〈痛み〉からはじまる民衆史運動 …… 小田博志 313

カバー＝自衛隊の演習を眺める子どもたち。一九五六年八月一五日、岡山県総社市。
岩波写真文庫209『日本——一九五六年八月十五日』より。
Ⅰ部扉＝岩波写真文庫158『戦争と平和』より。
Ⅱ部扉＝同右より。
Ⅲ部扉＝提供・朝日新聞社。

プロローグ

一九五〇年代
――戦後、貫戦期、冷戦、朝鮮戦争

テッサ・モーリス-スズキ

戦後

一九五〇年代の日本のイメージを一言で表すものがあるとすれば、きっと「戦後」であろう。それは五一年のサンフランシスコ平和条約に代表される戦後の取り決めの時代であった。「戦後体制《レジーム》」と「戦後の経済復興」が軌道に乗った時代でもある。またそれは、丸山真男の『日本政治思想史研究』(一九五二)や大塚久雄の『共同体の基礎理論』(一九五五)、加藤周一の『政治と文学』(一九五八)などの出版物に代表される「戦後思想」の時代であった。さらに、カーティス・ゲイルや道場親信が本書で指摘しているように、歴史や文学サークルなど新たな雑誌類や文学運動の時代でもある(I-2章、III-3章を参照)。

五〇年代は美空ひばりの哀切な演歌がフランク永井のアメリカ風の甘い調べと合流した時代である一方、黒澤明の『羅生門』(一九五〇)や『七人の侍』(一九五四)、市川崑の『ビルマの竪琴』(一九五六)や『野火』(一九五九)などの日本映画が国際的な評価を勝ち取っている。多くの日本人にとって、戦中や占領初期の苦難と物不足が終わり、物質的に豊かになっていく時代であった。戦後資本主義が生み出す新たな消費物資が家庭に入り始め、テレビが日本人の文化生活を変え始めた。テレビの到来は、多くの視聴者にとって、かつての力士、力道山がプロレスのリングで米国のレスラーを打ちのめす姿と密接に結びついている(Ⅲ-2章参照)。

今日も「戦後」という言葉には大きな喚起力があり、対立するイメージや感情を呼び起こす。一方では「戦後の時代」という言葉にノスタルジーを感じ、よりよい未来に向けた再生と希望の時代を思い浮かべる人がいる。他方で、それを日本の歴史に影を投げかけた時代と考える人もおり、「戦後レジームからの脱却」が二一世紀日本のナショナリズムの重要なスローガンになりつつある。

貫戦期

しかし、本書で考察するひとびとの生き方や思想から、「戦後」という言葉が一九五〇年代の日本人の経験の一端しかとらえていないことが分かる。本書で語られている個人や集団にとって、もっと適切な言葉は、米国の日本史研究者アンドリュー・ゴードンの「貫戦期」ではなかろうか。「戦後」が対立の終焉と新たな平和の時代の到来に力点を置いているとすれば、「貫戦期」は一九四〇年代後半、五〇年代、それ以降を生き延びた戦時日本の複数の要素を想い起こさせる。この言葉は、占領期の改革にもかかわらず、日本の戦前・戦時の官僚・政治システムと戦後民主主義を結びつける人的・制度的な連続性を明らかにする。

I-1章で検討するように、GHQの要人らは、占領当初から一部の戦時中の軍や情報機関の指導者を公的な場面に復帰させようとした。四〇年代末の「逆コース」と朝鮮戦争の勃発に伴って、連合国による武装解除から戦時の旧指導者の復帰への転換は勢いを増した。このプロセスの持つアイロニーは、本巻の小田博志による小池喜孝の物語に鮮やかに描かれている(III-4章参照)。戦時中、軍国主義イデオロギーの信奉者であった教師の小池は、戦後、民主的で平和を尊重する教育に積極的に取り組んでいたが、一九四八年に解雇された。表向きの理由はかつて「軍国主義信奉者」だったためだが、実際には、教育システムから戦時中の痕跡を取り除こうとする取り組みへの保守派の反発によるものだった。

戦時中の重要人物の復帰は、冷戦の緊張の高まりと五二年四月のサンフランシスコ平和条約発効による日本の主権回復に伴って、いとも簡単に行われた。かつての著名政治家が次々と日本政界に復帰したが、それをもっとも象徴するのが岸信介の経歴である。三〇年代後半に日本の支配する満洲国の行政の中枢にいた岸は、一九四一年から四三年まで東條内閣の商工大臣を務め、その後商工省から改組された軍需省の次官を務めた。岸は日本の敗北後、戦犯容疑者として逮捕されたものの、起訴されることなく、四八年に釈放されている。岸に戦争に対する反省の念はなく、戦後の東京裁判を茶番とみなしていた。しかし、五三年四月の総選挙で政界に復帰した岸に、米国のアイゼンハワー政権から熱烈なラブコールが寄せられた。一九五三年から五六年まで在日米国大使館の首席公使を務めたジェイムズ・グラハム・パーソンズは、未公開の覚書の中で「一時期戦犯であった岸氏は、一九五〇年代半ばに東京の大使館で私たちによって育成され、政党の指導者になった後は信頼に足る忠実な協力者となり、自らの政治生命をかけて米国との結びつきを強化しようとした」と述べた(Parsons, n.d., p. 33)。五七年二月から六〇年七月まで首相を務めた岸は、五〇年代後半の政界に君臨して大きな議論を巻き起こし、大規模な反対デモをものともせず改定した日米安保条約を成立させて、そのクライマックスを迎えた。

「貫戦期」の連続性は、政治の世界のみならず、日常生活のさまざまな面にも明らかである。日本の一部の人々にとって、五〇年代は戦争経験の終結であると同時に継続でもあった。この一〇年が始まる時点で、数万の日本人が、失われた帝国の一部や戦時中日本が占領した地域、さらには戦争終了時に六〇万人が抑留されたソ連の戦時捕虜収容所からの帰還を待っていた。これら海外に取り残された人々の中には、戦犯や(Ⅲ-1章の主人公である石原吉郎などの)戦時のスパイ活動の容疑者、民間人、(Ⅰ-1章で登場する)板垣幸三などがいた。これらの人々には、帰国後も平穏な生活が戻ることはなかった。石原は詩によってシベリアでの抑留の恐ろしさを追体験することにその後半生を費やし、自らの経験を受け入れようと努力を重ねた。板垣は、ソ連の侵攻を受けた地域に「取り残されて」一定の期間をすごした経歴が災いして、占領下の日本でスパイ容疑をかけられることになる。日本の主要都市への空襲や広島・長崎への原爆投下を経験した日本人は、筆舌に尽くしがたい戦争体験を語る方法を懸命に模索した(Ⅱ-1章)。「戦後」という言葉では、沖縄で外国の占領軍が支配する領土に住み続けた阿波根昌鴻のような人々の体験（軍事基地の拡大に伴って、阿波根を含む数千人が家屋や土地を奪われた）もとらえられそうにない（I-4章を参照）。

植民地主義と戦争は在日朝鮮人の生活からも消えなかった。アジア・太平洋戦争の終結の時点で、日本には二〇〇万人以上の朝鮮人と数万人の台湾人が暮らしていた。占領当局は旧植民地市民のために帰還計画を作成したが、多くの人々が数十年も日本で暮らしていた上、朝鮮と台湾の政情が不安定だったこともあり、およそ三分の一が日本にとどまる道を選んだ。一方、占領軍は即座に日本の海上の国境線を閉ざし、日本と旧植民地の間の往来を違法とし、植民地時代の移住者の家族を引き裂いた。その一つの帰結が金達寿によって鮮烈に描かれている大規模な密航である（I-3章を参照）。サンフランシスコ平和条約の発効とともに、日本政府が、大日本帝国の下ですべての植民地住民が持っていた日本国籍を一方的に剥奪したため、植民地時代に日本に移住した人々は明確な在留資格を持たない法的に曖昧な状況におかれ、在日朝鮮人・台湾人の生活は過酷なものとなった。

冷　戦

一九五〇年代の始まりの時点で米ソ間の緊張が高まっていたものの、北東アジアの地政学的秩序はいまだ流動的であり、多くの未来が開けているように見えた。しかし、冷戦の亀裂は急速に拡大し、北東アジアを分断する強固な障壁が形成された。四〇年代末の時点で、アジア・太平洋戦争を終結させる協定は、敗北した日本と勝利した米国とその西洋の同盟国のみならず、ソ連や中国も調印する平和条約の形を取ると思われていた。しかし、五〇年六月二五日に朝鮮戦争が勃発し、同年一〇月に中国が参戦すると、冷戦の両サイドの外交関係は抜き差しならないものとなった。結局、五一年九月八日のサンフランシスコ平和条約の調印に至る講和会議は、ソ連、中華人民共和国、中華民国(台湾)、南北朝鮮を除外して進められた。これらの国が平和条約から除外されたことは、日本とアジアの近隣諸国の関係に今なお影響を及ぼしている。

日本が米国との軍事同盟に組み込まれると、冷戦の影響はしだいに日本社会に浸透するようになる。唯一の被爆国である日本では、グローバルな核戦争への不安はひときわ現実味を帯びていた。連合国による占領の当初、GHQの検閲のために、広島と長崎への原爆の影響は公表されなかったが、占領期が終わりに近づくと、資料展示会やその他の催し物によって原爆の恐ろしさが明らかにされ、広範な議論が沸き起こった(II-4章を参照)。五〇年代に世界的な緊張が高まると、米国の核の列島が形成され、ハワイ、フィリピン、グアム、ミクロネシア、韓国、日本に及ぶことになる。米国の機密解除された公文書によると、小笠原と硫黄島に米国の核兵器が配備され、沖縄に「巨大でさまざまな核の兵器庫」が作られ、佐世保と横須賀に核を搭載した艦船が配置された。一九五〇年代半ばには、「日本の一三の場所が核兵器を備えるか、あるいは危機や戦時には核兵器を受け入れることになっていた」(Norris, Arkin and Burr 2000, p. 12)。

核実験の物理的な影響は太平洋全体に広がり、一九二〇年から四五年まで日本の委任統治領で、その後(一九八〇年代まで)米国が信託統治領として支配していたミクロネシアにおいてもっと大きくて深刻だった(II-3章を参照)。第五福竜丸の乗組員がビキニの核実験の放射性降下物に被爆したことで、日本の核兵器反対運動が急速に盛り上がった一方、五〇年代と六〇年代の米ソの核実験によって死の灰が降り、その影響はまだ消えていない。根強い反核感情に対する日米両政府の一つの対応は、原子力の平和利用を推進する大規模キャンペーンだった。五〇年代初頭に大学生が組織した核戦争の結末をめぐる資料展示会は、皮肉なことに五六年の広島の「原子力平和利用」博覧会に反転することになり、この博覧会は原子力の潜在的な力が「人類の新たな文明」の夜明けを印すと謳い上げた(II-2章を参照)。この博覧会が一般公開されたころ、原子力を備えた日本のビジョンを現実のものにしようとする動きがすでに進行中で、その背後には読売新聞社主の正力松太郎など実業界のリーダーや、中曽根康弘などの政治家の強力な後押しがあった(吉岡 一九九九)。これらの原子力の支援者が五〇年代に打ち上げたビジョンは、今日も日本社会に大きな痕跡を残している。

朝鮮戦争

朝鮮戦争は一九五三年七月二七日の板門店における朝鮮休戦協定の調印で正式に終止符を打った。しかし、多くの点で、この戦争は五〇年代全体を通じて日本の運命に影を落とし続けた。この休戦協定には米国が支配する国連司令部の代表、北朝鮮人民軍、中国の義勇軍が調印したが、韓国は調印せず、最終的な平和条約には至っていない。

日本の文脈では、朝鮮戦争をめぐる民衆の記憶は戦争の間接的で非軍事的な側面に焦点が当てられる傾向がある。とくに強調されるのが、日本の戦後の高度経済成長への起動力となった朝鮮戦争特需の役割である。しかし、日本もまたこの戦争の暴力に深く関与していた(和田 二〇〇二)。公式の統計は存在しないが、およそ八〇〇〇名の日本人が朝鮮半島とその周辺海域に送られ、戦争関連の任務に携わったと思われる(石丸 二〇〇八、二一一─四〇頁)。多くが関わったのが海上作業だった。そのおよそ一二〇〇名のうちのほとんどが旧帝国海軍の軍人であり、国連の指揮の下、朝鮮の沖合で掃海作業を行い、さらに数千人以上の日本人が荷役に携わり、そこには一九五〇年の重要な仁川上陸作戦に参加した者も含まれていた。他にも一〇〇〇名から二〇〇〇名が国連軍を支援するために朝鮮に赴き、修理や荷役作業に当たった。

朝鮮戦争で死傷した日本人の数は公式に記録されていないが、ある報告書は最初の六カ月間の戦闘だけで四七名の日本人船員その他が亡くなったとしている。少なくとも、ふたりの日本人が北朝鮮での戦闘で捕虜になった。一九四五年以降も中国に残っていた少数の日本人が中国の義勇軍とともに朝鮮で戦うはめになり、ひとりが国連軍の捕虜となって韓国に移送された。六〇〇名以上の在日韓国人が韓国を支持していた民団の徴募に応じ、そのうち一三五名が戦闘中に死亡するか行方不明になった(金 二〇〇七)。一方、「駐韓米軍に配属される韓国軍兵士(KATUSA)」に応募した八〇〇〇名以上の韓国人が日本に送られて米軍基地で訓練を受けた。

戦争の勃発は基本的にサンフランシスコ平和条約の性格を規定し、講和プロセスからの中ソの排除にとどまらず、平和条約の条項の大幅改訂につながった。条約の当初の草案は日本に対して懲罰的であり、とりわけ尖閣諸島（釣魚群島）や竹島（独島）など重要な領土の処分の細目をめぐってその傾向が見られた。しかし、戦争の勃発後に改訂された草案は日本の処遇をめぐって寛大なものになり、重要な領土問題については曖昧になった。五一年に調印される条約の最終案に表れたこうした変化は、今なお北東アジア政治につきまとっている不安定さの一因となった（Hara 2006）。朝鮮戦争は日本の再軍備への直接的な引き金ともなった。この戦争の勃発に対する米国占領当局の最初の反応は、日本の「警察予備隊」の設置を許可したことであり、それは戦争が終わるころには一〇万人を擁する「保安隊」に拡大された。

そうしたなか、朝鮮戦争は日本社会にとって非常に重要な問題となった。軍需物資の製造と輸送が日本の都市の景観を変えるにつれて、（I-2章とI-3章で議論されるように）下丸子文化集団は戦争の亡霊の再登場に不安を表明すると同時に、釜山沖の巨済島の大規模な捕虜収容所に国連が収容している朝鮮と中国の戦時捕虜に対する共感を示した。左派の反戦活動の中には、日本から戦争地域への物資の流れを阻むためのデモやサボタージュが含まれていた。在日朝鮮人コミュニティにとって、朝鮮戦争という内戦はとくに痛ましいものだった。戦争で引き裂かれた朝鮮と苦痛を共有する感覚は、I-3章で議論されている金達寿の短編に生き生きと描かれている。

朝鮮戦争は目に見えない形ではあるが五〇年代の日本社会を形作った。日本の入管制度が朝鮮戦争中の連合国占領当局によって導入されたという事実は、今日に至るまでこの制度の性格に多大な影響を及ぼしている。五一年の出入国管理令に盛り込まれた外国人の入国への厳格な管理と「破壊活動分子」の強制送還に関する厳しい条項は戦争の状況を直接反映するものだった。長崎県の大村入国管理センターは朝鮮戦争中に出国地点として設けられ、そこから三五〇〇人以上の朝鮮人（多くが「破壊活動」の疑いをかけられた）が戦争中の韓国に強制送還された。この大量の強制送還は、何人かの送還者にとって、死への道となっただろう。今日も残っている大村のセンターは、五〇年代半ばに日本と南北朝鮮の間の激しい議論の焦点となり、その後、日本とこのアジアの隣国の関係を悪化させることになる。

五八年までに朝鮮の平和協定をめぐる議論は行き詰り、米国政府は板門店の停戦協定に違反して、米軍に韓国への核兵器配備を許可する決定を下した。北東アジアにおける冷戦は今や頂点に達していた。五〇年代は朝鮮戦争の勃発で始まり、日本から北朝鮮への朝鮮人の大量「帰還」、すなわち、五九年一二月一四日にメディアの鳴り物入りで始まったエクソダス（大移住）で幕を閉じることになる。日本における不安定な在留資格に解決の糸口が見えず、朝鮮の分断にも解消の兆しが見えない中、およそ九万人の在日朝鮮人は、まだ見ぬ北朝鮮への「帰還」を選ばざるを得なかった。

ひとびとの歴史

本巻の各章はナショナル、地域、グローバルな歴史という大きな物語を背景にしながらも、大きな物語そのものではなく、小さな歴史と個人の歴史を扱うことになっている。各章は、さまざまな人々がどのように当時の歴史的出来事を経験し、自らの仕事や著作や芸術作品、社会的な活動を通して表現したかを検証している。山田善二郎や小池喜孝、阿波根昌鴻、金達寿など、ここでその物語が語られている人々にとって、一九五〇年代は、その生活やその後の数十年に自らが追求する目標を形作る上で重要な時代であった。

日本とその近隣地域全体にとっても、五〇年代は「朝鮮戦争レジーム」とも呼ぶべき地域秩序が作られた時代だった。分断と恐怖と軍事化を特徴とするこの国際的な体制は現在も消え去っていない。そして二一世紀の今日、北東アジアの人々が脱却を目指しているのがこのレジームではなかろうか。

（伊藤茂訳）

参考文献

石丸安蔵「朝鮮戦争と日本の関わり——忘れ去られた海上輸送」『戦史研究年報』一一、二〇〇八年。

金賛汀『在日義勇兵帰還せず——朝鮮戦争秘史』岩波書店、二〇〇七年。

吉岡斉『原子力の社会史——その日本的展開』朝日選書、一九九九年。

和田春樹『朝鮮戦争全史』岩波書店、二〇〇二年。

Hara, Kimie *Cold War Frontiers in the Asia-Pacific: Divided Territories in the San Francisco System*, London and New York, Routledge, 2006.

Norris, Robert S., Arkin, William M. and Burr, William, "How Much did Japan Know?". *The Bulletin of the Atomic Scientists*, January/February 2000, pp. 11-13 and 78-79.

Parsons, James Graham, *The Far Eastern Bureau: March 8 1958-March 31 1961*（未刊原稿）。

I 冷戦下の兵站列島

［写真］
日本の砲弾工場．

1 ZENJIRO YAMADA & KOZO ITAGAKI

山田善二郎と板垣幸三
——キャノン機関 朝鮮戦争の隠された顔

やまだ・ぜんじろう…1928-　◉新潟県に生まれ、東京で育つ。戦時中海軍予科練に入るが、日本の降伏後はアメリカの占領軍に雇われ、情報将校ジャック・Y・キャノンのコックとなる。「キャノン機関」が極秘に尋問所として使用していた家に送られたこともあり、1952年には同機関の活動実態を明らかにすることに貢献した。その後の人生は人権問題に捧げている。

いたがき・こうぞう…1930-?　◉樺太生まれ。1945年のソ連の樺太侵入後、ソ連軍将校の「ハウスボーイ」となり、日本への帰還後はソ連極東地域・朝鮮・日本の間を行き来する密輸船で働く。51年に新潟県で逮捕された後、キャノン機関に引き渡され尋問を受ける。53年には国会で同機関での経験について証言。その後の消息は不明。

テッサ・モーリス-スズキ

冷戦開始時の二人の生活

アジア・太平洋戦争の殺戮の時代が終わり、監視の目の厳しい冷戦の境界線が浮上してきたころ、その線の両側にふたりの若い日本人がいた。その後ふたりは、自分では制御もできず想像力も及ばない歴史的出来事の渦中に投げ込まれていく。

そのひとり山田善二郎は、戦時中海軍航空隊の士官候補生として訓練を受けたが、日本の敗戦後まもなく米国占領軍の情報機関を指揮するジャック・Y・キャノン少佐(後に中佐)の家にコックとして雇われた。キャノン(一九一四―八一、出生名:ジョセフ・ヤング・キャノン)はテキサス州出身で、口数が少なく、人が怖がるほどの拳銃マニアであったが、横浜の家で自分や妻のジョゼット、ふたりの小さな子供たちの食事を作ってくれるこの若いコックを可愛がっていた。同家の正面玄関は台所に直結していて、仕事や旅先から帰ったキャノンは台所でキャメル(キャノンがときどきそれに白い粉を混ぜることにジョゼットは苛立っていた)をくゆらせながら、よくこの日本人と雑談を交わした(山田インタビュー、二〇一四・八・三一)。キャノンは仕事の詳細は明かさなかったものの、影響力のある人物だったのは明らかだった。同家の晩餐やカクテルパーティに警察幹部を含む日本の要人が招かれていたからだ。山田がとくに記憶しているのは、有名な映画スターで後に政治家となる山口淑子(李香蘭)がそのヒット曲「支那の夜」を歌ったパーティの模様である(山田インタビュー、二〇一四・八・三

一。日本国民救援会編 一九九九、六頁も参照)。

一九五〇年六月に朝鮮半島で戦争が始まると、朝鮮から戻ったばかりのキャノンは山田にこの新たな戦争をどう思うかと尋ねている。キャノンはこの戦争に強い関心を寄せていた。自分が運営する諜報組織「Z機関」(通称「キャノン機関」)が日本だけでなく、朝鮮や中国やソ連極東地域でのスパイ活動と複雑な結びつきがあったためだ。山田善二郎は当時二〇代前半で、その政治的な考えはまだ戦時中の訓練の影響下にあった。そのため、キャノンの質問への答えはシンプルなものだった。山田が、日本は共産主義者の侵略とたたかうため再武装すべきだと答えると(山田の記憶によれば)キャノンは笑って、君のために「軍隊を作ってやる」と言った(山田二〇一一、二二頁)。

しかし、朝鮮戦争の三年間に自らも政治的騒乱に巻き込まれていく中で、山田の考えは大きく変化していく。この時期の日米関係の危機は非常に深刻であったため、六〇年以上経った今でも、この問題をめぐる公式文書の多くはまだ機密扱いや検閲の対象となっている。

山田善二郎(右端). 左から猪俣浩三, 鹿地亘, 内山完造. 1952年12月. 出典『アメリカのスパイ・CIAの犯罪』学習の友社.

一方の板垣幸三は山田より二歳年下で、一九四五年八月の日本降伏後に始まる冷戦の分断線の反対側に取り残されることになった数十万の日本人のひとりである。板垣は帝国の孤児だった。アジア・太平洋戦争が始まる前に当時の日本領南樺太《サハリン》に移住した父親は鉱山事故で命を落とし、母親も四五年八月後半にソ連軍が南樺太に侵攻してきたとき殺された。南樺太がソ連の領土に組み込まれた後、板垣は身寄りもないまま一人取り残されたため、(日本にいた山田善二郎と同じように)占領軍から仕事をもらって生き延びねばならなくなり、マキシム・タールキンと呼ばれるソ連軍将校の家の「ハウスボーイ」となった。(いくつかの資料によると)タールキンはソ連の諜報機関GPU(KGBの前身)の少佐であった(戸田正直証言、一九五三・七・三一)。

一九四九年、中国経由でモスクワに帰還するタールキンに瀋陽まで同行した板垣は、そこからまだ見ぬ祖国に渡ろうと考えた。瀋陽から中国と北朝鮮の間の抜け穴だらけの国境を超えた板垣は、朝鮮半島の沿岸に沿って元山《ウォンサン》の港にたどり着き、停泊していた日本行きの密輸船を見つける。その船は敗戦直後の日本との間を行き来する数千隻の一つにすぎなかったため、見つかることもなく東京湾に入り、板垣は芝浦港で降ろされた。しかし、日本で仕事もお金も住む場所もなかった板垣は、東京で下船する前、まもなく別の密輸船が入港する予定だという情報を耳にしていた。東京で数日間過ごした後、(板垣の証言によると)興北丸と呼ばれるその船を探し出し、雑役夫として雇ってくれるよう頼んだ。結局、板垣は二年間その密輸船で働くことになり、日本とさまざまな地域(沖縄、南北朝鮮、中国、台湾、ロシア極東)の間を密かに往来した(板垣浩三証言、一九五三・八・五。猪俣一九七九、二六六頁)。朝鮮戦争が勃発したころも板垣は興北丸での仕事に従事していたが、やがて、ジャック・Y・キャノンや山田善二郎と不思議な運命的出会いを迎えることになる。

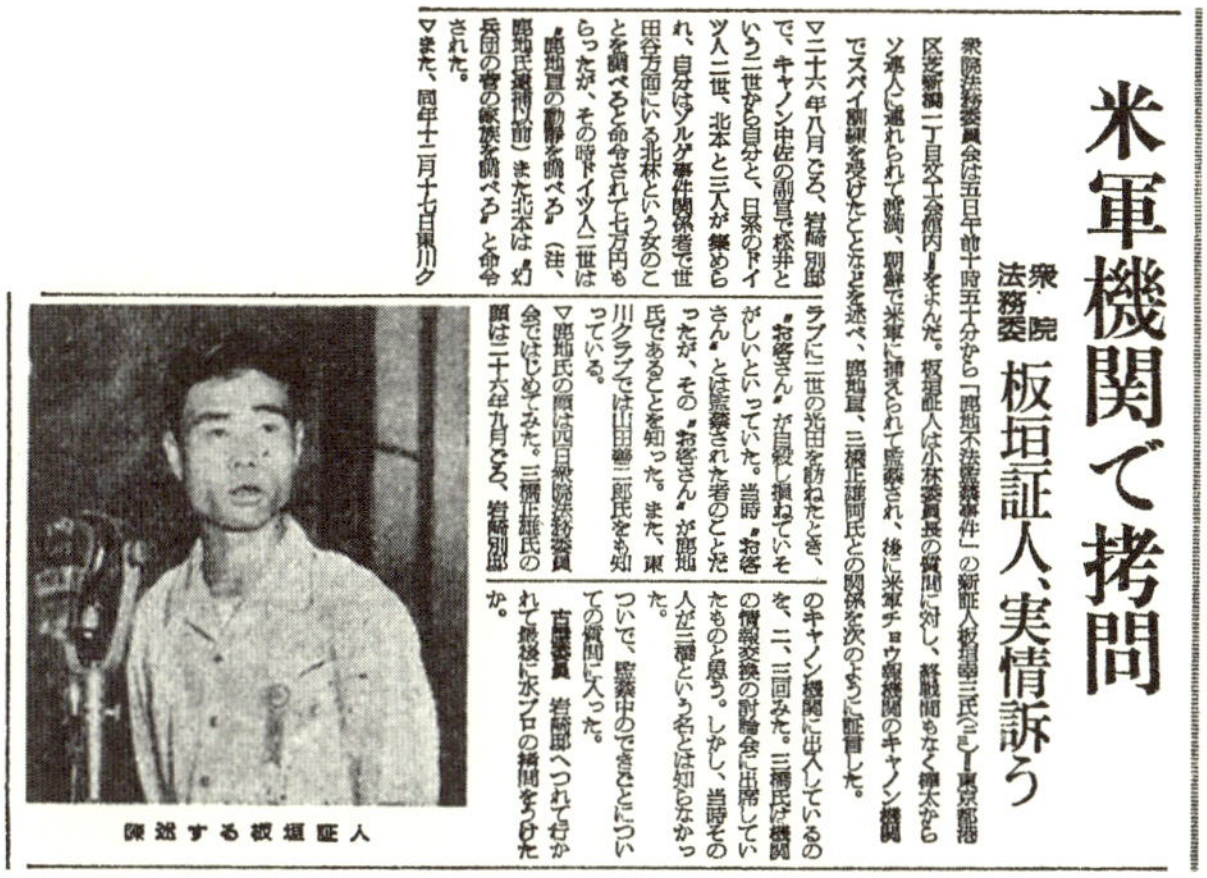

米軍機関で拷問

衆院法務委 板垣証人、実情訴う

衆院法務委員会は五日午前十時五十分から「鹿地不法監禁事件」の新証人板垣幸三氏(三〇)=東京都港区芝新堀二丁目交工会館内=をよんだ。板垣証人は小林委員長の質問に対し、終戦間もなく樺太からソ連人に連れられて渡満、朝鮮で米軍に捕えられて監禁され、後に米軍チョウ報機関のキャノン機関でスパイ訓練を受けたことなどを述べ、鹿地亘、三橋正雄両氏との関係を次のように証言した。

▽二十六年八月ごろ、岩崎別邸で、キャノン中佐の副官で松井という二世から自分と、日系のドイツ人二世、北本と三人が集められ、自分はゾルゲ事件関係者で世田谷方面にいる北林という女のことを調べろと命令されて七万円もらったが、その時ドイツ人二世は『鹿地亘の動静を調べろ』(注、鹿地氏拉致以前)また北本は『幻兵団の者の家族を調べろ』と命令された。

▽また、同年十二月十七日東川クラブに二世の光田を訪ねたとき、『お客さん』が自殺し損ねていそがしいといっていた。当時『お客さん』とは監禁された者のことだったが、その『お客さん』が鹿地氏であることを知った。また、東川クラブでは山田善二郎氏をも知っている。

▽鹿地氏の顔は四日衆院法務委員会ではじめてみた。三橋正雄氏の顔は二十六年九月ごろ、岩崎別邸のキャノン機関に出入しているのを、二、三回みた。三橋氏は機関の情報交換の討論会に出席していたものと思う。しかし、当時その人が三橋という名とは知らなかった。

ついで、監禁中のできごとについての質問に入った。

古屋委員 岩崎邸へつれて行かれて最後に水ブロの拷問をうけたか。

陳述する板垣証人

板垣幸三. 出典『朝日新聞』1953年8月5日夕刊.

占領と朝鮮戦争を再考する

山田善二郎と板垣幸三のふたりは、アジア・太平洋戦争での日本の敗北によって運命が激変した点で、同世代の縮図と言える。しかし、ふたりが巻き込まれたこの歴史的出来事は、戦争直後の日本の歴史さらには北東アジア全体の歴史に強烈でいささか不穏な影を投げかけており、ふたりの経験は私たちに、連合軍による日本占領と、朝鮮戦争と日本の関係の両面にわたる通説を見直すよう求めている。

日本の占領の歴史は、(一九四七年までの)改革の時代とその後の「逆コース」の時代に明確に区分されることが多い。ある研究者が指摘するように、「米国の占領の当初の目標は日本を武装解除すると同時に民主化し、自給できる程度の基本的な経済機能を復活させることであり、それ以上のことにはほとんど関心がなかった」。だが、冷戦の緊張が高まると、「逆コースによって、占領の初期段階に米国が導入した民主的な改革の速度は鈍り、後戻りすることもあった」(Schreurs 2005, p. 178)。

しかし、ジャック・Y・キャノンのZ機関が主導した占領時代の諜報活動の実態が明らかになるにつれて、占領の開始当初から、そこに二つの顔があったことが分かってきた。リベラルな改革の顔と冷戦イデオロギーの追求を重点に据えた秘密の顔である。第二の顔には、占領が始まって数週間目からの、米国占領軍の上級幹部と旧日本軍の要人(とりわけ、戦時の軍の諜報機関)との密接な協力関係が含まれていた。この協力のネットワークの中心人物が激烈な反共主義者で、在日米国陸軍と米国極東軍総司令部の参謀第二部(G2)部長チャールズ・A・ウィロビー少将(一八九二—一九七二)である。ウィロビーはドイツ人の父親とアメリカ人の母親を持ち、生まれたときの名はアドルフ・シェッペ・ワイデンバックであった。一八歳のときアメリカに移住し、帰化して米国市民になった。ウィロビーはダグラス・マッカーサー元帥の信頼を勝ち得たが、他の多くのGHQ職員とはそりが合わなかった(Takemae 2002, p. 161; Aid 2000, pp. 16–62 とりわけ p. 17 を参照)。占領行政に携わる、よりリベラルな職員は彼の極右的な政治姿勢に疑念を抱いており、ウィロビーの側も自分を批判するリベラルなメディア(ウィロビーのいう「私生児」や「ペンの売春婦」)に対して、激しい毒舌こそ控えたものの、「敵に塩を送っている」などと非難した(Letter from Charles A. Willoughby to Walter Bedell Smith; Willoughby 1961)。

ウィロビーは一九四五年九月に日本に到着すると、旧日本軍のメンバーと連絡を取り始めている。

そこには旧帝国陸軍の諜報機関であった参謀本部第二部の部長、有末精三（一八九五―一九九二）や参謀次長の河辺虎四郎（一八九〇―一九六〇）が含まれていた。これらの人々はG2の支援によって戦犯の訴追を免れたばかりか、自前の個人的な諜報ネットワークを作るよう促され、占領軍に情報を提供した。彼らの活動に関する噂は当時から流れていたが、米国の公文書の機密指定解除によって占領時代の情報収集協力についての重要な詳細が明らかになる最近まで、ほとんど確認されることはなかった（その一つの文書が Report from Head of Station to Chief, FDZ, *JIS Groups and Japanese National Revival*, 11 May 1951, in CIA Japanese Imperial Government name files, Hattori Takushiro, vol. 1 document 18; on the declassified documents である。有馬 二〇一〇を参照）。

ジャック・キャノンは、アジア・太平洋戦争の後半にオーストラリアとパプアニューギニアの米国情報機関に勤務していたが、ウィロビー管理下の対敵諜報部隊（CIC）で働くため、降伏直後の日本に到着している（Edwards 2008; Kurata）。一九四七年には、ウィロビーから、北東アジア全体の極秘の情報活動と対敵諜報活動を実施するため新たに設置されたZ機関のトップに指名された。ウィロビーやキャノン、その機関員たちの活動は、新たな冷戦のメンタリティが占領開始当初から米国占領軍の各部署に深く浸透していたことをうかがわせる。さらに、その構成員が多国籍であった点や、その活動範囲が国境を超えていた点も明らかになっている。

在日米軍と米国極東軍総司令部双方の諜報機関のトップという役割のために、ウィロビーは、日本にとどまらず東アジア全域に及ぶ諜報権限を手にすることになった。Z機関を含めウィロビーが作り上げたこのスパイ・ネットワークによって日本は、朝鮮や中国その他の地域にまで及ぶ米国の諜報活動の拠点となる。Z機関は国境を超えた活動組織であったのに加え、機関員の民族構成もさまざまだった。たとえばキャノンの側近だった延禎は、かつて満洲の日本軍のために働いていた朝鮮人で、韓国の李承晩大統領からの密命でこの機関に派遣されていた(延 一九七三)。その他、日系アメリカ人(その多くが戦時に米国の収容所生活を経験していたが、朝鮮戦争時代の情報収集における日系アメリカ人の役割については Kim 2011 を参照)や、反共のロシア人も含まれていた(山田 二〇一一、韓 一九六〇とCIAによるその英訳、板垣浩三証言、一九五三・八・五も参照)。当時の韓国と台湾の将校らもZ機関に協力しており(たとえば山田 二〇一一を参照)、同機関が集めた秘密情報を韓国、日本、台湾の当局者が共有していたようである。

これらの占領軍の活動の越境的な側面は、とりわけ朝鮮戦争の勃発後に重要になる。占領時代の日本については、朝鮮戦争に巻き込まれることなく経済的利益を手にした傍観者として描かれることが多い。しかし、これまで見てきたように、こうした見方は日本がさまざまな形で朝鮮半島での衝突と結びついていた事実を覆い隠している。朝鮮の戦闘地帯でも数千人の日本人が(掃海や、戦闘部隊や武器や爆発物の輸送を含めた)軍事関連の作業に携わり、この戦争をめぐる多くの重大な決定が日本でなされていた。Z機関の物語は、朝鮮戦争と日本の結びつきの長く隠されていた側面、とりわけ朝鮮戦争の諜報活動における日本の位置を明らかにし、これらの結びつきが一部の日本市民に及ぼした影響を私たちに想い起こさせてくれる。

帰還者の物語——占領時代の日本の密輸と情報収集

朝鮮戦争の間、米国極東軍総司令部はソ連の軍事活動に関する情報のほとんどを「第二次世界大戦の終結から一九五〇年六月までの間にソ連での抑留から帰還した人々やソ連が支配する極東地域から帰還した人々から得ていた」(Aid 2000, p. 19)。数十万に上るソ連からの帰還者は、東京の同司令部の中央捕虜尋問センターのスタッフから尋問され、少数の人々はさらに厳しい尋問の対象となった。Z機関の二世スタッフの中にも米国の諜報活動のために帰還者のインタビュー原稿を英訳したものがいる。当局がとくに注目したのが帰還者のひとり板垣幸三であった。

私たちが持っている板垣についての知識のほとんどは、彼の一九五三年八月の衆議院法務委員会での証言や、法務省の担当官に提出したその他の情報からのものだ。これらの証言は多くの問題を投げかけている。それはどの程度信用できるのか、板垣はどの程度事実を隠そうとしたのか？　板垣の主張やその他のZ機関の犠牲者のことを取り上げた社会党議員の猪俣浩三ですら、当初、板垣の話は「あまりにも不可解」だと考え、半信半疑の態度で臨んでいた(猪俣 一九七九、二六五頁)。板垣は五三年のメディアのインタビューでも同機関の幹部についての誤った二次情報を伝えていた(たとえば、テキサス州出身のキャノンをカリフォルニア州出身と述べるなど。板垣ほか 一九五三、二一八—二二五頁、とくに二一九頁)。しかし、その年の八月に開催されたZ機関に関する衆議院法務委員会での板垣の証言の核心部分(新潟での尋問内容、CICへの引き渡し、キャノン機関による拘束)は、新潟地方検察庁や法務省の担当官など他の証人によっても裏づけられた（戸田正直証言、一九五三・七・三一、中尾文策証言、一九五三・七・三一、山田善二郎証言、一九五三・八・五）。猪俣議員は、この若い帰還者の語る経験は真実だと確信するようになった（猪俣 一九七九、二六五頁）。

一九五一年の初め、板垣はまだ密輸船興北丸で働いていた。この船は密貿易に関わっていたばかりか、スパイやその他の政治活動にも関与していたが、板垣は明らかにその極秘の任務については知らされていなかった。五一年三月、船が石川県のある港に入ると、板垣は風呂敷に包まれた荷物を渡され、それを青森県の三沢近くの住所に届けるよう命じられた。荷物の中身を見ないよう何度も念を押されたが、三沢に汽車で向かう途中で好奇心に駆られ風呂敷を開けようとした。すると突然、同じ車両に乗っていた男に抑えられた。密輸業者に雇われて板垣を尾行していたのだ。男は包みをつかむと、次の停車場で板垣を汽車から連れ出して、袋叩きにした。見知らぬ場所に取り残され、お金も持ち物もなく呆然として線路わきをさまよっていた板垣は鉄道員に見つかって、警察に引き渡された。

板垣は日本の法律上未成年だったため、少年鑑別所に送られた。しかし、樺太から尋常でないルートで帰還した板垣に、まもなく日本の警察ばかりか、米国の諜報機関も注目し始めた。国会の法務委員会での証言で板垣は、新潟の少年鑑別所にいたころ、毎朝、米国のＣＩＣの将校から呼び出され、新潟の事務所に連れていかれて尋問を受けたと回想している。家庭裁判所で不法入国の裁判を受けて六カ月の試験観察処分を言い渡された直後、板垣はふたたび日本の当局によってＣＩＣに引き渡された（板垣浩三証言、一九五三・八・五）。

五一年の五月三日、ＣＩＣの将校に伴われて汽車に乗った板垣は上野駅で下車し、そこからウィリアム光田という名（板垣が後に明らかにした）の二世の機関員の監視下に置かれた。その後ジープに押し込まれ、行き先を分からなくするためであろう、わざと同じところを何度も回った。板垣がそれに気づいたのは、上野駅の角の森永ミルクキャラメルの大きなネオンサインのところを何度も通り過ぎるのに気づいたからだ（板垣浩三証言、一九五三・八・五）。夜も更け、車が最後に到着したのは、広大な壁のある敷地に囲まれた大きな建物の外で、板垣は自分がどこにいるのか分からなかった。そこは駅から車で数分の上野公園の近くにある、かつて三菱財閥の創始者岩崎家が所有していた邸宅で、今ではＺ機関の本部になっていた。

板垣の証言によると、そこで窓のない地下の部屋に監禁され、キャノンやその他の機関員からナイフとピストルで脅かされながら、二週間取り調べを受けた。そのうち二日間は、食べ物を与えられずに監禁され、床が水で覆われていたため、横になることすらできなかった。板垣が新潟でＣＩＣ将校に答えた内容をＺ機関が信用していなかったのは明らかであり、板垣の樺太での生活や、密輸船興北丸による銃砲の密輸やスパイ活動についてさらなる情報を求めていた。しかし、板垣にはそれ以上話すことはなかった。岩崎邸の地下の暗闇で不安に苛まれながら二週間過ごした後、目隠しをされて、Ｚ機関が管理する別の洋館に連れていかれた。そこは（後に判明することだが）、川崎にある東川クラブあるいは「ＴＣハウス」と呼ばれる、かつて東京銀行に属していた建物だった。

ここで板垣は窓が布で覆われた部屋に閉じ込められ、片方の手を軍用ベッドにつながれていた。だが、一つだけ慰めがあった。同年代の日本人が毎日食事を届けてくれたことだ。その人物は後に山田善二郎であることが判明する。朝鮮戦争が始まってまもなく、ジャック・キャノンの妻子は米国に帰還し、山田はキャノンによって、最初はCICの横浜事務所の厨房での仕事、その後TCハウスでのコックの仕事を与えられ、そこで働くZ機関の諜報員のためだけでなく、秘密の尋問のために連れてこられた収監者(Z機関は「お客さん」と呼んでいた)のための食事を用意した。板垣は二番目の「お客さん」であった(山田 二〇一一、二二頁および二六—二九頁)。

板垣は二カ月あまり拘束された後、ある夜の一一時ごろ岩崎邸に連れ戻される。最初に建物の上階にあるジャック・キャノンの大きな部屋に連れていかれ、興北丸の活動についての情報をもっと提供しないと即刻処刑すると脅された。その要求に応えられない板垣は、邸を取り巻く広い芝生に連れていかれ、小糠雨の中、石灯籠の間に立たされて、キャノンと二世の側近による処刑を待った。しかし、結局、キャノンもこの若者にはこれ以上話すことがないと思ったのか、板垣は処刑される代わりに、Z機関の仕事に加わるよう求められ、日本大学の制服を支給されて、簡単な監視技術の訓練を受けた。

しばらくして板垣には慣れ親しんでいた仕事が与えられた。五一年の一二月、Z機関が運営する数隻の密輸船のうちの一隻で水夫として働くことになったのだ(板垣浩三証言、一九五三・八・五)。板垣の乗った船は東京と韓国の釜山の間を行き来し、Z機関の秘密の活動資金になったと思われる積み荷を運んだ。板垣によると、それには「花王せっけん」というラベルのついた箱が含まれていたが、「本当に石鹸が入っていたのかどうかは少し疑わしい」(板垣浩三証言、一九五三・八・五)。荷物が人間のときもあった。あるとき、釜山から東京まで朝鮮人の男女と小さな子供を運んだと板垣は記憶している。その直後、板垣はひとりの女性が岩崎邸の部屋に連れ込まれて尋問されたことを耳にし、その説明内容から、自分が朝鮮から運んだ女性だと確信した。次の航海の際には五人を輸送したが、そこには明らかに元山で捕虜になっていたと思われる男が含まれており、手錠をかけられたまま乗船してきた(板垣浩三証言、一九五三・八・五)。

この船は、Z機関が直接・間接に運営していた数隻の船団の一つにすぎなかった。戦争前に上海で日本軍のために働き、戦後は米国の対敵諜報部隊に雇われ、Z機関に配属された韓国人の韋恵林(通称は韓道峰)は、同機関によって雇用されていた数多くの諜報員が、秘密の活動資金集めのためと、中国、朝鮮、極東ロシアでのスパイ活動の隠れ蓑として、密輸を行っていたと説明している。

諜報員を下船させ、品物の取引が終わっても、下船した諜報員の再乗船連絡の無電を海上で待たねばならないのだから、これもまた大変な仕事なのだ。だが、これらの便船は日本から何を持っていっても四倍から五倍に売れるのだから、一度これで味をしめた関係者は、とてもやめられるものではない。(Han To-pong, pp. 3–4)

韋の証言と大久保貫之（後に大分県議会の副議長になる）の証言によると、日本の戦時中の軍のメンバー数名も、この密輸とスパイ活動を兼ねた任務に関わっていた。大久保は戦時中海軍大尉で、四〇年代後半には九州で小さな海運業を営んでいた。大久保は八〇年代に日本の雑誌に、朝鮮戦争の直前に北朝鮮の西岸の元山近くの小さな港町で、密輸とスパイ活動用の二隻の船、まきの丸と第二東洋丸を得るためにZ機関に協力していたと語っている。日本に帰還する際、乗組員は密輸の疑いで逮捕され、大久保にも逮捕状が出ていたが、（大久保によると）その容疑はZ機関の介入によって取り下げられた（茂木 一九八一、一五〇―一五六頁。まきの丸とその他の密輸船についての懸念は『朝日新聞』大阪版一九四九年二月二五日の朝刊でも報告されている）。同じような任務は、密輸船の衣笠丸が台風のさなかに和歌山県に避難した際、船長と乗組員が密輸の疑いで逮捕されて世論が騒然となり、裁判が長引く中で終了した（Han, pp. 7-8.『朝日新聞』一九五一年二月一日、同一九五五年二月六日、同一九五九年八月二九日）。

日本における朝鮮戦争の捕虜――日本と台湾からの証言

板垣幸三の日本への帰還はドラマのような状況下で実現したが、中国やソ連から帰還した他の日本人、なかでもソ連から帰還した旧抑留者には、不安と疑惑のまなざしが向けられた。歴史家のロリ・ワットが述べているように、「ソ連の旧抑留者であることは、共産主義者だと疑われることだった」（Watt 2010, pp. 131-132）。板垣の証言は、とりわけ朝鮮戦争勃発後の日本社会の多くの側面に影響を及ぼした冷戦の緊張の高まりを裏づけている。さらに、彼の経験は、日本人がまったく知らない朝鮮戦争の一面も垣間見せている。それは朝鮮戦争の捕虜が尋問やスパイ訓練のために密かに日本に移送されたという事実である。

朝鮮人の日本への移送についての板垣の記述は曖昧で確認するのは困難だが、さまざまな証拠から、朝鮮戦争の捕虜の中に本当に日本に移送された者がいたことが明らかになっており、これは最近議論になったアフガニスタンとイラク戦争のさなかに米国が用いた「異常な身柄引き渡し」を予感させるものである。捕虜の移送について初めて公になったのが、今日の言葉では「公益通報者」となったZ機関のコック、山田善二郎の証言である。

山田とその他の日本人、さらにはTCハウスに雇われていた二世スタッフの生活はゆったりしたペースで進むことが多かった。ほとんどすることがない日もあり、日本人スタッフは何時間もトランプで時間をつぶしていた(山田インタビュー、二〇一四・八・三一)。しかし、板垣幸三がTCハウスを離れてから数カ月後のある朝、山田善二郎ともうひとりのZ機関の日本人機関員は急に岩崎邸に呼び出された。その後、伊藤という二世将校の指示で、彼らはベッドとマットレスを満載した三台のトラックに乗せられ、レンガ造りの建物に向かった。その建物は東京の渋谷にあり、占領軍の間では「US七四〇」と呼ばれていた。翌日、中国語を話すふたりの米軍将校がその建物にやってきた。山田と日本人の同僚は伊藤から、これから目にすることを漏らすと恐ろしいめにあうと脅された。その理由は、米軍車両が二〇名余りの中国人を載せてUS七四〇の玄関に到着する、その晩に明らかになる。山田がすぐに気づいたのは、これらの新たな「お客さん」が朝鮮の巨済島の捕虜収容所から運ばれてきた中国人捕虜だったことである。多くが体に反共スローガンの入れ墨を彫り込んでいた(山田 二〇一一、三二―三三頁。山田インタビュー、二〇一四・八・三一)。

山田の記憶では、TCハウスには他の中国人捕虜グループも収容されており、そこでひとりの朝鮮人とふたりの国民党中国人将校を含むスタッフから訓練を施され、彼らの体に彫り込まれていた反共のスローガンは新たな入れ墨の下に隠された。その訓練は米軍内部でも秘密だったようである。訓練に関わった将校らは、軍の配給先から定期的な補給を受ける代わりに、山田に命じて日本の食料品店から捕虜用の食事を買いに行かせていたからだ(それと同時に、山田に総額が「水増しされた」領収書をもらうよう求めた。山田インタビュー、二〇一四・八・三一)。

山田と中国人捕虜とのやりとりは限られていたが、山西省出身のある男は日本軍の占領下で学ばされた片言の日本語を話すことができた。この訓練は極秘だったが、山田は行われている訓練の性格を推測できた。TCハウスの壁の上に戦時中の満洲の大きな地図が貼られており、捕虜たちはハウスの裏庭に作られた高い塔の上で訓練を行っていたからだ。海軍航空隊の学生として同じような訓練を受けたことのある山田は、これを初歩的なパラシュート訓練だと思った(山田 二〇一一、三二―三三頁。山田インタビュー、二〇一四・八・三一)。

この訓練を秘密にすること(今日も秘密のままである)は、スパイ活動本来の性格によるのはもちろん、戦争捕虜をスパイにすることが重大なジュネーヴ条約違反であることから不可欠だった。韓国の港町釜山の南には米国が管理する朝鮮最大の巨済島捕虜収容所があり、この島の中で広大な面積を占めていた。五一年の半ばまでに、それは小さな都市の規模にまで膨れ上がり、島の丘陵部を超えて不規則に広がるテントに一五万人の朝鮮人と中国人捕虜を収容していた。過密状態で水は不足し、赤痢が蔓延していた(Millet 2009、巨済島収容所に関するさらなる議論については、Morris-Suzuki 2013, pp. 15-34を参照)。ジュネーヴ条約の下では、捕虜には収容所内で自らの手で上下関係を維持する権利があったが、(基本的には)朝鮮と中国の二つの内戦が収容所内でも繰り広げられており、それが予測できない結果を招いていた。

巨済島収容所が設置されてまもなく、親共産主義と反共主義の捕虜の間の対立は暴力に発展した。夜間に殴打やリンチ事件が発生し、韓国の看守が反共側に立つことも幾度となくあった。闘争のどちらかの側に対する忠誠を強制する目的で、政治的なスローガンを体に入れ墨されていた捕虜も少なくなかった。五一年九月には、巨済島と釜山近くの収容所の二〇名の捕虜が(赤十字の報告では)「見知らぬ人物に殴られて死亡し」、五二年の半ばには、少なくとも一二五名の捕虜が韓国人看守や米国人看守との衝突によって死亡した(Bieri 1951, pp. 9-12 and annex 7; Gebhardt 2005, pp. 19-20)。当然のことながら、多くの捕虜が命がけで巨済島を去ろうとし、反共を唱える中国人捕虜は米軍から収容所外の仕事を提示されると、進んでその申し出を受け入れた。提示された仕事が捕えられたり死んだりするリスクの高い北朝鮮や中国でのスパイ活動であることに気づいても、もはや手遅れだった(たとえば、東京で訓練を受けた戦時捕虜のひとりの証言を参照。Hou 2013, p. 289)。

山田が日本における朝鮮戦争捕虜の尋問や訓練についての証言を初めて公にしたとき、日本の大手メディアはほとんど無視した(一九五三年のGHQ本部や首相官邸の外での問題に関する抗議活動については『社会タイムス』と『毎日新聞』の英語版が報じているが、他のメディアは伝えていない。町田 二〇〇四、二五三―二六六頁を参照)。共産主義に共感を覚えていたウィルフレッド・バーチェットとアラン・ウィニングトンも、著書『巨済島の実像』(一九五三年刊行)でスパイ訓練のために巨済島収容所から日本に移送された捕虜のことに触れたが、北朝鮮と中国へのあからさまな共感のために、他の研究者がふたりの記述の扱いに慎重だったのも当然だった(Burchett and Winnington 1953, pp. 78-80)。しかし、数十年後に、スパイ活動の後生き延びた少数の旧戦争捕虜の証言によって、この話は事実だったことが確認されている。

朝鮮戦争の停戦後に、これらの生残者は、中華人民共和国への帰還を望まないその他の中国人捕虜とともに、中華民国(台湾)に送られた。かつてのスパイの物語も数十年間秘密のベールに包まれていたが、近年になって二、三の生残者が回想録を出版し始め、五人が二〇一三年に刊行された朝鮮戦争に関する口述史料集のため、インタビューに応じている(Zhou et al 2013)。これらの回想録から、米国の諜報機関によって巨済島から徴集された中国人捕虜は二つの部隊に分けられ、一つが韓国の仁川近くの仙甲島で訓練を受け、もう一つが日本で訓練を受けたことが分かっている。日本に送られたグループは、そこでさらに尋問を受けた後、訓練を開始した。日本で訓練を受けたひとりは、巨済島では声高に反共を唱えていた捕虜が日本に到着した後、その言動を変え始めたことを記憶している。その捕虜はただちにグループから姿を消し、その後の運命は謎である。もうひとりの捕虜は、訓練を統括していたアメリカ人に従わなかったため、懲罰房に収容された(Zhou 2013, pp. 287-289を参照。Churchman［近刊予定］も参照)。

これらの回想録が示すように、中国人スパイ訓練者と米軍との関係は緊張をはらんでいた。生残者は自らの苦い経験を語っている。スパイとなった捕虜は日本からアジア大陸に飛行機で運ばれ、北朝鮮と中国での活動を託され、朝鮮戦争を生き延びたのはほんの数名であった。他の反共を唱える中国人捕虜の中にも、尋問のため日本に送られたと回想しているものがいる。たとえば、捕虜になったある中国人将校は日本に四カ月滞在し、台湾人通訳の仲介で米軍の尋問を受けたが、寛大に扱われたことを記憶している(Fangong Yishi Fendou Shi, Bianzuan Weiyuanhui ed. 1955, pp. 34-38)。米国政府は正式にはこれらの捕虜移送の事実を認めておらず、それに関連する米国の公文書が公表されたこともない。日本政府が日本に朝鮮戦争の捕虜がいた事実について、どの程度知らされていたかも不明である。

鹿地亘事件とその帰結

山田善二郎は、渋谷の中国人捕虜の食事作りに一週間費やした後、川崎のTCハウスに戻され、別の「お客さん」の到着に備えた。その「お客さん」は結核で深刻な状態にあるとのことだった。それは作家、鹿地亘《かじわたる》(一九〇三―八二、本名：瀬口貢)のことで、五一年の一一月二五日の晩に神奈川県鵠沼の自宅近くの道でZ機関のメンバーに拉致されていた。

鹿地は一九三〇年代前半、東京帝国大学のプロレタリア文学グループのメンバーで、一九三四年に治安維持法違反で逮捕されている。三六年に釈放されると上海に渡り、日中戦争が勃発すると重慶に移って国民党政府とともに日本軍に配布する反戦ビラ作りに関わった。三九年には、中国にいた日本人(軍の脱走兵を含む)を集めて日本人民反戦同盟を創設し、プロパガンダ作戦を展開した(山田善二郎「鹿地亘の人柄」鹿地・山田 一九五三への序、一六—一七頁。鹿地亘証言、一九五二・一二・一〇)。やがて国民党と共産党の関係が悪化すると、反戦同盟のイデオロギーに疑念を持った蔣介石政権の将校から同盟の解散を命じられる。しかし、鹿地は重慶にとどまることを許され、そこで戦争の最終段階で中国政府とともに活動していた多くの米国の情報将校と密接な関係を築いていった(Esselstrom 2015)。

四七年に日本に帰還した後も鹿地が引き続き米国情報機関にマークされていたのは明らかである。共産主義との結びつきを疑われたためのようだが、それと同時に、説得するか強制すれば、中国共産党に関する情報収集のエージェントとして働いてくれるかもしれないと思われたためだ。五〇年の一〇月に中国が朝鮮戦争に参戦すると諜報活動の必要性が急速に高まった。鹿地の事件に関して今日入手できる証拠には、山田善二郎の証言だけでなく、キャノン機関の前副機関長延禎による後の供述書と、米国の歴史家エリク・エッセルストロームが入手した最近機密指定を解除された二つの文書が含まれている(延 一九七三、とくに一一〇—一一二頁。延は、拉致は戦略的誤りであり、収集した情報にはほとんど価値のなかったことを強調した。Esselstrom 2015 も参照)。これらの証拠は、鹿地がZ機関のメンバーによって拉致された強力な裏づけとはなるが、米国の情報機関のトップにまでその事実が伝わっていなかった可能性もある。鹿地は、板垣幸三と同じく、最初上野公園近くの旧岩崎邸に連れていかれ、そこで(彼の証言では)拷問や脅迫を受け、その後TCハウスに移送された(鹿地亘証言、一九五二・一二・一〇)。しかし、板垣と違って、鹿地は日本の著名な知識人であったため、家族や友人たちは鹿地の突然の失踪を不審に思い、懸命に彼を探し出そうとした。

鹿地がTCハウスに到着して数日後の五一年一二月二日、山田善二郎は急に、この新たな「お客さん」が拘束されている部屋に呼ばれた。そこで彼とZ機関員ウィリアム光田が見たのは、倒れて意識を失っている鹿地の姿であった。鹿地は自殺を企て、書店を経営する親友、内山完造宛てのメモを残していた(鹿地・山田 一九五三。山田 二〇一一、九一―一一頁および三五―三七頁)。この自殺未遂は鹿地の生涯のみならず、山田にとっても転換点となった。山田は、体の弱った鹿地を看護するようになり、鹿地が神奈川県の茅ヶ崎の別のZ機関ハウスに移動すると、そこに移って鹿地の世話をした。ふたりの男の間に共感と友情の絆が生まれ、さらに鹿地との出会いが山田の政治観を変えることになった。

山田善二郎は大きなリスクを冒して鹿地の友人の内山完造を探し出し、内山を通じて、鹿地の家族にその所在を伝えた。鹿地や内山などと接触を重ねるうちに、山田はしだいに政治・社会思想に関心を持つようになり、なかでも特にマルクス主義と弁証法的唯物論から強い影響を受けたが、共産主義組織の細胞主義には警戒心を持ち続けた(山田インタビュー、二〇一四・八・三一)。五二年の六月中旬に山田はZ機関の仕事を辞め、鹿地の家族とともに鹿地の釈放運動を始めるようになった(山田 二〇一一、五一—五七頁および七三—九一頁)。一〇月には米国の情報機関による鹿地の拉致と監禁の噂が日本のメディアに広がり始める。五二年四月に占領が終わり、今や独立国となった日本の市民を外国の機関が日本に監禁していたという噂は政治的な危険性をはらんでいた。鹿地の家族と山田、内山は社会党代議士の猪俣浩三に接触を図り、五二年一二月六日には記者会見を開いて、鹿地事件の顚末を明らかにした。鹿地を沖縄に移していた米国情報機関も大きな政治的スキャンダルに発展するのを恐れ、翌日、鹿地を東京に戻して解放する。

この事件についての米国側の公式説明は、ソ連のためのスパイ活動の疑いで逮捕されていた鹿地が、取り調べを受けた際、釈放された場合に共産主義者から報復されるのを恐れて米国側の保護を求めたというものだった(Esselstrom 2015)。東京に戻った直後に、(米国側の説明を頑なに否定した)鹿地は日本の警察からスパイの疑いをかけられた。その主な証拠になったのが、かつての二重スパイで三橋正雄という名のCICメンバーの証言だった。長い一連の審理の後、一九六九年に鹿地に対するすべての容疑は退けられる。キャノンの片腕だった延禎は後に、鹿地がキャノンの命令で拉致されたことを認めているが、鹿地が虐待されたことは否定している(延 一九七三)。しかし、延の証言のいくつかの箇所には疑問の余地がある。二〇一三年にエリク・エッセルストロームが入手した機密指定が解除された公文書は、米国当局が、この事件についての三つの「シナリオ」を準備しており、政治状況によって使い分けようとしていたことを示している。この文書から、この事件が吉田内閣の崩壊の原因となり、日米関係に大きなダメージを与えることを米国側が深刻に懸念していたことが分かる。文書の一つは「鹿地の性格の毀損」を求めていた他、日本政府が鹿地の事件についてのニュースを知ってすぐさま米国に猛烈に抗議したと(わざと)見せかけることで、吉田政権の評判を損なわないようにする戦略も含まれていた(明らかに米国と日本の当局が協力して練っていた[Esselstrom 2015])。

五二年末に、それまで占領軍の秘密機関のコックであった山田善二郎は、メディアからの注目という、不慣れで気の休まらない場に投げ込まれていた。山田の記憶では、それはどう転ぶか分からない滑りやすい坂にいるような不安で混乱した状態だった(山田インタビュー、二〇一四・八・三一)。当時は「不可解な事件」が続発した時期であり、四九年に起きた下山事件、三鷹事件、松川事件の見出しがまだ紙面をにぎわしており、一方では暴力的な破壊工作、他方では曖昧な容疑による左翼シンパと思われた人々の逮捕が相次いでいた。山田は鹿地の裁判闘争の中心人物となった他、スパイ訓練のため朝鮮戦争の捕虜が日本に移送された問題にスポットを当てるため、その抗議運動にも加わっていた(町田 二〇〇四)。山田は五四年に国民救援会に加わっている(この会は一九二五年の治安維持法の下で罪を着せられた人々を守るため二八年に設立されていた)。戦後、同救援会はさまざまな不当な有罪判決に関して活動を続け、最近では二〇一四年の秘密保護法に対する反対運動に積極的に関わった。山田は過去六〇年間グループの中心として、さまざまな人権問題に関する執筆活動を行い、八〇代の今もなおグアンタナモ基地の収監者に対する米国の処遇の問題をめぐる運動に携わっている(たとえば以下を参照。山田 二〇一二。山田 二〇〇三。山田 二〇一一、一五四―一五九頁)。

山田のかつての雇用主ジャック・Y・キャノンは鹿地亘の誘拐事件が公になったとき、すでに日本を後にしていた。キャノンは五〇年代と六〇年代の大半を東地中海での活動に密接に関わり、頻繁にカイロを訪れていたようである。米国の情報機関はそこで複雑な活動に関与し、エジプト政治の展開と中東の国際関係に影響を及ぼしていた。韋恵林は一九六〇年のインタビューで、キャノンは日本を離れた後、「中近東の戦闘地域のカイロで司令部勤務を命じられ、今はトルコのアンカラの司令部で活動している。彼はどこにいても毎年私にクリスマスカードを送ってくれる」と語った(Han, p. 6を参照)。一九六二年の八月、キャノンはシカゴトリビューン紙に軍での汚職について手紙を送り、自分の住所を「エジプトのカイロ」としている(*Chicago Tribune* 1962を参照)。ジャック・キャノンは一九五四年二月三日のカイロ発アテネ行きの米国の定期航空便の乗員乗客名簿に乗客として掲載されている(Document no. NYT715 8417 0768, New York, Passenger Lists, 1820–957, ancestry.com 二〇一四年一二月三〇日アクセス)。この日付と場所から、キャノンが、歴史家のヒュー・ウィルフォードが「アメリカのグレイトゲーム」と呼ぶ、CIAの工作員カーミット・ローズヴェルトとマイルズ・コープランドによる中東での一連の複雑な極秘作戦に関わったことがうかがわれる(Wilford 2013を参照)。

五〇年代後半、キャノンはテキサス州フォートフッド基地で憲兵司令官の地位についたが、五八年には武器の窃盗と脅迫的な行動、近隣の農場の二頭の牛を撃った疑いで軍事裁判にかけられている。結局無罪になったが、その裁判は非公開で、判事は軍の大部の極秘資料に目を通していた(*Abelene Reporter News* 1958; *Lubbock Evening Journal* 1958; *Brownsville Herald* 1959)。キャノンは、戦後東アジアで自らの秘密機関を運営した後、通常の軍の規律ある生活に戻るのは困難だと考えたようである。裁判直後に発したコメントで、フォートフッド基地の上官に対する反感を表明している。その上官が自分を陥れようとしたと非難し、「そこには親しい友人がいなかった」とも語っている(*Amarillo Daily News* 1959)。四年後にふたたびカイロに戻っても、まだ「軍事裁判の不正」への怒りを口にしていた(彼の *Chicago Tribune* 1962 への書簡も参照)。その後キャノンはテキサスに帰ってさまざまな兵器の設計を試み(一九六〇年代後半、彼は「グレイザー・セイフティ・スラグ」の名で知られる弾丸を開発した。この弾丸はまだアメリカで使用されている[“process of Making Obstacle Piercing Frangible Bullet”, (patent #6115894), patent.justia.com/patent/6115894 二〇一四年一二月二八日アクセス])、八一年三月八日、テキサス州ヒダルゴの自宅のガレージで、銃で撃たれて死んでいた。死亡届によれば自殺だという(ジョセフ・ヤング・キャノンの死亡証明書、一九八一年四月一三日発行)。

戦後日本の忘れられた顔

冷戦はスパイ活動の時代だった。アメリカや日本、その他の国々が東アジアの共産主義国に対するスパイ活動を行ったように、ソ連、中国、北朝鮮も日本と在日米軍に対する諜報活動を展開した。これは極端な政治対立の時代であり、イデオロギーの二極化によって真実が覆い隠されることが多かった。鹿地亘などアメリカ帝国主義を非難していた論客たちは、共産主義の未来、とりわけ中国の共産主義の未来を信じて疑わなかったが、それも今振り返ると無邪気なものに映る。一方、共産圏以外の国々でも、共産主義への脅威が暴力行為を生み出したが、その事実は容易に曖昧にされ忘れ去られた。朝鮮半島を覆った恐怖を免れた日本でも、小規模ではあったが片隅で暴力事件が続発した。

鹿地亘の誘拐事件は今日の日本ではほとんど記憶されていない。しかし、鹿地が日本の市民で知識人であったため、この事件は少なくとも当時大きな注目を浴びた。だが、Z機関の「ゲスト」だったのは鹿地だけではない。山田善二郎によると他の人々もいたようだが、それらの人々のことは完全に忘れ去られている。中国人捕虜もそこに含まれ、そのうちの少数が生き残って証言を行っている。またZ機関に「小林秀雄」の偽名で知られていた朝鮮人は、TCハウスに監禁されている間に神経衰弱を患った後、見知らぬ行き先に連れていかれた(山田 二〇一一、二二一—二六頁)。

そして、そこには板垣幸三もいた。板垣はキャノンが日本を去った後も一九五三年まで延禎のために働き、Z機関に残った人々と別れてから、同機関での経験について証言を始めた。その一方で、板垣は日本で活動を続けていたZ機関の機関員からの報復を恐れ、日本の法務省の人権擁護局に助けを求めている。しかし、旧植民地生まれで、違法な手段で日本に入国し、国籍すら疑わしかった板垣に対する法務省の反応は冷淡で、実際に安全が脅かされた段階で警察に行くべきだというものだった(戸田正直証言、一九五三・七・三一)。

板垣幸三は国会で証言してから間もなく姿を消した。彼の運命を知る手がかりはない。偽名を使って地下に潜り、米国情報機関の追及を逃れた可能性もある。今も生きているかもしれない。しかし、五三年八月五日の国会での聴聞会で当時二三歳だった板垣を最後に見た山田善二郎は「消されたのではないだろうかと、直感した」と語っている(山田 二〇一一、二九頁。山田インタビュー、二〇一四・八・三一。板垣の失踪については、猪俣 一九七九、二六六頁も参照)。

これらの出来事から六〇年以上経過した今日、山田にとって重要なのは証言という行為である。つまり不正を目撃したら積極的に語ることである。「歴史の真実そのものが消されないようにするのは、重要なことです」(山田インタビュー、二〇一四・八・三一)。

(伊藤茂訳)

参考文献

有馬哲夫『CIAと戦後日本——保守合同・北方領土・再軍備』平凡社、二〇一〇年。

板垣浩三、鈴木智雄、竹内理一、多田一郎、眞山晴雄「スパイ渦巻く東京租界」オール讀物、八巻一〇号、一九五三年一〇月。

猪俣浩三『占領軍の犯罪』図書出版社、一九七九年。

延禎『キャノン機関からの証言』番町書房、一九七三年。

鹿地亘・山田善二郎『〝だまれ日本人!〟——世界に告げる「鹿地事件」の真実』理論社、一九五三年。

韓道峰「キャノン機関としての回想」『週刊新潮』一九六〇年七月一一日号。

(CIAによる英訳、Han To-pong, “My Recollection as an Agent of the Canon Organ”, CIA Freedom of Information Act Declassified files, CIA-RDP75-00001R000300470028-4)

日本国民救援会編『山田善二郎が語る――私と鹿地事件そして救援会』日本国民救援会、一九九九年。
町田忠昭「朝鮮戦争の捕虜問題」徐勝編『東アジアの冷戦と国家テロリズム』御茶の水書房、二〇〇四年。
茂木和之「「鹿地亘を殺せ」と右翼に頼んだキャノン機関」『サンデー毎日』一九八一年七月五日号。まきの丸とその他の密輸船についての懸念は『朝日新聞』大阪版一九四九年二月二五日の朝刊でも報告されている。
山田善二郎『人権の未来――警察と裁判の現在を問う』本の泉社、二〇〇三年。
山田善二郎『アメリカのスパイ・CIAの犯罪――鹿地事件から特殊収容所まで』学習の友社、二〇一一年。
山田善二郎『日本近現代史のなかの救援運動』学習の友社、二〇一二年。
Aid, Matthew M. “US Humint and Comint in the Korean War: From the Approach of War to the Communist Intervention”, in Richard J. Aldrich, Gary D. Rawnsley and Ming-Yen T. Rawnsley eds., *The Clandestine Cold War in Asia, 1945–1965: Western Intelligence, Propaganda and Special Operations*, London, Frank Cass, 2000.
Bieri, F. “UN POW Camp no. 1, Koje-do and Pusan, visited by ICRC delegates Bieri, Aug. 28th to Sept. 9th, 1951 and de Reynier, Aug. 28th to Sept. 3rd, 1951”. Archives of the International Committee of the Red Cross, Geneva, no. 1411, *Rapports de Mm. Lehner, Bieri, de Reynier, Coree*, 1951.
Burchett, Wilfred and Alan Winnington, *Koje Unscreened*, London, Britain-China Friendship Association, 1953.
Churchman, Cathy “Life and Death as a Linecrosser: The Secret Chinese Agents of UNPIK-Unit 8240”（近刊予定）
Edwards, Duval A. *Jungle and Other Tales: True Stories of Historic Counterintelligence Operations*, Tucson TX, Wheatmark, 2008.
Esselstrom, Erik “From Wartime Friend to Cold War Fiend: The Abduction of Kaji Wataru and US-Japanese Relations at Occupation’s End”. *Journal of Cold War Studies*. 2015（近刊予定）
Fangong Yishi Fendou Shi, Bianzuan Weiyuanhui（反共義士奮鬥史編纂委員會）ed., *Fangong Yishi Fendou Shi*（反共義士奮鬥史）, Taipei（台北）, Fangong Yishi Jiuye Fudaochu（反共義士就業輔導處）, 1955.
Gebhardt, James F. *The Road to Ab Ghraib: US Army Detainee Doctrine and Experience*, Fort Leavenworth Kansas, Combat Studies Institute Press, 2005.
Hou Guangmin（候廣明）, published in Zhou, Xuihuan（周琇環）et al., *Hanzhan Fangong Yishi Fangtanlu*（韓戰反共義士訪談錄）. Taipei（台北）, Guoshiguan（國史館）, 2013.
Kim, Monica *Humanity Interrogated: Empire, Nation, and the Political Subject in U. S. and UN-controlled POW Camps*

of the Korean War, 1942–1960, unpublished PhD thesis, University of Michigan, 2011.

Morris-Suzuki, Tessa "Unconventional Warfare: The International Red Cross and Humanitarian Dilemmas in Korea, 1950–1953", *History Australia*, vol. 10, no. 2, 2013.

Schreurs, Miranda A. "Japan", Jeffrey Kopstein and Mark Lichbach eds., *Comparative Politics: Interests, Indentities and Institutions in a Changing Global Order*, Cambridge, Cambridge University Press, 2005.

Takemae Eiji, *Inside GHQ*, New York, Continuum Publishing, 2002（竹前栄治『ＧＨＱ』岩波新書、一九八三年）

Watt, Lori *When Empire Comes Home: Repatriation and Reintegration in Postwar Japan*. Cambridge Mass., Harvard University Press. 2010.

Wilford, Hugh *America's Great Game: The CIA's Secret Arabists and the Shaping of the Modern Middle East*, New York, Basic Books, 2013.

Willoughby, Charles A. "Cuba: The Pack's in Full Cry-Attacks on the Pentagon and Intelligence", *Foreign Intelligence Digest*, 19 May 1961.

Zhou Xuihuan（周琇環）et al., *Hanzhan Fangong Yishi Fangtanlu*（韓戰反共義士訪談錄）. Taipei（台北）, Guoshiguan（國史館）, 2013.（この文献を提供して下さったキャシー・チャーチマン博士に深く感謝する。）

Abelene Reporter News, 13 December 1958.

Amarillo Daily News, 15 January 1959.

Brownsville Herald, 15 January 1959.

Chicago Tribune, 1 September 1962.

Lubbock Evening Journal, 17 December 1958.

Kurata, Joseph Y. "Counter Intelligence in Occupied Japan", in *Building a New Japan*-online collection of oral reminiscences by Japanese-Americans involved in the US occupation of Japan, compiled and published by the Japanese Amn Veterans Association, www.javadc.org/building a new japan intorductio.htm（二〇一四年九月四日にアクセス）

Millett, Allan R. "War Behind the Wire: Koje-Do Prison Camp", *Historynet* http://www.historynet.com/war-behind-the-wire-koje-do-prison-camp.htm, 2009.

衆議院法務委員会での証言
板垣浩三の証言、第三一号、一九五三年八月五日。
鹿地亘の証言、第四号、一九五二年一二月一〇日。
戸田正直（法務省人権擁護局担当官）の証言、第二七号、一九五三年七月三一日。
中尾文策（検察官）の証言、第二七号、一九五三年七月三一日。
山田善二郎の証言、第三一号、一九五三年八月五日。

山田善二郎へのテッサ・モーリス－スズキによるインタビュー
二〇一四年八月三一日。

2 KAN ESHIMA

江島寛

——東京南部から東アジアを想像した工作者

えしま・かん…1933-54　◉本名、星野秀樹。1933年3月、植民地下の朝鮮全羅北道群山生まれ。敗戦時、京城の公立中学1年生で、45年9月に父の郷里である山梨県南巨摩郡曙村へ「引揚げ」る。県立身延中学(旧制)に編入し、そのまま新制身延高校に進学するも、2年時に政治活動が理由で放校処分に遭い、東京都大田区にいた姉のところに身を寄せ、都立小山台高校夜間部に編入する。51年に同校を卒業すると、田園調布郵便局で事務職員をつとめる一方、下丸子文化集団の結成に参加した。52年夏以降、年上の文化集団メンバーが離脱する中で新たなリーダーとなり、「文化工作者」として集団を牽引、翌年には『詩運動』全国編集委員となるが、54年8月、過労と栄養不足がたたって病死。享年21歳。彼の詩作は友人である井之川巨によって『鋼鉄の火花は散らないか』(1975年)にまとめられた。同書において井之川は、江島を評して「彼は詩人にして、作家にして、評論家にして、何よりもまず優れた共産主義者であった」と記している(138頁)。

道場親信

1　海は河と溝をとおって釜山につながっていた——東京南部から東アジアを想像する

突堤のうた（一九五三年）

海は河と溝をとおって
工場街につながっていた。
錆と油と
らんる、洗濯板、
そんなもので土色になって
源五郎虫の歯くそのにおいがした。
海は釜山《プーサン》にもつながっていた。
破壊された戦車や山砲が
クレーンで高々につられて
ふとうから
工場街へおくられた。

ふとうは日本につながっていた。
日本の
ふみにじられたすべての土地につながっていた。

魚のとれない海。
のりのならない海。
網の目のようなかぞえきれない
漁民の目がもえ上る海。

くる日もくる日も
岸壁から横腹へ、銃弾が
発射された。

だが
海はかゞむことをしない。
海は、河と溝の血管をとおって
工場街につながっている。

一九五〇年代前半に東京南部で活躍した夭逝の詩人、江島寛の長編詩「突堤のうた」の第一連である(『下丸子通信』第三号、一九五三年九月、一頁、『集成』二)*。彼は植民地朝鮮に生まれ、一二歳で敗戦を経験した後、一九四九年から東京・大田区の労働者街でコミュニストとしての活動に携わりながら詩を書き続けた。「突堤のうた」は一九五三年九月、江島が二〇歳のときの作品である。

「東京南部」とは、港区・品川区・大田区(目黒区を含む場合もある)にまたがり、第一次世界大戦後から工業化が進み、「京浜工業地帯」の東京側を占める部分として、東京湾の沿岸部に大中小の工場と労働者の住宅街を発展させてきた地域である。戦前から労働運動が盛んであり、戦後も早くから運動が立ち上がっていた。東京南部には数々の運河があり、東京港の埠頭からは貨物の積み出し、陸揚げが行われていた。

江島のこの詩は、東京南部から朝鮮につながるイメージを運河や埠頭から釜山にまで流れる水に託して描き出している。詩は二連以降も米軍占領下の東京港の埠頭を舞台に日本人労働者の労働実態や抵抗を描き出すとともに、内灘や日鋼赤羽など、米軍への抵抗の拠点を結んで「占領者を海へ
たゝきおとす」闘いをうたい上げる。

海はあふれだす。
海は　司令塔にむかってしぶきをあげている

魚よ！　麦よ！　槌よ！
ふとうにはゞたく
おれたちの旗をみてくれ！
君たちとおれたちの団結の旗を。
占領者を海にたゝきおとすために、
あまさず、
奴らの弾薬庫をうばいかえすのだ。（第五連、二一―三頁、同）

「おれたち」という主語。「団結の旗」というシンボル。この時代の「抵抗詩」のパターンにはまった詩であるかのようにも見える。だが、スローガンの連呼や決意性の表明などによる作品形成の技法から離れ、江島は自分のいる足元から朝鮮につながり、日本各地につながり、労働の現場につながっている。その空間的移動と労働する身体への共振からアメリカによる占領と戦争によって結びつけられた東アジアの「いま」を描き出そうとしている点で、この時代の「抵抗詩」のモチーフを十全に組み込み、その上で独自の視点を設定することに成功している。

江島寛．出典『詩と思想』No. 221 Vol. 3，2004年8月，土曜美術社出版販売．

　この時代のサークル詩の世界において、朝鮮戦争というテーマは、戦争一般に反対する反戦平和的内容のものはもちろん、戦争の残虐やアメリカ軍の批判、「西」の方向に兵員や弾薬や武器が輸送され、航空機が飛び立っていくことをもって戦争を暗示的に批判するものなど、さまざまに表現された。だが戦地である朝鮮といま自分のいる場所を結んで、その想像的な空間を自らが移動しつつ、戦争の現実を撃つような詩はあまり書かれていない。「朝鮮戦争」という現実の中に自らの身体性を置き、戦争に抵抗する自分の立ち位置を考えようとしたこの江島の詩は、朝鮮戦争の時代にこの列島で「日本人」によって書かれた詩の中では、独自の想像力を示したものといえるだろう。

朝鮮戦争下の東京南部

朝鮮戦争は「東北アジア戦争」だった(和田 二〇〇二)。朝鮮半島の内戦に米・中・ソの三国が介入し、日本はアメリカの後方基地となり、台湾は「大陸反攻」の機会をうかがう動きをすることで、東北アジアの全国家が当事者となった戦争であった。戦争は一九五〇年六月に始まり、五二年四月の日本の占領解除をはさんで、五三年七月まで続いた。東京南部は「東北アジア戦争」の現実が垣間見える場所だった。日本の敗戦後、羽田飛行場は占領軍に接収され、周辺住民を強制的に立ち退かせて拡張を進めていた。朝鮮戦争時、そこから輸送機や爆撃機が朝鮮へ向けて飛び立った。戦争の勃発後、米軍は東京湾に防潜網を張りめぐらし、五五年四月まで設置されたままだった。千葉・神奈川・東京の漁民たちはこれに対する抗議を繰り返した(道場 二〇一一b)。

「突堤のうた」の第一連で、「クレーン」ということばが用いられているが、クレーンは東京南部の工場街を象徴するイメージとして、しばしば描き出されたものだ。江島自身がその結成に関わった「下丸子文化集団」(第3節参照)が刊行した『詩集下丸子』第一集の表紙には、画家の桂川寛がクレーンと監視塔をモチーフに彫った版画が用いられている(『集成』一)。監視塔が意味するのは、それが米軍管理下にある軍需工場だということである。敗戦後、米占領軍の管理下に置かれ、戦車等の修理や軍需生産を担う工場を「PD工場」といい、労働法が適用されず、強圧的な労務管理で知られた。大田区下丸子にあった東日本重工下丸子工場や北区にあった日本製鋼所赤羽工場などでは、戦車の修理が行われていた。ここでは「クレーン」とは、工場街の象徴であるとともに、軍管理の兵器修理工場という意味も重ねられていた。

「破壊された戦車や山砲が／クレーンで高々につられて／ふとうから／工場街へおくられた」というのは、この軍管理工場の現場、そして一九五二年四月末の講和条約発効に伴って「独立」したはずの日本の中に、依然として「占領」が継続する現場である「東京南部」の現実を示しているのである。米軍管理下の軍需工場や米軍基地といった場所は、朝鮮戦争下においてはまさに現実の戦争機械の一部だった。日本と朝鮮は、アメリカ軍の戦闘行為と後方支援によって結ばれているだけでなく、川や運河を通って、労働者の街の奥深くにまで「血管」のように張りめぐらされた生産のネットワークによっても結び合わされている。この軍事的生産のネットワークを断ちきり、戦争を終わらせ、労働者自身の手によって「平和」を勝ち取る、そのことが、東京南部の現場性、そして自らがその「血管」につながる一人の存在者としての具体的な場からイメージされている。にわかには立ち上がるように見えない労働者たちの、反乱の発火点を描いた第二連の一部を見ておきたい。

夜からあけ方へ、
鋼材が消え、
缶づめが消え、
タイヤが消え、
積荷がばらされた。
ガードの目は節穴なのか。
おそれを知らぬさくがん手のように
伝単がわたった。
掌に。
ポケットに。 その胸に。
〔中略〕
おゝ、
鉄格子をきるかたい鋸の歯と槌は、

君たちが持っている。
日本の
海の
突堤に
反乱の旗をひるがえすのは君たちだ。
そのために
合図しあおう!
ひさしの下の目どうしよ。そのために
準備しよう、準備しよう。
ズボンのなかの手どうしよ!(一一二頁、『集成』一)

積荷が戦争の用をなさないよう工作され、伝単が配布されてゆく。アジテーションによるのでなく、目の合図でつながり、いまだポケットの中に入ったまま動きの見えない手が何かを準備する。反乱の予感がここに表現されている。

「日本の/海の/突堤」から反乱が始まる。「日本の/海の/突堤」から、東アジアの暴力を断ち切り、植民地主義や戦争によってつながった東アジアを、労働者の連帯によって反転していくことがここで語られている。軍事輸送によってつながったアジアを、河や溝を通ってつながる労働者の自律空間によって置き換えること。それは働く者の「自由往来」の空間、解放された東アジアを想像することである。

2 「領土なんて、僕は何とも思いません。」——生い立ちと少年時代

植民地朝鮮生まれの引揚者

江島寛は一九三三年三月一三日、植民地朝鮮の全羅北道群山で生まれた。本名は星野秀樹、父は植民地の逓信官僚で、仕事がら朝鮮各地で転勤を繰り返していた。一家は群山のあと忠清北道清州、忠清南道大田、京畿道一山と移転し、秀樹自身は敗戦時は京城の公立中学の一年生であった。星野家の移動経路は朝鮮南半の都市をめぐる軌跡を描いている。一山では、父は局員十数人を抱える郵便局長をつとめ、敷地二〇〇坪の広い家に住んでいた。星野は小学生のときから近所の子どもたちを集めて手書きの雑誌を作っていたということである。

敗戦に伴って父が局長をしていた郵便局に住民が押し寄せ、物品を持ち去るなどの事件が起こり、秀樹少年は「くやし涙を流した」という。九月末には父の郷里である山梨県南巨摩郡曙村古長谷に引揚げた。曙村は現在は身延町に合併しているが、当時は山林と炭焼きが主要な産業である山深い村であり、植民地から引揚げてきた家族が生活の基盤を確立することは困難であった。

星野は四五年一〇月に地元の県立身延中学(旧制)一年に転入する。植民地から来た標準語を話す

この少年は、すぐに学校の文芸部や地域の短歌会に出入りするようになり、詩・短歌・小説を創作し始めた(以上、井之川編 一九七五、佐藤 二〇〇四、および浅田石二氏・丸山照雄氏へのインタヴューに基づく)。

植民地朝鮮で生まれ、物心つくまで育った星野にとって、父の郷里とはいえ親族の十分な援助も受けられなかった曙村も、また日本も、「異郷」でしかなかっただろう。彼は多くの植民地出身の引揚者と同様、ここで初めて「日本」という異郷に出会ったのである。だが、その「日本」への違和を彼が明確に語ることはなかった。星野は中学を終えたあと一九四八年に新制の身延高校に入学するが、二年生のときに政治活動がもとで放校処分に遭い、すぐに東京へ移住してしまう。

星野＝江島はその表現の中で具体的な解放のイメージについて語らなかったし、民族主義的な言辞を用いることもなかった。彼は植民地生まれの日本人であり、転勤族の子であり、引揚者であり、さらに父の故郷の学校すらも追われた人間だった。特定の場所に「根」をもつこと、「故郷」をもつことを拒まれた存在であった。

早熟な文学少年

身延中学では一九四六年に文芸部機関誌『峡南文芸』が発刊されるが、星野はその有力なメンバーの一人となった(記念誌編纂委員会編 一九八二)。身延中学・高校で同級生であり、のちに宗教評論家となった丸山照雄と星野はそこで出会った。『峡南文芸』に星野はいくつかの詩を発表しており、死後、遺稿詩集『鋼鉄の火花は散らないか』(井之川編 一九七五)に収録された。

詩と並んで、『峡南文芸』の第三号(一九四七年三月発行)には、「太極旗」と題された小説が掲載されている。星野中学二年時の作品である。解放直後の京城の情景を描き、釈放された元政治犯の朝鮮青年「金吾」と日本人中学生の主人公「江吉」の会話を通じて、解放後の変わっていく社会や政治動向、そして軍政下で「朝鮮が完全に独立することが出来るだろうか」という先行きの不安が語り出されている。江吉は「領土なんて、僕は何とも思いません。独立の方が気にかかります。将来、友として手をむすんでいかなきゃならないんですからね」と大人びたことをいうが、ここには一四歳の星野の希望が託されているといえるだろう(井之川編 一九七五所収)。

同じ時期、星野は丸山と二人で発行責任者になり、『峡南文芸』とは別に文芸誌『彫像』を発行していた。丸山の手元に残っていた第三号(一九四八年六月)には、星野の短歌とともに小説「京城」が掲載されている。舞台は「太極旗」と同じ解放直後の京城、翌日に引揚げを控えた主人公の青年が、元恋人らしき朝鮮女性に別れを告げるという小篇で、「ねえ、どうしても帰らなきゃいけないの」という相手に対し、主人公は「「日本人だもの」そうは言ったものの、誤魔化し切れない何ものかを感じた」と、「引揚げ」という名の日本移住への戸惑いが表現されている(星野 一九四八、三〇—三一頁)。同作の末尾には「(南を指して2)」と記されており、あるいは連作のシリーズであったかもしれない。星野が朝鮮の風景を描いた作品はこの小説二作しか残っていない。その中で解放後の京城と引揚げというテーマが反復されていることは興味深い。

他方、中三から高一にかけて、星野は短歌にも熱心に取り組んだ。曙小学校の教頭であり、地元で「若草」という短歌会を主宰していた若尾武雄は、星野の歌を高く評価していた。星野はまた、県内に広く会員をもつ「美知思波《みちしば》」短歌会にも所属し、「一九四七年六月から翌年十二月まで、五十余首が「美知思波」にのっている」という(佐藤 二〇〇四、一六二頁)。うちいくつかを見てみよう。

緊張せる沈黙の中に次に来る論駁をまちぬ絶対に負けぬ
スターリングラードの廃きょよりあわただしくコンパクトもち女出て来る
大いなる空間に可能性を見つけむとする我々をもって軽薄といふか
鉢の火にもりあげし歌詠めば近代性はなしといふかや

モダンなモチーフ、定型の語調にミスマッチを起こさせるような機知と、思想や文化への関心を歌い込もうとする格闘が緊迫感を生み出している。

放校処分と東京南部への移住

星野は政治的にも早熟だった。高校一年のとき、青年共産同盟(青共)に入り、一学年上でキャップをつとめていた浅田石二と出会う。浅田・星野・丸山は青共で活動をともにすることになるが、二年生の秋、校内に「赤旗を読みましょう」というステッカーを貼ったことを教頭にとがめられ、「転校を言い渡された」(佐藤 二〇〇四、一六八頁)。

この処分を受けて、浅田ら三人は、フランスのレジスタンス運動の中から生まれた「深夜叢書」にちなみ、『深夜』という雑誌を企画した。そのとき浅田が「たまたま」江口渙のプロレタリア文学史を読んでいたことから星野に「江口寛」というペンネームをつけた(浅田氏インタヴューより)。星野はその後四年ほどこのペンネームを使った。そして——

「江島がいよいよ放校になって、学校を去るという日、二人で学校の芝生に寝ころんで話をしたんです。お前これからどうするんだ、って。そうしたら江島は、東京に行く、っていったんです。私は、じゃあ俺も東京へ行くよって答えたんですよね」(浅田氏インタヴューより)。

星野は姉のいる東京・大田区に行き、都立小山台高校夜間部に入った。全日制に二年半通っていたことから、三年生に編入できたという(佐藤 二〇〇四)。昼間は工場で働いた。浅田は一九五〇年三月に身延高校を卒業、しばらくして東京へ向かった。丸山も五一年三月に卒業すると、品川区にある立正大学に入学し、五一年中に三人は再び東京南部で合流した。星野は五一年三月に小山台高校を卒業し、郵便局員となった。現業ではなく内勤の事務職員であり、雪が谷大塚駅に近い大田区田園調布郵便局が職場であった。亡くなるまで姉と同居していた。

この間星野は、小山台高校でも民主青年団を組織し、文芸部でのちに下丸子文化集団のメンバーとなる井之川巨、望月新三郎、玉田信義らと出会った。また、文芸部機関誌『青エンピツ』を発刊したり、演劇「夜学生の四季」を上演するなど、旺盛な文化活動を展開した(井之川編 一九七五)。おそらく校外でも、地域の反レッドパージ闘争や反戦運動に関わり、そこで労働者の運動と出会ったのではないかと思われる。

3　朝鮮海峡は決してとおくない――下丸子文化集団における活動と詩作

下丸子文化集団の結成

星野が郵便局員となったころ、彼の住む下丸子近辺にひとつの〝出来事〟が起こっていた。安部公房・勅使河原宏・桂川寛という若い、そしてまだ「無名」に近いアヴァンギャルド芸術家たちが下丸子の工場街に入り、労働者と交わって文化活動を始めたのである。安部らは当時共産党に入党したばかりであり、労働者とともに新しい文化運動を作りたいという意欲をもっていた（鳥羽　二〇〇七）。彼らが「下丸子」に目をつけたことには理由がある。「ＰＤ工場」であった東日本重工下丸子工場で一九五〇年一〇月にレッドパージがあり、被パージ者を就労させるために組まれた実力闘争が全国的な注目を集めていたからである。軍管理工場での反レッドパージ闘争により、「下丸子」は「反戦」と「反植民地」の――ひいては「民族解放」の――闘いを象徴する地名となった。

この下丸子で安部たちが出会ったのが東日重工の隣にあった北辰電機の労働者サークルである。北辰電機には一九四八年三月から「人民」という文学サークルがあり、リーダーであった高橋元弘と高島青鐘は、自らがすぐれた書き手であるとともに労組でも重要な役割を担っていた。またそれゆえに二人は北辰のレッドパージ対象者となっていた。「下丸子文化集団」は、北辰の「人民」グループを中心に、東日重工の被パージ者、地域で反レパ闘争を闘っていた労働者、文化工作活動に携わり一定のネットワークを作り上げていた活動家などをメンバーとして結成された（より詳しい発足の背景と経緯については、拙稿［道場 二〇一一b］を参照されたい）。文化集団は五一年七月に『詩集下丸子』という労働者を中心とした抵抗詩・生活詩の詩集を発行する（それとほぼ同時に安部は芥川賞を受賞し、一躍有名作家となる）が、そこに星野が「江口寛」名で書いているばかりでなく、彼の友人である丸山照雄（ペンネーム「あいかわ・ひでみ」）、望月新三郎（「望月三郎」）も詩をよせているところを見ると、星野は少なくとも作品を集める編集的立場としてこの集団発足時から関わっていたと推測される。

半非合法の文化活動

『詩集下丸子』は、基本的に作者名の記された詩集であったが、しかし半分くらいはペンネームであった。また、『詩集下丸子』を持っていただけで検束されたという報告もあり（『下丸子通信』第一号、一九五三年九月、『集成』一）、この詩集の発行と配布、そして文化集団の活動には「半非合法」的なニュアンスがつきまとっていた。米占領下であるとともに朝鮮戦争下でもあった当時の状況において、共産党の活動は半ば非合法化されており、党員であるなしにかかわらずGHQにより「占領目的阻害行為」と判断されれば有罪となったことが背景にある。

こうした半非合法性を帯びながら、下丸子文化集団は詩集を発行しただけでなく詩のビラや壁新聞、通信、松川事件被告救援のための版画はがきの製作、他の詩人集団との長編叙事詩の共同製作、文化懇談会や多喜二祭、啄木祭の開催など、多彩な活動を展開していた。

文化集団の活動の中で、星野は「江口寛」として、詩作や創作に取り組んだ。また他に「中川修一」というペンネームも使っていた。「江島寛」は、星野自らのイニシアティブで発行した下丸子文化集団の機関誌『下丸子通信』の第三号(一九五三年九月)から亡くなるまでの一一カ月間使われたペンネームにすぎないが、死後彼の仲間のあいだでも「江島」という呼び名が定着したこともあり、以下では「江島寛」と表記することにしたい。

江島は文化集団の発行する『詩集下丸子』(全四集、一九五一年七月—五三年五月)、『くらしのうた』(一九五二年一月)に「江口」「中川」の名で詩などを発表する一方で、五二年二月から一〇月にかけて発行された非合法詩誌『石ツブテ』(全七号)にも参加した(いずれも『集成』一に収録)。

『石ツブテ』は占領下において米占領軍への抵抗を呼びかける非合法詩誌であったため、記事・作品のほとんどは無署名で発表された(松居 二〇〇五、道場 二〇〇七a)。江島はここに「手にもたなかつた石」「石つぶての飛ぶ日」などを発表した。「手にもたなかつた石」はメーデーにおける警官隊との衝突をテーマにした詩であるが、当時『人民文学』誌(五二年六月号)などにも転載され、二月の「反植デー」に始まり「血のメーデー」「吹田事件」「大須事件」と続く五二年前半の一連の激化事件の中で、それに呼応した抵抗詩として紹介されるとともに、『石ツブテ』もこの傾向を代表する詩誌として注目を集めた。

他方、「石つぶての飛ぶ日」は、タイトルがイメージさせるものとは異なり、街頭で集まり街頭で解散する『石ツブテ』編集会議をテーマにした詩である。

〔前略〕
君らは黙つてぼくの傍に来る
登山帽と〝ドイツ農民戦争〟の岩波文庫が
それから、石つぶてを握つた手が
君らを　ぼくの傍に立たせるのだ
君らの目が登山帽と岩波文庫にそそがれ
ぼくの手が左にゆつくり動く
ぼくらは　目で合図する
〔中略〕
〈石ツブテ編集会議〉!
新しい石ツブテは用意される
祖国という言葉!　民族の怒りという言葉!　解放という言葉!
言葉が一つの石となつて
言葉を一つの石にこめて
新しい石ツブテは　飛ぶだろう

ぼくらは　更に
もう一つの石ツブテを
つかむのだ。（『石ツブテ』第六号、一九五二年八月あるいは九月、八頁、『集成』一）

「ぼくらは　目で合図する」のフレーズが「突堤のうた」と重なり、江島の詩であると推定できる。「祖国という言葉！　民族の怒りという言葉！　解放という言葉！／言葉が一つの石となつて／言葉を一つの石にこめて」という表現は、「祖国」「民族」を内容的に受けとめるのでなく、言葉の石つぶて、つまりビラとして敵に投げつける物質性の表現となっていることが印象深い。故郷をもたないコミュニスト青年が「民族解放民主革命」を綱領とする革命組織の中で闘うとき、「祖国」や「民族の怒り」の中身に立ち入るのでなく、これを石となった言葉という物質の形で表現し闘争の強度に変換しようという微妙な変換装置がそこにあるように見える。

朝鮮海峡は決してとおくはない

同じ五二年の五月に中川修一名で発表された詩「巨済島」（『詩集下丸子』第三号、『集成』一）では、朝鮮人民軍の捕虜を収容した巨済島収容所をモチーフにしている。釜山の南西に浮かぶ巨済島の収容所では、北への帰還を希望する捕虜たちに対し、転向強要ばかりでなく拷問や処刑が相次ぎ、国際問題となっていた。

その窓ガラスは壊れている。／棒ッくいと　金あみと、／トタン屋根と。
そして君らに向けられた／哨所の目と。／綿服の君らのかげをうつした空と。
朝鮮海峡は決してとおくはない。／君ら／ぼくらの手の形をした両の手で
死ぬことを拒んだ君らの唇で／互いに　一つの腹から生れたように／合図する。
囚われぬ炎を。（二一頁、『集成』二）

おそらく日本から最も近い朝鮮の島の一つである巨済島。「朝鮮海峡は決してとおくはない」という江島の距離感は、一般論として表明されたものではない。また、志操を曲げることを拒み生命を賭けて抵抗する捕虜たちにつながろうとする意思は、「君ら」と「ぼくら」が「互いに　一つの腹から生れたように／合図する」という同胞意識によって表現されている。必ずしも洗練された詩ではないが、つながろうとしてつながれない朝鮮の抵抗者と、いかなる回路を通じてつながっていくかという模索をこの詩の中に読むことができるだろう。この作品に比べれば「突堤のうた」では朝鮮へ自らをつないでいくイメージがより洗練されているように思われる。身延時代の小説のように直接に朝鮮の街や人々を描くわけでもない――小林勝がそうであったように、記憶の中の街は植民地支配の終わりと朝鮮戦争によってすでに失われたもの、という断念があったのかもしれない――自分の「現場」である東京南部から朝鮮へつながる想像力を探るように、彼はその詩作の中に

「朝鮮」の痕跡を刻みつけていた。

4　まずいものはまずいなりに力をもつ――江島における「文化工作者」の論理

「実践と創作」をめぐって

下丸子文化集団の活動はしばしば『人民文学』誌をはじめとする全国的な文学雑誌に紹介され、同時代の「抵抗詩」の模範的な存在となっていた(道場 二〇一一a)。だが、一九五二年の春から夏にかけて本格化する共産党の「武装闘争」の中で、集団結成時に主導的な役割を果たした年長のメンバーが活動を離脱していくとともに、リーダーであった高橋元弘までもが五二年夏に離脱するに及び、集団は大きな転機を経験することになった。

そのまま空中分解するかもしれなかった集団を再建したのは当時一九歳の江島だった。江島は自分の友人である浅田や丸山、望月、井之川らとともに『詩集下丸子』の発行と集団の活動を継続するとともに(第三号と四号のガリ切りは江島自身が行なっている)、これまでの活動を総括し、「文化工作者集団」としてのアイデンティティを確立した。この作業は一九五二年の夏から秋にかけて行なわれた。その成果は同年一一月に発行された理論誌『文学南部』第一号(一号のみ発行、『集成』二)にそれぞれがまとめた論文において明らかにされている。江島個人はこれと並行して『人民文学』誌一一月号に「集団と個人」と題した野間宏批判の論文(「江口寛」名)を執筆し、自らの文化運動論を明らかにしている（江口 一九五二）。

野間との論争のポイントは「実践」と「創作」の意味づけと関連にあった。野間は「実践」を政治実践に限定し、これを「創作」と切り離して、政治実践と創作活動を適切に循環させることがすぐれた書き手になる上で必要だと論じていた（野間 一九五二）。これに対し、江島は「創作はそれ自体実践に外ならない」とし、政治実践と文学実践とを対立項とすることは誤りであると批判した。

「集団（サークル）それ自体は特定の作家育成のためにあるのではない。集団（サークル）は大衆の文化的要求を組織し、解放のための戦線を結びつける一形態である。そして大衆じしんのうみだした文学を、闘いの武器としてひろげてゆくことである。ここではまずいものは、まずいものなりに力をもつ。／壁新聞、便所の落書、ルポ、通信記事にまで及ぶ広範に把握された形式を、現に大衆がいきいきと活用しているのに、S文化集団はただ漠然と「すぐれた詩」「すぐれた小説」をかくための一部の同好者の集りになつていた。現実が提供した大衆が求めている形式を、大衆じしんによって存分に生かしながら、文学活動の新しい目や腕をつくってゆくことが必要であった」（江口 一九五二、二二頁）。

ここに江島の「文化工作者」としての文学観・運動観が集約的に表現されている。ともに毛沢東の「文芸講話」（毛 一九五六）を参照しながら、野間はより「専門作家」の態度としてこれを受けとめるのに対し、江島は大衆に直接触れ合う「工作者」の現場からこれを受けとめようとした点、また「実践」を特定の政治活動に封じ込めるのか、多様な表現活動やコミュニケーション行為を含んだものとしてとらえるのかという点において大きく異なっていた（道場 二〇一一a）。

江島にとって文学・表現活動が「実践」たりうるのは、単に「作品」を創作する行為に限られるものではない。さまざまな形式の表現作品が大衆の前に提出されるとき、大衆の意識を変容させ、ことばや概念を与え、情動を組織する、そうした効果が生み出されるのであり、また、書いたことのない人々が「書き手」になるとき、あるいは「作品」製作の過程が集団的に行なわれるとき、参加者たちの意識を変容し行動を組織化する力を与えることがある。さらに、作品が人から人へ、印刷物の手渡しの形であれ、噂の形であれ、伝達されることで生じる新たな認識がある。その多様なメディア経験を通じて、人々の目前にある現実認識を変容させ、行動の可能性を組み替えていく。江島はそうした多様な表現行為を通じて人々の意識を変容させる活動において「実践」を統一的に理解しようとしたのである。それゆえ「まずいものは、まずいものなりに力をもつ」のだ。そうして人々が「文学」を生み出す実践、また人々に書かせる実践を通じて「未来の設計図」をつくる、というのが彼の「文化工作」であった。

文化集団第二期の活動

文化集団は『詩集下丸子』第四集を五三年五月に出したあと、新しい機関誌『下丸子通信』を創刊する。主導したのは江島であり、最初の二号はガリ切りは江島の手によるものであった。主要な方針と呼びかけも彼の手になるものである。『通信』第一号（一九五三年七月、『集成』一）では、『文学南部』の時点で深められたサークル論・文化工作論をふまえ、「壁詩」製作のすすめとともに地域のサークルが連絡しあい、相互の報告と批判を載せていくことで、サークルのネットワークを作り出していくことがうたわれている。これ以降を集団の第二期と位置づけることができよう。発刊のことばは彼らしい表現で書かれている。

「下丸子は全国のどんな場所ともきりはなせない。とりわけ東京南部とは。ぼくらの仕事もそうだ。ぼくらのうみだす「ことば」が下丸子を鼓舞することばになり、斗いに向うむすうのことばを生みだすためには、掌の大きさにあつたここだけのつながりでは足りない。今までぼくらは手さぐりで歩いてきたが、革命の速度はすでに手さぐりの速度をおいこしている。革命の速度にふさわしい軌條を敷設するために、至るところにぼくらの三角点をつくろう。〔以下略〕」(二頁)。

第一号には、この発刊のことばと並んでもう一つ重要な江島の考えが示されている。「木田」名で書かれた「「わからない」について」という短文である(同、四頁)。ある画家が「大衆には平らなものがもてる」(大衆には通俗的な「わかりやすい」絵がうける)と発言したとき、江島は労働者自身の「目」がもつ評価眼を単純化するのでなく、まずその要求に応えて見せよ、と切り返した。「「わかる」「わからない」は理解を組織化して、はじめてはっきりするものです」という彼のことばは、「わかりやすさ」=通俗文化、「わかりにくさ」=ハイカルチャーであるかのような二分法を排し、「わかる」「わからない」を組織するコードの組み替えを生み出す作業こそ「文化工作」だという理解に基づいている。野間と対立する江島の「実践」概念、そして理解の組織化こそ重要なヘゲモニー闘争であるとの考えは安部公房と共通するものであり、二人の交流が続いていたのではないかと推測される(道場 二〇一一a)。

一九五三年七月、三年にわたって続いた戦争がようやく休戦となった。朝鮮半島の現状は固定され、それとともに中国・台湾・ソ連・日本を含む国際関係についても現状維持を前提として東アジアの冷戦体制が作られていった。「革命」の時代は終わり、日本列島も戦場と切り離された。それまで抵抗詩の世界(観)を支えていた、占領の継続と戦争に彩られた東アジアの相互連関的なつながりが急速に不可視化し、日本社会は「高度経済成長」とともに外部への関心を失っていく時代の入り口にさしかかりつつあった。

江島の一九五四年の詩に「夜学生のうた」という長詩がある(『南部文学通信』第六号、一九五四年一月、『集成』一)。文化集団は『下丸子通信』を『南部文学通信』と改め、下丸子だけではなく東京南部のサークルから記事を集めて相互批判と交流を追求していた。また、『通信』発行と並行して南部のサークル懇談会を積極的に開催していた。

「夜学生のうた」は、おそらく彼が通った小山台高校を舞台に、学校の屋上に集った青年たちの若き革命の志をうたった詩である。「この一月五日、ある夜学の在校生と卒業生が集った。お互いに顔を知らない同志が、たくさんいた」と付記されている。

〔前略〕

その日、／ぼくらは卒業した。

教育委員よ。校長よ。／鼻の頭よ。／いんきんたむしの／舌の植木屋よ。

ぼくらの胸は、日に照らされている。／ぼくらの、せせらぎは／別の　ところから／起ってくるのだ。

おゝ、何もなく、／この校舎の上に／党と／民青の旗は／ひるがえるだろう！

同志××。／同志××。／同志××。／…………。

さようなら！／さらに固く握手するために、さようなら！

南部の工場は、／今　風のなか、鉄をやきながら／ぼくらを待っている。

〔以下略〕（一一〇—一一二頁）

「風信器は　今日も向きをかえる。／／しかし、／ぼくらが　一せいに指さすのは、／今日も／一つ所なのだ。」と結ばれているこの詩には、政治情勢の変化の中で見失いがちな自分たちの変革の方向性への不安が表現されているように思われるが、「風信器」が向きを変えたとしても揺らぐことのない目標、これをともに指さすことのできる「同志」とのつながりにこそ、帰る場所をもたぬ江島は自らの存在のありかをもとめたのではないか。

「うたう詩」運動と江島の死

江島が生前最後に発表した作品は、「うたう詩」としての「煙突の下で」であった。「うたう詩」とは、「うたごえ」運動を主導していた関鑑子が五四年一月に呼びかけていたものであり、サークル詩運動に対し、文字として書かれた詩にとどまらず、これに曲をつけて「うたう詩」となることで「詩に音楽の翼を」与えようと主張していた。「煙突の下で」はこれに呼応して作詩(「うたう詩」運動の中では「作詩」と表現した)されたもので、日比谷高校の社会科教員であった木下航二が曲をつけ、『南部文学通信』第八号(一九五四年五月、『集成』二)に発表された。

一、煙突の下で　おれたちの
　青春は　いきずいている
　とりもどそう　みんなで
　平和のために
　吹き上げよう　煙突の煙
　おれたちの胸は　もえる炎だ
〔中略〕
三、どんな時にも　おれたちの

心は　結ばれている
とりもどそう　みんなで
仂くもののため
つくり上げよう美しい祖国
おれたちの歌は不屈の誓だ（八頁、同）

その「祖国」とはどんなところなのだろうか。民族性や地域性のにおいのしない「祖国」。「仂くもの」の自由な共和国に賭けたこの「解放」のうたは、故郷をもたぬ江島にとっての「祖国」のありかを示したものといえるかもしれない。江島は「うたう詩」運動を南部に広げるため、仲間の浅田石二を木下に紹介したが、このコンビは「原爆を許すまじ」を生み出し、同時代の原水爆禁止運動、「うたごえ」運動を牽引する力となっていった（木下編 一九八五）。

だが、五四年七月、江島は過労と栄養不足によって倒れ、「紫斑病」と診断されて五反田にあった逓信病院に入院した。そして仲間たちの看病や輸血も行われたが、八月一九日、彼は二一歳の短い生涯を終えた。

葬儀は姉の部屋で行われた。「そこには大きな赤旗が立てられ、共産党地区委員長が弔辞を読んだ。赤木健介（新日本文学会、詩人）、小林勝（作家）もおとずれた。山梨から兄が参列した。参列した東京の叔父が盛大さに驚いたという」と佐藤は記している（二〇〇四、一七八頁）。小林は当時『文学の友』編集部にいた。江島より五歳年長の〝朝鮮生まれ・朝鮮育ち〟の作家である。

おわりに――閉じていく東アジア、そして工作者の「祖国」

ふたたび、「突堤のうた」に戻ろう。「突堤のうた」は、一九五三年九月という、朝鮮戦争の休戦が成立して二カ月後に書かれていたことに留意する必要があるだろう。東アジアが政治的軍事的力によって大きく再編され、分断されていくときに、自らが直接体験した朝鮮半島とのつながりを空間的にイメージするということは、分断の中に固定化されていく朝鮮を、東アジアを、自分の位置からどう受けとめるかという問いと重なったはずだ。戦争によってつながっていた朝鮮と日本(そして東京南部)は、戦争の終結とともに相互の関係が見えなくなるところへ押しやられていっただろう。植民地支配、戦争、解放、内戦と打ちつづく中で、国家の暴力によってつながってきた朝鮮と日本の関係が、不意に不透明なものとなっていく。

江島寛の生涯の最後の一年間は、こうした情勢の変化の中で自分たちの活動に新たなスタイルや方向性を与える必要性に直面していたと考えられる。しかし同時に彼は、赤木健介が主宰する『詩運動』誌の全国編集委員となり(五三年九月)、全国詩活動者会議などでも自前の文化運動論を展開して各地の詩活動家を圧倒する働きを見せていた(道場 二〇〇七b)。身軽でウィットに富んだ「文化工作者」たちが街のそこかしこに出没し、働く人々を鼓舞し、人々が自らの要求を表現し組織する生きたことばを手に入れていくことが可能だとするなら、そこには故郷をもたぬ人々にとっても

「祖国」となりうる、開かれた共和国があらわれるかもしれない。

丸山照雄の回想によれば、江島の運動の動機には朝鮮と日本の平和と独立という問題があったのではないかという(丸山氏インタヴューより)。とすれば、いささか背伸びした作品であった中学時代の小説「太極旗」以来、彼の関心は基本的に変わっていなかったことになる。閉じていく東アジア、経済成長の中で自閉していく日本。その中にあって、彼の「祖国」はますますアクセスすることの難しい場所となっていったかもしれない。しかし、彼の詩と「文化工作」の軌跡は、そのような共和的東アジアが生まれる可能性を、いまも指し示しているのだ。

＊本稿において、『東京南部サークル雑誌集成』(全三巻＋別巻、不二出版、二〇〇九年七月)所収のサークル誌からの引用は、[『誌名』号、刊行年月、頁、『集成』一]のように表記する。『集成』のあとの「一」「二」「三」「別」は、それぞれ第一巻・二巻・三巻・別巻を意味する。

参考文献

井之川巨編『鋼鉄の火花は散らないか――江島寛・高島青鐘の詩と思想』社会評論社、一九七五年。

江口寛「集団と個人」『人民文学』一九五二年一一月号。

城戸昇『東京南部・戦後サークル運動史年表――敗戦から六〇年安保闘争まで』文学同人・眼の会、一九九二年。

記念誌編集委員会編『身延――わが青春』山梨県立身延高等学校創立六十周年記念実行委員会、一九八二年。

木下航二編『原爆を許すまじ――世界の空へ』あゆみ出版、一九八五年。

佐藤信子「エアプレン星座――星野秀樹の作品、生涯、仲間たち」『imagination』第二号、二〇〇四年。

鳥羽耕史『運動体・安部公房』一葉社、二〇〇七年。

野間宏「実践と創作の環」『季刊理論』第一八号、一九五二年。

星野秀樹「京城」『彫像』第三号、一九四八年。

松居りゅうじ『古川橋ドヤ街から生まれた米占領軍への抵抗詩誌「石ツブテ」――芝浦を返せ！　日本を返せ！』私家版、二〇〇五年。

道場親信「下丸子文化集団とその時代――五〇年代東京南部サークル運動研究序説」『現代思想』第三五巻一七号、二〇〇七年a。

道場親信「工作者・江島寛」『現代思想』第三五巻一七号、二〇〇七年b。

道場親信「サークル詩運動から見た『人民文学』――下丸子文化集団との関わりを中心に」『人民文学』別冊（解説・解題・回想・総目次・索引）、不二出版、二〇一一年a。

道場親信「工場街と詩――『詩集下丸子』の時代を読む」西澤晃彦編『労働再審4　周縁労働力の移動と編成』大月書店、二〇一一年b。

毛沢東『文芸講話』竹内好訳、岩波文庫、一九五六年。

和田春樹『朝鮮戦争全史』岩波書店、二〇〇二年。

3 Kim Dal-Su

金達寿
——「文学」と「民族」と

きむ・だるす…1920-97　◉朝鮮慶尚南道馬山近郊の農村に生まれる。10歳で渡日後、さまざまな職につき、屑屋として横須賀に定住。この間、夜学校や通信講義録などで学び、1939年に妹婿名義の卒業証書で入学した日本大学専門部で小説の習作や評論を発表している。卒業後、神奈川新聞社の記者を経て京城日報社に入社するが、1年たらずで横須賀に戻り日本敗戦を迎える。解放直後から在日朝鮮人組織に参加すると同時に文学活動を開始し、朝鮮戦争の最中に執筆した長編小説『玄海灘』で注目を集める。70年代以降は、雑誌『日本のなかの朝鮮文化』を拠点に日本各地の古代朝鮮遺跡を巡る記録を発表して、日本における朝鮮観の書き換えに寄与した。

平田由美

金達寿をめぐる二つの組織

冷戦下の日本では「逆コース」と呼ばれる民主化の後退が社会生活のあらゆる局面で進行していたが、在日朝鮮人が経験したそれは一般にはあまり知られていない。しかし、軍国主義的団体や反民主主義的な行為を取り締まるための政令を改正した団体等規正令(団規令)は、レッドパージに先だって朝鮮人組織を狙い撃ちにするものだった。日本の敗戦が「解放」を意味せず、占領軍が解放軍でなかったことを誰よりも早く痛烈に思い知らされたのは在日朝鮮人たちではなかったろうか。

ここで取りあげる金達寿は、五〇年代から六〇年代にかけて、数多くの発言を日本人に向けて行った朝鮮人作家の一人である。彼は在日朝鮮人を代表するスポークスパーソンとして、新聞、雑誌、ラジオなど種々のメディアを通じて在日朝鮮人の現状を訴え、朝鮮半島問題を論じた。創作活動では、朝鮮の自由と独立を求める知識人青年たちの苦闘や、日本に生きることを強いられた朝鮮人の悲喜こもごもの暮らしなど、長短さまざまの小説、記録を書いた。

後で見るように、八・一五の二カ月後に結成された在日本朝鮮人連盟(朝連)は、帰郷する人々を支援し、残留する人々の法的地位をめぐる問題から生活擁護にいたるまで幅広い活動を行った。金達寿もまた朝連の一員として組織の活動を担い、かたわら民族学校の講師職にも就いていた。

四八年一月にGHQの指令を受けた文部省が朝鮮学校閉鎖令を出すと、日本各地で激しい抵抗運動が起き、四月の阪神教育闘争では日本史上唯一の非常事態宣言が発令された。この時、雑誌『民主朝鮮』の編集人であった金達寿は、「現地報告特集」のための取材で神戸に入っている。しかし特集号は発禁となり、彼の報告は日の目を見ることはなかった。

翌四九年九月に団規令によって、朝連と民青(在日朝鮮民主青年同盟)の強制解散が行われ、財産没収の処分が下される。この時もまた、金達寿はたまたま八重洲口の朝連中央総本部に行き合わせ、怒りを込めて事態を記録した。その一つが「在日朝鮮人の運命」と題されているように、この時期の金達寿にとって、自らを取り巻く状況は民族の命運に直結していたのである。

1959年5月，練馬の自宅にて，39歳．出典『金達寿小説全集』第2巻，筑摩書房．

もともと小説を書くことに取りつかれた〝文学青年〟金達寿の創作活動は、文学開眼のきっかけとなった志賀直哉からの大きな影響を受けて、一人称で語る「私」とその周囲の出来事を書くことから出発した。その物語が、いわゆる「私小説」や「心境小説」のように狭小な内面世界に局限されなかったのは、在日朝鮮人にとって個人的なことは政治的なことであり、彼ら/彼女らが抱えていた問題はそのまま社会の問題だったからである。

しかし、五〇年代以降、自然主義的リアリズムを悪しき伝統として批判する文学運動に関わる中で、彼の物語世界は次第に変化していく。帰国運動を語ると見えて実は古代史レクチャーが繰り広げられる長編小説には、その変化の予兆がある。それは、金達寿がそれまで描いてきた、同時代を生きる在日朝鮮人の個々の生の物語から、「民族」や「祖国」といった〝大きな物語〟への変貌の始まりのようだ。

以下では、この大きな転回について、金達寿が属した二つの組織との関係から考えてみたい。一つは朝連――民戦（在日朝鮮統一民主戦線）――総連（在日本朝鮮人総聯合会）へと展開する民族組織、もう一つは、文学者団体である新日本文学会、とりわけそこから派生した文学グループである。金達寿自身のことばを借りれば、一方は在日朝鮮人にとっての「祖国」のようなもの、他方は作家として多くのことを学んだ「大学」のようなものとして、彼の作家活動を左右した。

金達寿が残した自伝的なテクストのうち、この時期を語ったものに、『わが文学と生活』（一九九八）がある。これは、『金達寿小説全集』（全七巻、一九八〇）の「著者うしろがき」に、雑誌『青丘』に連載した続編を合わせて、死去の翌年に刊行されている（以下はこの単行本に拠り、引用の頁番号は省略する）。連載の初回には、「日共の分裂」や「在日朝鮮人運動・組織」など、「政治的なこと」は他書にゆずるとして、「直接私に関することのほかは、そういう政治的なことにはあまり近寄らないようにしながら、この稿をすすめてゆく」とある。しかし、その「直接」しているはずのことがらも、あいまいな記憶と距離感がきわだち、分かることよりも分からないことのほうが多い。

二つの組織に大きな影響力を持った日本共産党の五〇年問題をめぐっては、小説を含めて膨大な量の文章が書かれている。党史的見解と離党者や除名処分を受けた者の証言との間に大きな差異があるように、新日本文学会の五〇年問題も、またその後の内紛についても、書き手の立場による違いは大きく、金達寿の回想の正確さや真意を測ることはむずかしい。在日朝鮮人組織の場合も、最終的に総連を離れた金達寿に関する資料は少なく、彼の作家活動が組織の文化政策とどのような関係を持っていたかは明らかでない。

金達寿の自筆年譜はどのヴァージョンも執筆リストと呼ぶべきもので、誕生から日本敗戦までを除けば、戦後の記述はほとんど作品名と発表媒体だけがそっけなく並ぶ。それは、あたかも作家を語るのはその書き物であるという主張に見えなくもない。そうだとしたら、書かれたものの行間に眼を凝らし、種々の言述の間にある矛盾の原因をさぐりながら、彼の年譜を豊かなものにしていくしかないのだろう。

まずは、金達寿の年譜に必ず「活気横溢する」と記される一九四五年八月から始めよう。

活気横溢の暗転——活動家から作家へ

「玉音放送」の翌日、金達寿は兄の金声寿らとともに自治組織の立ち上げに動き、翌月の初めには「横須賀在住朝鮮人同志会」を結成している。日本各地で同時多発的に作られた自治組織は、金達寿たちの同志会がそうであったように、分会—支部—県本部—中央と、より大きなブロックにまとまってゆき、解放からわずか二カ月後の一〇月半ばには全国組織としての朝連が結成された。

その綱領が「帰国同胞の便宜と秩序を期す」を掲げたように、この時期の朝連にとって最大の任務は、帰国を急ぐ朝鮮人たちの援助であった。準備委員会の発足時から活動を開始していた朝連が、「各地で朝連の名の下に引揚者名簿をつくり、帰還証明書を発行し、残す財産を管理し、または寄付をうけた。そして日本官憲の無気力に乗じ、列車にのせ、船にのせる世話まであたった」と述べるのは、「官憲」側の資料である(森田 一九五五＝一九七八、六一頁)。

朝連神奈川県本部と横須賀支部の常任委員を兼務していた金達寿も、帰国者を下関や仙崎の朝連出張所に送りとどけたり、徴用労務者の手当や慰労金を獲得してやったりと、東奔西走の毎日を送っている。「八・一五以後」(『新日本文学』四七年一〇月号)は、この時期の金達寿の体験を小説にしたもので、主人公の名前こそ架空のものだが、乳飲み子を残して妻に先立たれた境遇や、家族に先んじていったん帰国しながら、朝鮮情勢の悪化のために日本へ「逆流」した母親を引き取りに佐世保におもむく道行きなど、ほとんど作者の実体験にもとづく。主人公に同行する朝連活動家が丁寧に造形されているのは、金達寿自身の活動家としての自負心でもあっただろう。

組織活動の一方で、彼は小説を書き始めたころからの宿願であった雑誌の発行に取りかかった。朝連横須賀支部の常任委員で、飯場を営む人物から資金援助を受け、印刷所を探し、原稿を書きながら編集作業を行いと、文字通り八面六臂の奮闘で、四六年四月に『民主朝鮮』の刊行にこぎつけている。在日朝鮮人による解放後初の活版印刷雑誌であるだけでなく、四年に及ぶ発行期間からも、発行部数(GHQが把握した数字で一万部。金達寿によると、最盛時には一万五〇〇〇部の刷り立て)からも、『民主朝鮮』はこの時期有数の雑誌の一つに数えることができる。

創刊号は、同じ横須賀支部の委員で、後に朝連中央の文教部長に就任する「マルクス主義者」元《ウォン》容徳《ヨンドク》と金達寿の二人が、合わせて八つの名前を使いわけて紙面を埋めた。金達寿にとって雑誌の発行は、戦前の回覧文芸雑誌『鶏林』の復活を意味しており、『民主朝鮮』創刊号に収められた二編の小説も、かつてそこに書いた作品の再録であった。二度の小説特集を含め、『民主朝鮮』の創作欄の企画編集もおそらく金達寿によるものだろう。

当初の題号案『朝鮮人』を、『民主朝鮮』という「どこか政治的な感じが強」い誌名に変更させたのは、当時、朝連神奈川県本部の委員長で、後に総連議長に就任する韓徳銖《ハンドクス》であったという。雑誌を続けるには、朝連の「協力と援助」が必要だったと語られているように、資金援助はもちろん、物資統制下の用紙の確保や支部・分会などを通じた頒布ルートなど、組織の支援は『民主朝鮮』にとって不可欠だったはずだ。

しかし、朝連との強い結びつきは、持続的な発行を支える反面、在日朝鮮人左派メディアとして、この雑誌を厳格な事前検閲の対象にした。朝鮮人メディアに限らず、発禁・削除措置は定期刊行物にとって致命的な事態である。『民主朝鮮』においては、四八年六月号として刊行する予定だった阪神教育事件特集号が発禁となったのが最大の打撃であった。それでなくても大量に刊行されるようになった多様な雑誌との競合で、部数の減少に直面していた民主朝鮮社はたちまち苦境に陥り、経営安定のために借金までして設立した印刷工場もろとも朝連東京本部の委員長に身売りするにいたる。四九年九月の朝連強制解散がダメ押しの一撃となり、買収によって編集部を朝連本部に移していた『民主朝鮮』は事務所を追われ、再び休刊を余儀なくされる。

「長い休刊と経済的逼迫の中」(李賛義「編集後記」)で復刊第一号(通巻三二号)が現れたのは、七カ月後の翌五〇年四月のことである。ここに掲載された「一九四九年九月八日の記録」が金達寿の最後の文章となり、三カ月後の三三号をもって『民主朝鮮』は停刊した。

『民主朝鮮』の廃刊と日本語講師として出講していた東京朝鮮高校の閉鎖によって失業者になった金達寿は、窮乏の中で職業作家としてのスタートを切る。朝鮮人メディアを失った作家活動は、必然的に最大の発表媒体となった『新日本文学』や、『世界』、『中央公論』などの商業雑誌を含むメディアに移行する。五〇年暮れの東京への転居が、その移行や新日本文学会での活動を順調に推し進めたことは、金達寿自身や彼の周辺にいた作家たちの回想からも明らかである。しかし、それらのことは彼の文学をそれ以前とは違ったものに変える力として働いたと思われる。

一九五〇年六月二五日の朝鮮戦争勃発の報に接した金達寿は、ただちに「悲しみと怒りと」(『婦人民主新聞』五〇年七月一五日号)を発表した。ラジオ放送に釘付けになりながら、逃げ惑う人々の姿に自らの空襲体験を重ねた身を引き裂かれる思いは、日本で闘われる朝鮮戦争を描く「孫令監《ソンヨンガム》」(『新日本文学』五一年九月号)で、主人公の老人の記憶の中の戦争と、彼が眼にするニュース映画の中の戦場の交錯として物語られている。

この短編を最後に、「Y市」すなわち金達寿が一六歳から三〇歳までの大半を過ごした横須賀市に住む朝鮮人たちの〝いま〟を語る物語は消える(これより先、前年の『世界』四月号に掲載された「矢の津峠」が、朝鮮人活動家の眼を通して現在進行形の〝いま〟を語る〝Y市モノ〟最後の作となった)。

もちろん、これ以後も作者自身を思わせる「私」や「彼」が登場する物語は書かれる。しかしそれらは戦前の横須賀や「京城」を舞台にした過去の物語か、現在を描いていても、それまでの物語とは異なる。朝連横須賀支部の活動家に代わって、東京に住む「作家」が登場するのだが、彼は物語世界の登場人物というよりは、彼の周囲に集まってくる人々の体験の記録者、それらを読者に提示する伝達者である。物語の時空もまた、在日朝鮮人たちの歴史が土地の歴史の一部として刻み込まれた場所から、特定不能の日本のどこかや金達寿が踏むことのできない故郷、南朝鮮の地へと変わっている。

彼の物語世界の変化の一因となった文学グループとの関係を考える前に、この変化のもう一つの要因であった朝連後の組織との関係を見ておきたい。

組織との距離——民戦から総連へ

朝連解散後、残された合法組織を拠点にした活動が各地で続けられ、朝鮮戦争さなかの五一年一月に民戦が結成される。この間、金達寿が組織再建にどうかかわったかを知る手がかりはない。はっきりしているのは、朝連時代とは一変した立場に置かれたことである。

民戦も朝連と同様に、日本共産党の民族対策部の指導を受け、「米軍占領下の平和革命論」に対するコミンフォルムからの批判を受け入れた党主流派のもとで、反米武装闘争路線を取って、公然、非公然の活動を行っていた。金達寿は、非主流派の「新日本文学会中央グループ」に属していたために、朝鮮人組織の主流派とは対立することになる。

自伝には、主流派が多数を占める朝鮮人党員から「孤立」し、さらにはさまざまな「攻撃」を受け、彼個人ばかりか、兄や母にまで圧力がかかったと語られている。党分裂を描いた『日本の冬』(五七年)には、朝鮮戦争反対ビラの文言をめぐって、朝鮮人党員の辛三植《シンサムシク》が「分派」として糾弾され、居住細胞を除名されるシーンがあり、その「孤立」の一端がうかがえる。朝連時代の金達寿の活動は地域に根ざしていたが、党の分裂はこの時すでに横須賀を離れていた彼と朝鮮人コミュニティとの距離をいっそう広げる結果をもたらしたのではないだろうか。

五二年の「血のメーデー」で、金達寿は頭を数針縫うケガをし、その後の追及(治安当局は都内の病院のカルテまで調べあげて参加者の割り出しを進めていた)を恐れて東京を離れている。彼のデモ参加は民戦による動員ではなく、新日本文学会中央委員として、会の旗(があったらしい)のもとで行われたものであった。

とはいえ、朝鮮人組織との関係がまったく断絶したわけではなさそうだ。五三年三月に民戦傘下の文学団体「在日本朝鮮文学会」が機関誌『文学報』を創刊した時、金達寿はその編集人となって、自ら朝鮮戦争の停戦に関する時事評論などを執筆している。一一月には大阪で開かれた民戦第四回全体大会に出席しており、そこで設置が決議された「文化宣伝部」に何らかの関わりを持っていたことも推測される。彼はこの前後に、民戦のオルグとして活動していた金時鐘《キムシジョン》と出会っているが、それも組織の文化活動を介してのことだったかもしれない。

次に彼の名前が組織の機関誌に見えるのは、五五年九月刊行の『新朝鮮』の編集人としてである。この雑誌は、前年一一月に創刊されながら、この年の五月以降休刊していた『新しい朝鮮』を改題継続したもので、通巻第八号にあたる。発行所も印刷所も改題の前後で変わらず、表紙とカットの描き手にも変化はなかったが、李箕永《イキヨン》の長編小説や金泰生《キムテセン》のデビュー作が掲載されるなど、文芸路線的な風味が加わっているのは、金達寿の編集方針によるものだろう。

しかし、最大の路線変更は雑誌にではなく、組織そのものにあった。この雑誌が発行される半年前の五五年三月に、民戦の中央委員会で韓徳銖が武装闘争の放棄を宣言し、五月には民戦を解散して総連が結成されていたのである。『新朝鮮』への改題と編集方針の変更が、組織のこの動きに連動していたことは疑いない。「私は韓徳銖氏による路線転換と総連の結成とにさいしては、一定の協力をした」と語る、金達寿の「協力」には『新朝鮮』の編集も含まれていよう。

民戦以後の文化団体を公安の資料から拾えば、朝鮮人文化人総会→朝鮮文学芸術家総会(文芸総)→朝鮮文化団体総連合(文団連。金達寿は「名ばかりの議長団の一人」に就任)→朝鮮人文化団体協議会(文団協)→朝鮮文学芸術家同盟(文芸同)となる(坪井 一九五九。名称中の「在日本」は省略)。このうち路線転換直後の五五年七月に結成された文団協が総連中央の文化宣伝部に直属し、社会主義リアリズムの堅持や、朝鮮語による創作活動を基本とするなどの方針を打ち出した。この方針は、五九年六月結成の文芸同が、共和国政府・朝鮮労働党に直結することによって確固なものになる。

母語は朝鮮語であっても、金達寿は朝鮮語の初等教育すら受けていない。彼にとって、書くことは日本語で書くことであり、その文学は日本語に骨がらみになることによって初めて可能なものだった。「祖国」に直結した総連の文化組織において、「国語」による創作がおぼつかない金達寿の出る幕はなかったはずだ。おまけに文芸同結成のころは、共和国内部の権力闘争のとばっちりで、岩波新書として刊行した『朝鮮――民族・歴史・文化』(五八年)に対する猛烈な組織的バッシングを受けている最中だった。それにもかかわらず、彼は文芸同の「給与なし非専任副委員長」として許南《ホナム》麒《ギ》委員長の下で働き、六〇年代の半ばには常任委員会にも出席するようになっている。

『朝鮮』が総連による「批判事業」の標的となっていた時期、帰国運動が急速に進展していた。帰国事業において、日本各地で作られた帰国協力会や日朝協会などの民間団体、超党派の国会議員集団などの動きが世論を動かす大きな力となっていたことは、当時の新聞雑誌をちょっとめくってみるだけで分かる。総連の文化団体における金達寿の処遇は、組織が日本のメディアにおける彼の発言力を重視したことを示していよう。

事業の開始から三年あまり後、八万人近い人々が「祖国」に帰っていた六三年五月に、総連は中央大会で共和国との「自由往来決議」を行って、日本の世論への訴えかけを積極的に展開した。後述するリアリズム研究会は、翌月さっそくに「在日朝鮮人の祖国自由往来実現」の声明を出す。その後も会の機関誌にアピールが繰り返されているのは、創設メンバーであった金達寿の働きかけがあってのことと考えるのが自然だろう。同じ年の九月に文芸同文学部の機関誌『文学芸術』が「特

集　祖国への往来を実現するために」と銘打った日本語版別冊を刊行した時にも、彼は研究会メンバーらと座談会に出席し、エッセイを掲載している。

これ以後も、七〇年代の決定的な決裂まで、総連の文化活動への金達寿の協力は続く。彼にとっての組織が日本にある「祖国」であるなら、組織からの離脱は朝鮮人をやめるに等しいともいえるが、それが最終的に決行されたことは、金達寿にとって「祖国」や「朝鮮人」の意味するものが変わったのだろうか。「朝鮮人というもの」を追求し、それを日本人に訴求することを文学の目的に掲げた彼にとって、この変化はきわめて重要な問題だが、八一年の韓国訪問と同じく、自伝にはつきつめた内省はない。

「文学勉強」――金達寿におけるリアリズム論的転回

話を五〇年代に戻して、次にもう一つの組織、おそらくそこでの勉強が「祖国」や「民族」といったビッグワードの語義変更をもたらした、彼にとっての「大学」について検討しよう。

金達寿が新日本文学会の一員となったいきさつは自伝にも語られ、また中野重治とともに入会の推薦人となった小田切秀雄にも詳しい回想がある。入会の日付は不明だが、四六年一〇月の第二回全国大会で、金達寿は新日本文学会常任中央委員に就任している。

「まだまったく無名の新人」が入会後まもなく中央グループの一員になった背景には、この会が戦前のプロレタリア文学運動以来の国際主義を理念的背骨に持っていたことを見なければならない。

『民主朝鮮』六号(四六年一二月)は、この大会決議の一部を「朝鮮の作家への挨拶」として転載し、「本国(南朝鮮)の朝鮮文学者同盟へ送達」したらしい。挨拶は、朝鮮や中国、「世界の国の作家」たちに向かって、「新しき民族文学」を発展させるため「国境を超えて諸君とともに闘ふ」ことを誓い、「世界民主主義文学者の提携万歳」と締めくくっている。

つまり、新日本文学会のインターナショナリズムはナショナルな「民族文学」を前提とし、それゆえに金達寿には朝鮮人作家の代表者という役割が期待されたというわけである。翌年の第三回全国大会で、彼が「八・一五以後の朝鮮文学運動」と題する報告を行って、朝鮮文学家同盟の動向とともに李箕永や金史良《キムサリャン》らの作品を紹介し、その後も南北朝鮮の文学の紹介に努めたのは、会の期待に応えたものといえる。

この会から生まれたいくつもの文学グループのうち、金達寿が最初に参加したのは五一年結成の「文学芸術社」である。設立メンバーの一人であった西野辰吉の覚え書きによれば、金達寿、久保田正文、霜多《しもた》正次《せいじ》ら、「あつまったものは、みんなが党の分裂で組織から排除された元党員で、国際的な裁断に服する気持がないということで共通していた」という(西野 一九七一、四二頁)。同じくメンバーとなった窪田精の回想では、グループは文学会内の「流派的な文学運動組織」というよりは、「世代的な親近感」による「文学勉強の一つの場」であったとされている(窪田 一九七八、二〇二頁)。たしかに、創作が誌面のほとんどを占める『文学芸術』を通覧するかぎり、グループの結成は新日本文学会の比較的若い書き手が発表の場を確保しつつ、その中で互いに切磋琢磨するためのものだったと見るのが実態に近いと思われる。しかし、それ以上に注目に値するのは、彼らが社会的マイノリティとしての立場において共通するものを持っていたことである。

『秩父困民党』(五六年)で自由民権運動期の農民武装蜂起事件を掘り起こす西野辰吉は、北海道への開拓移民の子として生まれ、小学校卒業後、金達寿にひけを取らないほど数多くの職に就いている。復員後に小説を書き始め、文学芸術社のころは、ニコヨン生活の中から生まれた基地労働者の物語に続いて、混血児問題など占領下の日本の暗部を照射する小説に取り組んでいた。

窪田精も、小作農に没落した実家を高等小学校二年で飛び出して各地を転々とした後、反戦演劇活動に身を投じ、懲役八年の実刑で入獄。囚人部隊の一員として飛行場建設のためにトラック島に送られ、そこで敗戦までの四年近くを生き抜いた。戦後は組合活動をしながら文学サークルを組織し、トラック島での「人間の地獄」を書くことを目指していた。レッドパージで失職後、前歴を隠して米軍立川基地にもぐりこみ、朝鮮戦争を日本の底辺労働者の眼から描いた短編を『文学芸術』創刊号に発表している。

霜多正次は東京帝大こそ出ていたが、旧姓を島袋という沖縄人だった。四〇年に応召して中国湖北省からブーゲンビル島へ転戦、窪田の言ではこの島で「天皇の軍隊からの「脱走」というのをやってのけ、軍法会議で死刑の判決をうけ」たという。もっとも、敵前逃亡はオーストラリア軍への投降だったから、島袋伍長は捕虜として無事に敗戦を迎えた。日本の「独立」後も占領下に捨て置かれた基地の島を描く長編小説「沖縄島」を一年あまりかけて『新日本文学』(五六年六月号―五七年六月号）に発表する。

　こうしてみると、金達寿を含め、彼らは党の非主流派である以上に、日本社会の非主流派だったともいえる。彼らは文学によってその社会を変えることをめざし、文学芸術社結成の当時は絵に描いたような貧乏生活の中で、自身の体験を小説にしようと格闘していた。彼らのグループが、志賀直哉的私小説やアバンギャルド路線を否定し、大衆社会論の非階級性を仮想敵として、「現実の変革」のためのリアリズムを主張したのは理解のむずかしいことではない。

　彼らは文学芸術社から文学構造社をへて、五七年一一月にリアリズム研究会を結成する。『リアリズム』創刊号（五八年一〇月）の「発足の趣旨」は、「プロレタリア文学が開拓した現実の変革を志向し、人間と社会を総合的にとらえてゆく方向に、日本のリアリズムの性格を根本的に変えてゆく基本のコースがある」と宣言した。

　しかしながら、この後、誌上に登場する論文や座談会を読んでみても、彼らのいうリアリズムが何であるかは判然としない。主題の思想性や作家の階級性の自覚といった理念としての文学のあり方、「何を書くべきか」についての政治的立場が明確になる一方で、「いかに書くべきか」が具体性を欠いた議論に終始しているからである。

「何を」のイデオロギー性に引きずられて「いかに」の希薄化、抽象化をもたらす道筋は、すでに『文学構造』創刊号の座談会における霜多の発言──「創作方法」とは「何を書くか」、「現実をどう受止めるか」である──に見えている（「創作方法をめぐって」五六年一月）。彼らの「創造理論」をめぐる議論に通底するのは、こうした文学の主題とその方法との無媒介な結合で、金達寿の「視点について――どうかくかの問題・ノオト」(『リアリズム』創刊号)が「いかに」を論じながら、つまるところ「視点とは思想の問題であり、作品の中身の問題である」と結論するのもその一例にすぎない。

占領終結後の国民文学論争に関わって繰り返し議論される「民族的な問題」も、論者自身の個別的で具体的な現実に根ざしているとは思われない。なによりも、「民族文学」を「日本文学」の同義として論じること、「日本人全体という民族的な問題」が「われわれ」によって論じられることへの自覚や認識が見られないのは、金達寿が朝鮮人作家代表の役回りを与えられていたことを考えれば不思議なほどである。

「日常性をこえた現実」を「個人中心でなく全体像」において、「歴史的」「構造的」に把握するという彼らの主張が、日常や個人から遊離した抽象的議論に終始しているのを見るとき浮かびあがるのは、「私」とその周囲の事実をそのままに書くという出発点からの離脱を金達寿にうながしたのは、このような「文学勉強」だったのではないかという疑念である。活動家から職業作家への転身と、組織および在日朝鮮人コミュニティからの距離がこれに加わって、金達寿の物語世界を、在日朝鮮人の個別の経験、《生の現場》とかけ離れた、「民族」という、より大きく抽象的なものに変える一因となったといえないだろうか。

金達寿が先の「ノオト」で、彼の「方法」をめぐる新たな試みの一つとして例にあげた「密航者」は、その変化とそれが向かうところを暗示しているようだ。

『密航者』――「民族」の物語

長編小説「密航者」は『リアリズム』三号(六〇年一月)から連載が開始され、完結後ただちに『密航者』(筑摩書房、六三年)として刊行されている。連載と単行本との違いはほとんどないが、その成立過程じたいはいささか複雑である。

それについて述べるより先に、連載の二カ月前に発表された「日本にのこす登録証」(『別冊週刊朝日』三四号、五九年一一月)について触れなければならない。この短編の主人公は、李承晩《イスンマン》政権による弾圧を恐れて日本に密航してきた青年である。密入国後は他人の外国人登録証を手にいれて暮らしていたが、おりからの帰国事業によって北への「帰国」を決意し、その体験を作家の「私」に語るという筋立てになっている。

この物語が実体験をもとに創作されていることは、主人公のモデル(ただし帰国はせず、日本で一生を終えた)尹学準《ユンハクスン》の手記「わが密航記」によって知られている。彼の前半生については、逃走事件を報道した地方紙の記事など関係資料を博捜して、一密航留学生を通して在日朝鮮人の五〇年代を見事に描き出した論考がある(高柳 二〇〇四)。

巡視船に捕まって連行された海上保安署からの逃亡、「善意のタクシー運転手」に朝鮮人活動家の家まで送り届けられた幸運、登録証の切り替え時に他人のものと知りながら見逃してくれる警官などなど、尹学準が遭遇する数奇な出来事の連続は、まさに手に汗にぎる活劇である。その体験はよほど強い印象を与えたのか、金達寿はこの短編より一年以上も前に、「密航者」と題する長編小説として書こうとした。「密航者」は、『関西公論』創刊号（五八年八月）に連載予告が現れ、翌月の二号に第一回が掲載されてすぐ、雑誌の廃刊によって中絶した。結局、〝活劇〟の部分だけが独立して、「日本にのこす登録証」になったということになる。

長編『密航者』の主人公は、朝鮮戦争末期にパルチザン活動をしていた林永俊《イムヨンジュン》と徐炳植《ソピョンシク》の二人で、物語は彼らが日本に逃れてきたところから始まる。逃走に成功した林永俊と、大村収容所に収容された徐炳植の物語が章ごとに入れ替わりながら進む（二人の対比的な登場人物の視点を通して、それぞれが生きる時空間を交互に配置する物語構造は、『玄海灘』の成功体験によって強化された、金達寿の長編小説の常套手法である）。

小学校時代の同級生で事業家として成功した河成吉《ハソンギル》の屋敷で暮らす林永俊の物語空間は、東京都心から武蔵野の奥、さらには奈良へと広がっている。かたや徐炳植のそれは収容所の閉鎖空間に限定されており、そこでは強制送還反対運動が収容所外の帰国運動と結びついて、北への送還を求めるハンストが繰り広げられている。

結末の空間は、ハンスト闘争に勝利した徐炳植と、韓国から彼を追ってきた婚約者の姜星喜《カンソンヒ》が帰国船で出港する新潟である。林永俊は、河成吉の日本人妻の妹である相川景子への愛と、徐炳植の「帰国」によって掻き立てられた「民族意識」の間で苦しんだ末、恋愛を断念して「南」への再密航を決心している。物語は、徐炳植たちを見送りに新潟を訪れた林永俊のもとに相川景子が現れ、ともに密航する決意を告げて大団円となる。

物語の時間の幅は五三年から五九年までだが、その中にしばしば中世薩摩や古代武蔵野などの歴史的時空がはさみこまれている。これは河成吉の援助を受けている古代史研究家の松木昌房が、四〇〇年前に朝鮮から連行された陶工を先祖に持つという設定による。松木の口を借りて古文書や研究書の引用が繰り返され、量も多く語りにも熱が入っているのは、当時、金達寿の関心が古代史に向かい始めていたことの反映である。

当初の「密航者」の構想は定かではないが、松木のモデルである姜魏堂《カンウィダン》に言及した「民族・民族意識」(『岩波講座現代思想』月報6、五七年)には、『密航者』に登場する武蔵野高麗神社の由来が「民族」の歴史の一部として語られている。古代史への関心が、同じ時期の『朝鮮』の執筆で強まっていたことは岩波新書担当編集者の回想でも確認できる(田村 一九九八)。日本における朝鮮人の歴史的過去への傾倒は、「密航者」の前後に深化し、『密航者』の連載と並行しつつ、六〇年代以降の〝日本の中の朝鮮文化〟探索につながったのだろう。

そのような古代史への傾斜の一方で、『密航者』には、現実の大村収容所で起きていたハンスト闘争が取り込まれ、エンディングには連載中に韓国で起きた四・一九革命が置かれるなど、共時的な出来事が色濃く映しだされている。しかし物語の登場人物は、河成吉を除いてすべて「在日朝鮮人」とは呼べない人々で、そこに同時代の日本を生きている朝鮮人の姿はない。ここで語られる

「歴史」は、それまでの金達寿が描いてきた在日朝鮮人の日常や、彼ら彼女らが積み上げてきた生活の総体としての歴史ではなく、古代日本に生きた「渡来朝鮮人」の歴史としての〝民族の歴史〟である。

帰国事業に関するさまざまな文章で、金達寿は帰国の背景にある日本社会の差別とそれが生みだす貧困、希望のなさについて繰り返し語っている。しかし、それら在日朝鮮人の現実は、「南」への帰国を決心する林永俊や彼に同行する相川景子、「北」への帰国を選ぶ徐炳植と彼を追って韓国から合法的に入国した姜星喜らとは交差しない。『密航者』は、遠い過去の物語であるだけでなく、激しい差別と立ちゆかない暮らしを強いられ、未来を「祖国」に託して帰国船に乗る、大多数の朝鮮人の現実に根を持たない物語なのだ。

未来としての過去？

五九年に入って、帰国事業に関する記事がさまざまなメディアにあふれだし、これについて書かれた金達寿の文章も急増している。新聞雑誌からめぼしいものを拾えば次のようなリストができる。

二月　「帰国する朝鮮人」(『読売新聞』一九日)、「北鮮帰国ばなし」(『産経新聞』二〇日)
三月　「朝鮮人の帰国に思う」(『京都新聞』一二日)、「朝鮮の学生たち――日本人は同情も知らないのか」(『学生通信』二〇号)

五月　「夫の国朝鮮へ帰る〝日本人妻〟」（『婦人公論』四四巻六号）、「差別の国から希望の国へ」（『婦人倶楽部』四〇巻五号）、「日本のなかの朝鮮・悲しい現実」（『日本』二巻五号）

六月　「わが家の帰国――在日朝鮮人の帰国によせて」（『鶏林』四号）

一〇月　「帰るもの残るもの」（『文藝春秋』三七巻一〇号）

一二月　「帰国船を見送って」（『読売新聞』一五日）、「帰国する朝鮮人」（同一九日）、「帰国の準備にあけくれる朝鮮人部落」（『東京新聞』二四日）

この年半ばの空白は、六月からの二カ月近くにおよぶ入院生活によると思われるが、病室でも小文の執筆は行われている。翌年の『学習の友』一月号に発表した「社会主義の祖国に帰る朝鮮の同胞」もおそらく年内に書かれていたものだろう。

一〇月の「帰るもの残るもの」は、日朝両赤十字がカルカッタ協定に調印した数日後に、母親や兄の家族らが住み続けている横須賀を「久しぶりに」訪ねたレポートである。

学校を卒業しても「希望がないから、一人でも帰りたい」という次男のことばに背中を押されて、兄は一家をあげての帰国を決意している（結局、母も兄一家も帰国することはなかった）。協定調印に湧きたつ部落では、ほとんどの朝鮮人が帰国することになり、その数は横須賀市全体で二〇〇〇人にも及ぶという。それらの人々について、金達寿はこう語る。

私はこの横須賀に住んでいる朝鮮人のこともくわしく知っている。これらの人々は私の小説にもしばしば登場しているものたちで、どこそこの部落にはどういう人が住んでおり、その生活状態はどうであるということはもちろん、広島の原爆で死んだH部落の金サンの娘夫婦のこと、――そのムコ殿は日光の山のなかの飯場から一人で嫁とりにきて、部落の悪童どもにからかわれ、どんなタンカをきったかということまで知っている。

しかし、彼がかつて「Y市」を舞台に生き生きと描き出したそれらの人々が、その後の暮らしの中で、未来へのどんな希望を「祖国」に託して帰ろうとしているのかは語られない。「帰るもの」の胸中については、総連の機関紙に掲載された「日本人妻」の手記を転載するのみである。

部落を離れて一〇年、彼の生活はもはやそこにはなかった。だから、この文章はわざわざ横須賀まで出かけて書かれなければならなかったのである。

一二月の「帰国の準備にあけくれる朝鮮人部落」には、「取材する者」としての彼の位置が見てとれる。品川駅近辺の部落を訪れた記事には、同行したカメラマンによる撮影か、ネクタイ姿の著者と朝鮮人男女三人の写真が添えられている。金達寿はそこへは「もう二十年ほどもまえ」に一度行ったことがあるきりで、変貌した辺りの様子に面くらいつつ、飛び込んだ日本人の家で「朝鮮人部落はどこですか?」と聞いて、ようやくたどりつく始末である。当然、取材の相手も行き当たりばったりで、たとえ紙面の制約がなくとも、帰国問題を深く掘り下げることができたとは思えない。

以後も金達寿は新潟との間をたびたび往復して、取材活動を続けた。「新潟から帰った人々」(『別冊週刊朝日』三六号、六〇年三月)は、新潟市内に宿をとり、毎日、日赤センターへ通って書かれている。自分はなぜ新潟にやってくるのか。「こういう文章をかくための材料をえるという目的」もある。だが、それだけでなく、「おなじようにさまざまな経験を積み重ねてこの日本で三十年を生きてきた在日朝鮮人」として、「彼らがいとおしくてならなかった」からである。

しかし、彼のセンチメンタルな期待――おそらくそれは読者である大多数の日本人の期待でもあった――とはうらはらに、帰国者が「一様に明るく、サバサバとして」いて、「他郷での圧迫や差別」は忘れたかのように、「よき思い出」を語るばかりなのは、その視線が過去の暗がりではなく、未来の明るさに向けられていたからだろう。

ここに記されている、母親の後を追って密航してきた一四歳の少年が、警官に見逃してもらう出来事は、その「よき思い出」の一つである。金達寿は、この「日本にのこす登録証」と「そっくりおなじようなはなし」を「――私は小説を書いているのではない。これは事実そのままのはなしである」と結んだ。「「妓生」(芸妓)であることに耐えられず」日本に渡ってきた若い母親には、一編の「物語」になるほどの経験があったと想像される。しかしここでは眼前の人から聞く「事実」だけが簡単に提示され、それに小説的発展を与えることは放棄されている。

帰国船の見送りが契機となって、金達寿は日本を去って行く人々や日本で亡くなった人々の「長恨の歴史」を書き残さねばならないと考えるようになる。関東大震災を生き延びた朝鮮人の体験と虐殺の現場に残る痕跡を追った「中山道」(『新日本文学』六二年一二月号)や、その続編の「慰霊祭」(『現代の眼』六三年一一月号)など、六〇年代に入って書かれた「記録的方法」による物語はその実践であったが、そこでもやはり小説的な作為は後景に退いている。

その後、金達寿は小説を捨てて、千年を超える過去に朝鮮人の足跡をたどる古代遺跡探訪の旅へとおもむくことになる。彼の最後の小説——著者は「事実と虚構とを自在にするファクション(記録小説)」と呼んだ——は、「行基の時代」(『季刊三千里』七八年二月—八一年八月)である。

「十代以上もまえ」の百済系渡来人を先祖にもつ主人公は、新羅によって統一された朝鮮にはもはや存在しないにもかかわらず、「百済がどうの、新羅がどうの、高句麗がどうのといった、そういう意識」をむき出しにする朋輩を批判的に眺めている。「古代のかれらには今日みられるような国家意識や、民族意識などはなかった」と語る物語には、「今日」への作者の思いが込められていそうだ。

「奈良時代のすぐれた社会主義者」である行基を通して「今日・現代の社会主義というものを私なりに考え直してみたかった」と「あとがき」は記す。四九年の秋、逆コースの進行に感じた危機意識に駆られ、「それまでの民族主義的青年から、社会主義者となることを決意し」て、共産党に入党したことから、金達寿の怒濤の五〇年代は始まった。それから三〇年の時を隔てて書かれた遠い過去の物語は、彼が未来に託したものについての物語なのだろうか。

金達寿の〝五〇年問題〟は、思いのほかに射程が大きい。

参考文献

小田切秀雄『私の見た昭和の思想と文学の五十年　上』集英社、一九八八年。

金達寿『朝鮮――民族・歴史・文化』岩波書店、一九五八年。

金達寿『金達寿評論集　上　わが文学』筑摩書房、一九七六年。

金達寿『金達寿評論集　下　わが民族』筑摩書房、一九七六年。

金達寿『金達寿小説全集』一―七、筑摩書房、一九八〇年。

金達寿『行基の時代』朝日新聞社、一九八二年。

金達寿『わが文学と生活』青丘文化社、一九九八年。

窪田精『文学運動のなかで――戦後民主主義文学私記』光和堂、一九七八年。

霜多正次「ちゅらかさ――民主主義文学運動と私」『霜多正次全集』第五巻、霜多正次全集刊行委員会、二〇〇〇年。

高柳俊男「渡日初期の尹学準――密航・法政大学・帰国事業」『異文化』五号、法政大学国際文化学部企画広報委員会、二〇〇四年。

(http://repo.lib.hosei.ac.jp/bitstream/10114/297/1/ibunka_5_takayanagi.pdf)

田村義也「『朝鮮』刊行の周辺」『追想金達寿』刊行委員会編『追想　金達寿』青丘文化社、一九九八年。

坪井豊吉『在日朝鮮人運動の概況』法務研究報告書第四六集第三号、法務研修所、一九五九年。

西野辰吉『戦後文学覚え書――党をめぐる文学運動の批判と反省』三一書房、一九七一年。

朴慶植『解放後　在日朝鮮人運動史』三一書房、一九八九年。

朴正鎮『日朝冷戦構造の誕生　1945～1965――封印された外交史』平凡社、二〇一二年。

森田芳夫『在日朝鮮人処遇の推移と現状』湖北社、一九七八年(元版：法務研究報告書第四三集第三号、法務研修所、一九五五年)。

尹学準「わが密航記」『朝鮮研究』一九〇号、日本朝鮮研究所、一九七九年。

4　SHŌKŌ AHAGON

阿波根昌鴻

――「命《ぬ》どぅ宝《ち》」への闘い

あはごん・しょうこう…1901(または 1903)–2002　◉沖縄・伊江島で、米軍の強制的土地接収に立ち向かい、反基地闘争を引っぱったひと。沖縄島の本部間切(現本部町)に生れ、伊江村に移住して知念喜代と結婚、中南米への出稼ぎ、帰国後の一燈園や興農学園での学びをへて、1934年帰郷、デンマーク式農法の定着にいそしんだ。が、沖縄戦によって空に帰し、苦難を経て経営が緒についた53年、土地接収の通告を受け、以来、暴力以外のあらゆる手段を駆使して、地域住民とともに抵抗運動を展開し、島ぐるみ闘争に大きな影響を与えた。復帰後は、軍用地訴訟などを提起するとともに、反戦・平和を説き続け、平和運動を象徴する人物となった。

鹿野政直

戦争の体験を背負って

阿波根昌鴻の名前を叩き込まれたのは、発売直後の著書『米軍と農民——沖縄県伊江島』(一九七三年)によってである。それでも、活動する彼に会いにゆくことはなかった。伊江島に渡り、亡き阿波根に面会できたと思ったのは、ようやく二〇一二年のことである。森宣雄さんが連れて行ってくれた。その悔いをもって、この稿を書き始める。

伊江島は、沖縄島北西部の本部半島から、約八—一〇キロメートルの沖合に位置する、面積二二・八八平方キロメートルほどの、東西に長いほぼ楕円形の島である。アジア太平洋戦争下で、沖縄戦を凝縮したといわれるほどの、凄惨ないくさの場となった。

すべては、日本軍による飛行場建設とともに始まった。農地の接収と村民の動員、部隊の移駐と陣地の構築、急激な人口増による食糧難、老幼者への疎開命令、建設中の飛行場を狙っての空襲とつづき、一九四五年四月、米軍の上陸と全島制圧にいたった。逃げ場のない離島でのこの戦いで、亡くなったひとは、残住村民約三六〇〇人のうち、「集団自決」を伴って約一五〇〇人、日本軍将兵約二〇〇〇人、米軍将兵二三六人と推定されている。

生き残った村民は、島を米軍が本土空襲の基地として使用するため、ただちに慶良間諸島へ強制移送され、そののち沖縄島の各地へ転送され、極度の食糧不足を体験しつつ、難民生活を送ることを余儀なくされる。帰島できたのは、四七年三月末であった。

当時、四〇歳代になっていた阿波根昌鴻は、この戦争で、創り上げてきた暮らしを失うとともに、何より悲痛にも最愛の一人息子を亡くしてしまう。

大胆に要約すれば、そのときまでの阿波根の前半生は、三冊の書物に導かれての歩みであった。一〇代後半に別府で接した『聖書』は、ホーリネス教会で洗礼を受けた彼にとって、座右の書となった。ペルーへの出稼ぎ時代に読んだ西田天香の『懺悔の生活』(初版一九二一年、春秋社)は、「何人も平等で、おがみ合い、ゆずり合い、助け合」う精神によって、彼の開いていた一燈園を、「理想の国」「夢の国」とまで思わせた。さらに、グルントーイ Grundtvig の伝記(平林広人『デンマルク』文化書房、一九二八年、か?)は、当時、農村を風靡していたデンマーク式農法とその教育の、開祖と見なされていたこの人物の足跡を明らかにしていた。彼に感服した阿波根は、キリスト教の精神に立ちつつデンマーク式農法の教育を掲げる興農学園(初代校長は平林広人)で学んだのち、帰郷したのであった。

行政府ビル横に座り込む陳情団．中央が阿波根昌鴻．
『写真記録 人間の住んでいる島』より．

一九三四年の帰郷後の阿波根は、こうして〝夢追いびと〟として、一路、デンマーク式農法の実践と農民学校の建設へと突き進んでいった。彼は、伊江島の西北部にあたる真謝《まじゃ》に原野を買い集め、木を植えて茂らせ、ガラス張りの新型の家を建て、石造の豚舎と牛馬舎を設け、「変人」という評判を立てられながらも、自転車で島をめぐっては、蓄音機を聞かせたり紙芝居をみせたり、禁酒の話をしたり、さらに「托鉢清掃」を行うなど、天香の教えの実践に努めた(当時の阿波根の一燈園への関係については、岡本直美 二〇一五)。伊江島の戦闘は、そんな彼の実験的な生き方を打ち砕いた。

一燈園精神の発露とデンマーク式農法の定着にいそしむ昌鴻・喜代夫妻の、幸福感を高めていたのは、息子昌健の順調な成長であった。阿波根が、後継者いや共働者にしようと思っていたその彼は、現地召集で戦場に駆りだされ、浦添近辺で戦死してしまう。

伊江島での戦闘中、夫妻はガマ(自然壕)で戦火を逃れつつ、息子の消息をつかめないまま、ひたすら彼のために祈っていた。『証言・資料集成 伊江島の戦中・戦後体験記録――イーハッチャー魂で苦難を越えて』(一九九九年)には、壕内で聖書の余白に書き込んだ阿波根の遺書が掲げられている。「可愛い子よ」と始まるそれは、「若し生き残る時は、人の為め国の為めに働いて下さい。そして万人《スベテノ》人を愛してください、貴方を憎む人のためにも祈つて下さい」と希望をのべている。そんな昌健の死であった。

しかもその戦争に抗いもしなかったという想いが、阿波根を締めつけていったに違いない。「変人」とみなされていたため、スパイ視もされながら、忠君の精神は、それなりの深度をもって、彼に内在化していた。『証言・資料集成』で喜代の聴き取りをした伊江村教育委員会の担当者の補足では、阿波根は、「飛行場建設時、徴用人夫の班長としての役目を果たしていたので軍の上層部から信頼が厚かったと思」われていた存在だとある。

それだけに、米軍の制圧とともに、他の家族が、投降しようと壕を出ても、「取り調べられ、白状すれば天皇に不忠になるし」と居残った。阿波根が、伴侶とともに壕を出たのは、投降した人びとが、安全だといって連れに来てからであった。そのさいにも、喜代が「助かると思って出ました」というのにたいし、昌鴻は、「もうおしまいだと覚悟し」たという。彼女の心の羅針盤はつねに生の方向を指し、彼のそれは、死へと振れがちであった。

戦争の体験は、そのように阿波根にのしかかった。と同時にそのなかから、新しい生き方が芽吹いてきていることを想像させる。昌健宛ての遺書に記したように、死を覚悟したとき彼は、息子に、公共のために働き、万人を愛し、憎むひとのためにも祈るよう望んだ。そうして、死の落し穴にはまっていた自身に気づき、生をめざすべきを悟った。

という地点から、阿波根の精神にとっての戦後が始まる。そんな彼にとって、あの戦争ないし戦争そのものが、どう意識されるようになったか。事例を二つ引くこととしたい。

(一)伊江島で米軍の土地接収の動きが顕在化するのは、一九五三年七月、建物と墓地の調査からである。運動のがわからそれ以降の歴史を辿った「伊江島土地闘争史年表」(謄写版、『伊江島土地問題関係資料』3、琉球大学図書館蔵)は、阿波根の克明なメモを基としたと思われる資料だが、「(一九)四

三年七月　田村大隊が満州から移動し、飛行場建設（二カ所）をはじめる」と起筆している。米軍による接収は、戦時の再来としてつよく意識されていた。

（二）誰が戦争の原因を作ったか、誰が戦争を始めたかが、阿波根にとって、戦争を視るうえでの核心となった。のちに建設する反戦平和資料館「ヌチドゥタカラの家」には、「ゲンバクを落した国より落させた国の罪は重い」の書を、きわだつように据えている。そんな彼は、戦跡を訪れて「戦争は悲惨だ、二度と戦争はやってはいけないと悲しむ人びとにたいして、こう語りかける。「去る大戦は天皇の名で戦争をはじめましたが、この遺骨のなかに天皇のご家族やご親戚の遺骨が何柱ありますか」、「聖戦といいふらした大臣、資本家たちの御本人、または家族の遺骨が何柱ありましょうか」、「この悲惨な遺骨は、殆んどが貧しい国民、若い兵、息子、若い父親でしょう。この人びとは、戦争に行っても殺される、行かないと国賊といって投獄・拷問が待っている。哀れな立場にある若者ではなかったでしょうか」、「戦争は誰がつくるのか。どこでつくられるのか」（「民家に撃ち込まれたヘリコプター機関弾」『琉球弧の住民運動』一六号、一九八一年六月）。

こういう視点を打ち立てていった阿波根にとって、米軍による土地の接収と基地の建設は、「年表」にいうように、米軍が「農民にしかけた戦争」にほかならなかった。

闘いを周到に組み立てる

一九五一年に締結された講和条約で、米国は、占領していた沖縄を手放さなかった。「忘れられた島」は、五〇年代を通じて、「太平洋の要石」へと急速に変貌させられる。「銃剣とブルドーザー」による土地の接収が、「島ぐるみ闘争」を引き起こしつつ進行した。実現した状況とその意味は、当時、一米国人研究者によって、こう総括されている。「琉球における合衆国の地位は、地元の住民をその意思に反して支配する外国の植民権力のそれである」、「沖縄に基地があるというよりも、沖縄そのものが基地なのだ」(Frederick Hand Stires, 1960)。

伊江島で起きた事態は、その一環としてである。一九五三年の通告に始まった真謝・西崎(一部)の両区への空軍用射爆場建設のための土地接収は、住民への立退きの強要、測量の開始、阿波根宅を含めての住居の破壊、家屋・畑地・原野の焼き払い、射爆場の建設、爆撃演習の開始と展開した。「立ち退きは、生きることそのことの拒否であるといっても過言でない」。伊江島を実見した弁護士萩野芳夫の言である(「沖縄の土地と現実」一九六二年)。

暮らしの途を絶たれテント生活を余儀なくされた住民は、米軍との会談、座り込みを含む琉球政府への陳情、のぼりを立てての演習地内での耕作、窮迫に迫られての「乞食行進」などと、手段をつくして抵抗を続けた。この闘いは、米軍の当初の計画一五〇万坪を一二〇万坪に縮小させるとともに、通行証を拒否したまま、基地内に「黙認耕作地」(住民側からは、米軍に「黙認使用」させている土地)を認めさせるという決着をもたらした。

阿波根昌鴻は、こうした伊江島の土地闘争を引っぱったひとである。闘いの過程は、彼の『米軍と農民——沖縄県伊江島』に活写されている。とともに、おびただしい陳情書の類の文書、阿波根

（たち）が撮影した写真集『写真記録　人間の住んでいる島』（一九八二年）、もう一冊の著書『命こそ宝　沖縄反戦の心』（一九九二年）に刻みこまれている。

闘いを通して阿波根昌鴻は、伊江島土地闘争の代名詞ともなる。が、真謝の土地所有者だったとはいえ、川平区に雑貨店を開いており、生活の基盤をもう一つもっていたため、真謝の人びとから、「抜けてゆく危険がある、あれを逃がしてはいけない」と思われる存在だったようである。

やや距離を置かれながらも、阿波根が不可欠のひとと目されたのは、海外経験をもつことに加え、「変人」と評判を立てられたほどの、独自の生き方のゆえであろう。そのうえ米軍の占領直後には、村民が飢えに瀕している状態を、飢餓食のソテツを引っさげて軍政府に直訴し、食糧の獲得に成功していた。それらに示されてきた見識・判断力・行動力は、人びとに、彼を〝口の利ける〟頼もしい存在、と思わせずにはいなかったのであろう。

こうして仲間に加わった阿波根は、周到きわまる闘い方を組み立ててゆくことになる。その彼の闘いは、非暴力の抵抗と評価されている。そのこと自体に異存はない。しかしより正確には、暴力以外のすべての手段を駆使しての闘い、というべき質をもつような気がする。根底には、伊江島での土地接収という個別事件を超え、ひろく沖縄で、一方的に土地を奪われてきたことの理不尽さへの怒りと、奪われた人びとへの心底からの共苦《ちむぐるさ》があった。会談のため初めて普天間の司令部を訪れたさいのこと、「広い芝生のはるか向こうの方に未亡人らしい三、四〇歳位の年配と思われる沖縄婦人が、頭に日本手拭をかぶって、男たちの刈った草を集めていた。あれがほんとのこの土地の主人公だと思うと、悲しさと憤りが胸に迫ってきた」。この感覚に充たされての闘いであった。

とはいえ、対手としての米軍と住民とのあいだには、隔絶する物理的な力の差が横たわっていた。前者が勝者・占領者・武装者であるのにたいし、後者は敗者・被占領者かつ素手の存在であった。そんな強者に立ち向かうことになる接収反対運動には、日本軍の記憶も重なり、人びとの敬遠感が少なくなかった。こうのべている。「すぐ酷い目に会わされるから真謝の人たちに近寄っては自分も村もひどいことになるとおびえるのがほとんどの人びとの気持でありました」。しかも強者と弱者の対照性に加え、欧米人とアジア人、豊かさと貧しさなど、あらゆる表象は優劣の対照性を備えていた。その対照性は、会談のさい、米軍側が「正服を着て厳めしく居並ん」だのにたいし、住民側が「米軍お下がりの〝クロンボ服〟姿で坐った」というところに、典型的に示されている。

圧倒的に不利な条件下に置かれつつ、どのようにすれば、犠牲者を出さず(最小限に抑え)、対等性いや優位性さえ獲得し、対手の企図を食い止めうるか。長期にわたることになる闘いのあとに分け入るとき、阿波根(を軸とする人びと)の、たじろがぬ勇気と思慮の深さとが立ち上る。彼の精神は、その闘い方にもっともよく発現している。それがどんなものだったのか、渾然一体・当意即妙のその闘い方を、あえて解きほぐしてみると、わたくしには、八つの特徴が見えてくる。

「人間」と「道理」

一つ目は、闘いに当って、「人間」という観念を基盤に据えたことであった。「相手が鬼畜ならこちらは人間、人間なら朝は「おはよう」、昼は「こんにちは」、晩は「今晩は」とあいさつする。〔中略〕これが伊江島のたたかいの出発点であり、心がまえでありました」。人間としての誇りをもって、米軍との会談に臨もうとする決意は、会談に当っての「陳情規定」によく示されている。「反米的にならないこと」「怒ったり悪口をいわないこと」「必ず坐ること」「耳より上に手を上げないこと」「軍を恐れてはならない」などという項目の盛られたそれは、米軍の挑発への警戒心を基底に、起こりうべき気おくれと、逆に怒りにまかせての暴発を固く戒める文脈をもつ、全員の署名捺印をもってする誓約書＝連判状であった。

「人間」としての誇りを失うまいとするこの決意は、対等性の獲得への切り札となった。最初の会談の冒頭で阿波根は、「皆さんは戦争に勝った米国の高官」で、「わたしたちは、戦争に負けた、しかも卑しい農民」だが、「今日はこうした考えは全然念頭におかないで、人間対人間の平等の立場で話し合いをしてもらいたい」と発言し、「それでよろしい」との返答をかちとっている。あらゆる優劣・強弱を、一挙に無化する発言であった。占領の否認を、彼はこの言葉に託した。

この対等性が、タテマエ＝虚構に過ぎないことを双方ともによく知っていた。また阿波根は、在外経験から、米国の民主主義の裏面を十分心得ていた。だが彼は、文明人を自認するかぎりタテマエとしては否定できないこの概念に、対手を囲い込むことにより、暴力性の恣意的な行使を封じ込めたのである。会談が終わると、彼は立ち上って対手に握手した。これも、阿波根が考えついていた対等性を表わす儀式であった。

「人間」であることを掲げての対等性の主張は、さらに「人間」としての、みずからの優位性の認識へと導いた。「陳情規定」の一項に、「人間性においては、生産者であるわれわれ農民の方が軍人に優っている自覚を堅持し、破壊者である軍人を教え導く心構えが大切」とある。さきに見た会談で阿波根は、開口一番、みずからを、「戦争に負けた、しかも卑しい農民」と規定していた。底辺との意味を込めて発言されたその地位は、生産者という自覚をもつことにより、一挙に逆転する。それも、「卑しい」にもかかわらず、でなく、「卑しい」がゆえに、「優っている」存在へと逆転するのである。

それでも、琉球政府によって僅かに支給されていた生活補給金が、米軍の命で打ち切られ、強行耕作すれば逮捕され、餓死者が出るにおよんで、人びとは、「乞食行進」に踏み切らざるをえなくなる。一燈園での「托鉢」からのヒントもあったであろうが、実直な生活者であった農民にとって、それが、「人間」からの脱落にひとしく、どんなに恥ずべき行為であったかは、実行に当っての葛藤に見て取れる。『人間の住んでいる島』には、「伊江島真謝地主一同」の名による二通の、理解と支援を乞う文書が掲載されている。いずれも「お詫とお願い」と題されていて、地域の恥をさらすことになるが、どうかコラエテほしいと、祈るような気持でいたことをものがたる。

二つ目は、米軍の言い草にたいし、一貫して「道理」を根拠として応酬したことであった。「陳情規定」の一項に、「人道、道徳、宗教の精神と態度で接衝し、布令・布告など誤った法規にとらわれず、道理を通して訴えること」とある。文字通りその実践であった。農民＝生産者のほうが、軍人＝破壊者に優るという精神の位置づけを行ったことが、米軍にたいして、ほとんど「教え導く」かたちでの対応を可能とした。

「道理」の根拠として、会談や陳情書でもっとも〝活用〟されたのは『聖書』であった。会談で土地係のシャープが、「大多数を安全にするためには少数の者が犠牲になることは、気の毒だがやむを得ない」とのべたのにたいし、阿波根は、「聖書に一匹の迷える小羊を助けるために九十九匹の羊を野に置いて探したということがあります」と、即座に切り返し、また別の会談では、シャープがキリスト教徒であることを確かめたうえ、「聖書のなかに〝剣をとるものは剣にて亡ぶ〟ということばがあります」と打ち返している。それに加え阿波根は、米国が看板とする民主主義、釈迦を初めとする聖賢たちの教え、軍国主義者は滅ぶという歴史の教訓などを、総動員するかたちで「道理」を打ち出し、米国の「非道」性を問いつめていった。

その「道理」は、聖賢の教えや行動の在りようとして、阿波根が、身を処するに当っての教訓となっていた。「私の部屋には、キリストや仏さま、ガンジーの写真が貼ってありましてね、偉人からいろいろ学ぶんです」。キリスト・釈迦・ガンジー・ソクラテスその他もろもろの「偉人」たちの教えや生き方は、彼の体内をへめぐることを通じて、普遍性を帯びる「道理」として発出し、思想的核心をかたちづくった。

記録する姿勢、「全員が代表」

三つ目は、徹底して記録する姿勢であった。それは、何よりもおびただしい闘争関係文書として示されている。これらの文書は、「道理」にもとづく立論のしかた、緩急自在な文意、実情に分け入る具体的な叙述から、阿波根の執筆したもの、少なくとも、それを基本としたものと思われる。刷物での鉄筆のさまざまな筆跡は、多様な支援者が存在したことを推測させる。

さらに阿波根は、米軍との会談にあたっては、通常もっとも主要な発言者であったが、それに止まらず発言の記録者でもあり、さらに会談の観察者でもあった。彼はしばしば記録ノートに、赤インクで辛辣な感想を書きこんでいる。そのうえ、本山美代の発言のさいなど、彼女の赤ちゃんをあやしながら、並んでペンを執っている米人の後ろに廻り、その紙がほとんど白紙なのを確かめている。こうして阿波根は、会談において、発言者・記録者・観察者という三つの役割を演じ、それらを紙に、また脳裏に刻んだのであった。

記録する姿勢は、証拠をしっかり残す方針を表わすとともに、証拠のでっちあげへの対抗手段でもあった。端的な現われは、カメラを購入し活用した点に見られる。その点についてもっとも詳しい『反戦と非暴力――阿波根昌鴻の闘い』(一九九九年)の、「たたかいの〝武器〟、カメラを入手」によると、阿波根は、カメラやフィルムを、米軍に奪われることを警戒しつつ「記録写真を撮」り、撮った写真を「証拠」として活用したとある。それを編集した『写真記録 人間の住んでいる島』の巻頭に彼は、「農民自らの手によって撮影された記録」と、誇らしげに記している(全作品は、『伊

江島戦後写真資料集　阿波根昌鴻撮影写真集』1・2として、沖縄県立図書館、一九九四年)。

四つ目は、全員代表制という態勢を立てて貫いたことであった。「陳情規定」を敷衍した「陳情方針」には、「決まった先導者(指導者)や代表はつくらないこと」、「地主代表には、そのつど適当な人を選ぶこと」、「代表が話し終わったら、区民各自がその立場からお願いするようにすること」とあり、さらに「会談、陳情の際は、全区民の前で軍と話し合うようにする」と、公開性を保証するよう申し入れていた。それは、指導者への狙い撃ちや籠絡を防ごうとする傘連判の思想の発露であるとともに(阿波根は、ごく初期から、脅しを交えた籠絡に遭っていた)、全員の自発性を高め、共同の責任意識を培うためであった。

「陳情規定」についても、「みんなでつくった」という見方を崩さなかった。「いいだしたのはわたしであるとしても、みなの考えは一つでした。〔中略〕よくもあのときああいうものができた」との言には、謙遜という以上に、農民という存在への信頼感の口吻がある。

それだけに、阿波根は、陳情書の類の文書を作成するにさいして、記名の順序に細心の注意を払ったようにみえる。記名者の順序は、文書の性格に応じて、肩書とともに頻繁に入れ替えられている。阿波根についていえば、「議員」「会長」「副会長」「有志」「地主」「地主代表」などと多様であり、その肩書に応じて、記名順も変えている(なお彼自身は、「地主」という自称を好まず、「自作農」だと再三のべている)。

接収問題が始まったとき、「全員が代表」という原則はすぐ作動した。「中飛行場に爆音がしました。真謝区公民館で給仕をしていた正弘君が、米軍の捨てたガス瓶の鐘を乱打しました。飛行場は真謝部落にありますので、すぐ全区民が駆けつけてきました」。軍はことが面倒になると思ったのか、駆けつけてきた村長を連れ出し、役所で話し合おうとした。「阿波根　区民たちは村長を車に乗せないでしょう」、「玉城千代松(五十歳代、中国より引揚げの元軍人)　代表はいません。ここにいる全部が代表であります」。「自分の土地」なのだから、誰もが代表であるのは、運動体のもっとも納得できる組み方であった。

孤島性を超えて

五つ目は、孤島性の克服にエネルギーを注いだ(注がざるをえなかった)ことであった。「支援団体も、新聞記者も、見る人も聞く人もいないとき、この離れ小島の伊江島で殺されたらおしまいだ」。消サレテシマウという危機感が、背中に張りついていた。そのなかで発想された「乞食行進」は、伊江島の窮状と闘いに、社会の耳目を飛躍的に集める企てとなった。生き方の信念を一転させての決断は、格段のインパクトをもった。

『人間の住んでいる島』には、阿波根が、各所からの寄付を記した「おれい」と題されたメモ、真謝区長東江保による「北海道からの物資支援」というメモの写真が掲載されている。「おれい」では、写しだされている二頁分一七件は、沖縄島各地の、各種職業の個人・商店・団体などから、物品や現金が送られてきたことを克明に記載しており、支援者層の広がりを窺わせる。「北海道からの物資支援」には、大夕張鉱業所の職員労働組合・主婦会・一般労働組合や個人、芦別中ノ丘の人びとが記載され、個人ごとに、タオル2、キャラメル2、石ケン2、コンブ1、オモチャ3、ノート15、衣類6などと、品目が書き連ねられている。熱い気持がじかに伝わってくるような贈り物である。北海道の炭鉱で長い労働経験をもつ作家畑中康雄さんは、「中ノ丘など、三井鉱の一坑と二坑にはさまれた山の中の小さな地域なんです。どんな人たちがどうして沖縄を知り勉強したのか、思いが走ります」と述べられた。伊江島の闘いは、そこまで届いた。

本土からの支援の象徴となったのは、黒田操子であった。伊江島の事態に心を痛めつつ、島の子どもたちと文通し、彼らに本を送る運動もしていた東京都荻窪高等学校定時制生徒の彼女が、一九五五年暮に来島したさいは、「女神か太陽があらわれた心持」で、村をあげての歓迎となった。大西照雄『「沖縄の太陽」物語』によると、折から本土に滞在中の阿波根は、黒田の渡航を知るや予定を切り上げ、彼女に同行したとある。掲載された写真の一枚には、大歓迎のなか人びとは隊列をなし、先頭を歩く黒田の両脇に、阿波根と喜代夫人の付き添うすがたが写っている。人びとは、彼女に、米兵とは対極の、平和のマレビトを見たのであったろう。この少女の、「苦しんでいる人をじっと見過ごせない」性向は、戦時中に疎開先の国民学校で、言葉の違いなどから、トイレだけが逃げ場だったというほどの、いじめに遭った体験を、「原点」とするという(第8回ゆずり合い助け合い学び合う会での発言、二〇一〇年)。

本土の人びとに宛てた文書が、幾篇も書かれたことはいうまでもない。しかし阿波根は、それに止まらず、闘いの実相と経過を資料として伝えようとした。彼は、一九六五年、この問題を調べに島を訪れていた歴史教育者協議会の鈴木亮に、みずから編纂した資料集を手渡している。持ち帰った鈴木は、阿波根の志を生かそうとプリントし(謄写版)、「沖縄県伊江島資料」と名づけて配布した。さらに彼は、沖縄の復帰にさいし、阿波根やこの問題と取り組んできた石原昌家の協力をえて、その「資料」を「伊江島のたたかいの記録」として増補し、同協議会の機関誌『歴史地理教育』(一九九号、「臨時増刊」)に収めている。

闘いと暮らしと学習と

六つ目は、闘いと暮らしを守る活動を組み合わせたことであった。それは、一九六九年の生活協同組合の設立として結実した(九二年に解散)。阿波根はいう。「生活を守る活動を一緒にやらないと、平和運動も長続きしません、生活協同組合をつくった頃は、伊江島には家具や電気製品を売る店も少なかったし、一般の生活用品もあまりなくて、あったとしても(離島ゆえに)値段が高かった」。それればかりでなく生協は、島に「百貨店」を作り、若者の働く場を設けたいという、彼の念願の所産でもあった。責任者となった謝花悦子さんによると、阿波根は、一年に一個しか売れない商品でも置く方針を執り、また農民とともに在る商いをとの信念にもとづいて、暗いうちから店を開けたという。謝花を連れ、問屋を一軒一軒回って商品を仕入れるほどに、この事業に打ちこんだ。

生協会館は、当初から、恒久性を考えて鉄筋コンクリート造りであったが、「訪問者も増えて、とても自宅では対応しきれなくなり」、三階建て七〇坪に増築し、一階二階は生協関係の施設、三階は集会場兼宿泊所として、学習会や映写会を行ったりした。それは、自前の運動拠点をもつことでもあった。阿波根は、伊江島に生協の種を蒔き、発芽させたのである。

七つ目は、闘いと学習を組み合わせたことであった。その志向はまず、敵から学ぼうとする姿勢として現われた。対峙の歳月は、阿波根に、対手の正体をより深く見通させるとともに、闘い方をいっそう熟達させたに違いない。彼が一九六二年にまとめた「軍会談に当たっての態度と心構え」は、スキを見せず、原則的かつ実務的かつ心理的に、対手を追い込んでゆく手法を、噛んで含めるように開示している。そのなかにいう。「米軍のねばり強さ、執ようさ、親切らしさ、戦術的短気、政策的怒り、微笑などは逆にとり入れて利用し、決してこちらの弱点を見せてはなりません。会談に当たっては完全な芸人にならなければなりません」(傍点は引用者)。演技力まで駆使して駆け引きすることを勧めている。

しかし本来の意味での闘いと学習の組み合わせは、闘いを自己啓発の場とするとともに、その精神を長期的に未来に繋ごうとする意図にもとづいていた。

学習の機会！　阿波根のそれへの憧れがどんなに強かったかは、繰りかえされる「学帽」への羨望や、「三円援助してくれる人がいれば学校に行けたという苦しい体験」という回想に見て取れる。出稼ぎへの発心も、学資を稼ごうとの気持を動機としていた。そういう体験が根にあってに違いないが、彼は、闘いと学習を相互に浸透させ、相乗効果をめざすプランを実行に移した。それについては、『米軍と農民』の「伊江島の学習活動」に詳しい。

なぜ学習が必要かについての阿波根の発言は、辛辣であるとともに切実であった。まず、「戦争屋は順調に勉強して、国民をだますことには専門」で、しかも「それらに勝たねば、わたしたちの土地を守り、生きる道はない」という思いがあった。つぎに、指導を求めた知識人・教育者には尻込みされ、「頼りになるのは自分たちだけだということ」を痛感してきたからであった。さらに、農民側の問題として、「実にすぐれた、人間として最高の青年でも」、「ながい間の農奴の考え、習慣性」から免れていないという認識があった。これらの条件を突破するには、学習によるほかないという思いが、確信となった。

こうして立てられた学習計画は、まず、「人材養成準備会」をつくって呼びかけ、青年たちを、東京都港区所在の中央労働学院(夜間開講)に送り込むというかたちで実現した。その政経科は、「社会科学の基礎理論と応用」を教授眼目にすると謳っていた。送りだした青年たちが帰島したさいの、阿波根の感慨はいかばかりであったか。「伊江島の人口七五〇〇人のうち何人が東京へ出て生活ができ、しかも希望を持って中央労働学院まで出ることができましょうか」、しかも「この青年たちの親は、ほとんどが戦争犠牲者であり、青年たちも母親一人で育てられ、戦後もとても苦しい生活をしてきたものばかりです」。つぎに、「ハワイの人々からの土地取り上げと今日の沖縄での土地取り上げの分析学習」という学習会を立ち上げた。その学習テキストは、米国の資本家がやってきて、甘言や援助の美名のもと、とくに首長たちを手なずけて土地の権利を奪っていったとしたうえで、それと二重写しするように「第二のハワイ、沖縄」の現状を論じている。

そればかりでなく阿波根自身が、中央労働学院政経科に入学するにいたる。一九六六年、六五歳(または六三歳)のときであった。実感として思っていた社会の仕組みや矛盾が、理論として解き明かされるのだから、目から幾枚もの鱗が落ちるような歓喜を味わった。「いちばん前の席に坐って、先生が咳をしたら咳までかくぐらいにノートをとった」。

中央労働学院での学習は、阿波根にまず唯物論との接触をもたらした。もっとも、現場での闘いに寧日なかった彼にとって、教条主義は無縁であったろう。釈迦やキリストの列に、マルクスやレーニンがつけ加えられ、彼に流れ込む思想を豊かにした。同時に、唯物論を知ったことにより、一燈園を「観念論」と捉えうるようになった(とはいえ、そこから離れたわけではない)。さらに阿波根に、みずからの闘いを、社会科学の目で見なおす機会を与えた。「伊江島のたたかいにはもっといい方法がありはしなかったかと、いつも思っていました。それが、東京から沖縄を見たとき、自信がついた。〔中略〕これ以外にいいたたかいはなかった」。つねに状況を測定しつつ、闘いを周到に組み立ててきたひとならではの、自信に満ちた運動の総括であった。

文化の媒介者として

八つ目は、受難と闘いのなかで発酵していった文化の、媒介者となったことであった。苦難の思いは、根からの文化の表現である歌謡として、さまざまに人びとの口を衝いて出た。その在りようは、琉球政府まえの陳情小屋に寝泊りするなかで、六一歳の農民野里竹松が詠いあげた「陳情口説《くどち》」や、テント生活に追いやられた年輩の女性たちが、口から溢れさせた琉歌に、もっともよく示されている。

「陳情口説」は、「さてむ世《ゆ》ぬ中　あさましや　いせに話さば　聞《ち》ちみしょり　沖縄《うちな》うしんか　うんにゅきら」(はてさて世の中はあさましいことだ　腹の中から話しますから　聞いて下さい　沖縄のみなさん　聞いて下さい)に始まる歌である。一方で琉歌は、「雨降りば　むゆい　太陽照《てぃだ》りば　暑《あち》さ　水《みじ》や泥水《どろみじ》ゆ　飲《ぬ》むる　くちさ」という訴えから、「たとぃ火あぶりの憂き目ぬ見るともん　恋《くい》し真謝原や互《たげ》に守ら」という決意にわたっている。

阿波根は、それらを、訳を添えて書きとめたうえ、沖縄の人びとの心情を訴えるために、伊江島土地を守る会名義の「本土の同胞へ伊江島真謝区民よりの訴え」と題するビラ(活字印刷)として、配布している(『伊江島土地問題関係資料』3、『米軍と農民』にも摘出)。

それほどに不服従の意思を鮮明にしながら、人びとは、米軍と同じ次元にみずからを堕さなかった。野里竹松は、米兵が車を停め、庭に咲く花に見とれているのを目にして、こう詠んだ。「アメリカぬ花ん　真謝原《まじゃばる》ぬ花ん／土頼《たゆ》てぃ咲ちゃる　花ぬ清《ちゅ》らさ」、「貧乏《ひんすう》やぬ庭ん　金持《かにむち》ぬ庭ん／えらばずに咲ちゃる　花ぬ美事《みぐとう》」。阿波根は、それを書きとめるとともに、こんな注釈をつけている。「花はアメリカも真謝原も区別しないよ、お互いに花に負けて区別してはいけないよとアメリカをさとし、また土というものがどんなに大事なものであるかを花に託して歌い上げたものでした」。

精神的な優位に立ち、対手を正道に立ち戻らせるよう諭し包み込むような闘い、それが阿波根の闘い方であった。「わしらの闘いの基本は、何より相手のことを考える戦いということだった」。それだけに心にゆとりをもち、それが彼の語りに、しばしばたくまざるユーモアを生んでいる。

新しい闘いへ

これまで阿波根昌鴻の闘いの特徴というべきものを追ってきた。そうした特徴を全時期をつうじて保ちつつも、ほぼ一九六〇年代に入ると、彼の闘いは、あらたな相貌を帯びるようになる。引き金になったのは、射撃訓練の開始にともない、銃器や砲弾による殺傷事件が相継ぐようになったことであった。なかでも、一九六一年、平安山良福が演習地外で草刈中、スキップバーム弾に直撃されて死亡した事件は、阿波根に強烈な衝撃をもたらした。

そのことは、阿波根が執筆したと推定される六一年五月の、伊江島軍用地被害地主一同の名による、伊江島空軍部隊隊長ジョン・ゼイ・マホーニー宛の書面によく見てとれる。そこで彼は、土地の接収を「生きる」ことを脅かす行為とした域を超え、一瞬に「爆死」「射殺」また肉体の一部を「モギとられ」という、殺害・傷害への切迫感を突きだした。さらに彼は、「上司の命令を守るだけ」というマホーニーの言にたいし、それならば「アイヒマンは無罪とされなければならないし、従って戦後戦犯にとらわれた多くの日本兵も無罪」と反論した(支援物資には、巣鴨のBC級戦犯からのそれもあった)。そのうえで、「我々には生存する権利、幸福になる権利、意見を述べる権利、意志表示をする権利があり」、「これが認められないとすれば奴隷」と言い切った。

このようにしてこの書面は、「人命」への危害を軸として、「生存権」を明言し、同時に、生命を毀損する事態としての戦争また戦争準備に反対する意思を明確にした文書となった。その二カ月後の六一年七月、阿波根たちは伊江島土地を守る会を設立する。「設立趣意書」には、「生命」「基本的人権」「平和」という言葉が、キーワードとして盛り込まれたとともに、「平和的理想郷」「平和な住みよい郷土」の建設という、未来像が提起されている。

そのことを前提に阿波根は、新しい闘いに踏み出す。その特徴を四点に見ることができる。

一つ目は、基地繁栄論への徹底的な反論であった。島ぐるみ闘争は、軍用地料の引き上げにより沈静化し、そののち軍用地地主たちのおもな関心は、地料の多寡に傾いていった。ゆきつく先は、基地が地域(経済)を支えているという基地繁栄論となった。

阿波根は、こういう情勢を読み取り、基地繁栄論に対抗する論理を繰りひろげる。一九六二年七月の、みずからを「村外の伊江村民」と仮託した「手紙」は、世界の経済情勢から説き起こし、基地繁栄論の虚妄性を衝いた文章である。そこで彼は、「米国は今、経済力を失いつつあり、他民族を今後援助することは出来なくなる」とのべたうえで、「土地を失った後の村の諸産業の状態」を、製糖工場の倒産、運送業の失業、耕耘機・ブルドーザーの廃業、船舶事業の失敗、水産業の不漁、畜産業と生産業の破綻と数え上げ、接収に応じるか否かは、村の生死を決する事態と論じている。

二つ目は、日本(本土)政府の責任を問う主張であった。一九五〇年代以降、燃え上がっていった復帰運動のなかで、伊江島の闘いは、強力な援軍を切望しての、日本への訴えに努めた。しかしその訴えが、日本政府であるよりは、「祖国の皆様」「母国の皆様」「本土の同胞」に力点を置いていたことは、注目されてよい。その一方で政府にたいしては、事態の責任を問うものであった。そのことは、一九六五年八月の、訪沖を控える首相佐藤栄作宛の、「伊江島軍用地問題に関する陳情書」に、典型的に見て取れる。そこでは、「戦前の日本政府は、〔中略〕我々を残酷非道な血の海の戦場にかり出して殺したり、殺させたりした」としたうえで、米軍の占領下で「生」がいかに脅かされているかを明らかにし、日本国憲法のもとへの住民の引き取りを要求した。同化論とは異なる復帰論であった。

三つ目は、土地接収への抵抗を、ベトナム戦争反対と結びつけたことであった。一九六七年五月二八日結成の全沖縄土地を守る会連合会で、会長に選出された阿波根は、「全県民の力を結集して、アメリカのベトナム侵略のためにはひと坪の土地も渡せない」と挨拶している(『琉球新報』同年同月二九日朝刊)。

そうして四つ目は、接収地内に、「団結道場」と命名した建物の建設を企画し実現したことであった。一九六七年に、阿波根のつよい発意で始まったこの計画は、初めて、対手のなかに楔を打ち込むという闘いとなった。それだけに、米軍から「妨害物件」とされたこの建物は、恒久性を示す「コンクリート建て」でなければならなかった。出来上がった建物は、壁面に決意の文字を、護符のように書きめぐらせている。さらにこの建設には、ベトナム人民との連帯が意識されていた。

「小さい小舎をつくることに嘉手納から輸送機に武装兵を隊長に大佐が〔妨害に〕やってきます。伊江島ではそれだけベトナム戦の力を落とすことになった、これがベトナム人民への協力だとよろこんでいます」(「団結道場建設の意義」一九六七年、阿波根昌鴻「たたかいの一九六八年を迎えて　伊江島からの手紙」同年一二月一二日、などによる)。

一九七二年の沖縄の日本復帰のさい、阿波根昌鴻は、七〇歳を迎え〔ようとし〕ていた。復帰直後に伊江島を訪れた編集者牧瀬恒二のルポがある。「待っておりましたよ」という阿波根の言葉に迎えられて、彼は生活協同組合のトラックに乗って団結道場へ案内してもらう。「「ここから基地ですよ」と運転台の青年がいう。道の両側は一面のギンネムで、柵も鉄条網も何もない。時々ウズラがピョンピョンはねて道を横切る。しばらくして米軍の飛行場にさしかかった。私たちのトラックは何の妨げもなくその飛行場を通って行く。しばらく走ると団結道場に着いた」、「基地の中に自由に入れるのは沖縄、本土を含めてここだけでしょうと阿波根さんはいっていたが、たしかに伊江島だけは例外だ」(「伊江島を訪ねて」『沖縄事情』三六二号、一九七二年八月一五日)。

しかしそれは、新しい闘いの始まりでもあった。土地を守る会が入手した「契約書」を見せてもらって、牧瀬は驚く。「印紙を貼り、署名捺印して法的な効力が発生するような書式になっていて、以下第何条という条文が続く。そして肝心の契約期間、軍用地料などの箇所は余白になっていて、後で書きこめるようになっている」。「「米軍よりも悪いですよ〔中略〕」と阿波根さんは笑いながらいっていた」(「伊江島を訪ねて」)。

そこに始まる復帰後の足取りは、『命こそ宝 沖縄反戦の心』にまとめられている。闘いの本質は変らなくとも、環境は大きく変った。直接に向き合うのは米軍でなく、日本政府なかでも防衛施設局となった。また島ぐるみ的な様相は消え、軍用地化に抵抗する地主は、「反戦地主」とみずからを位置づけるほどに、少数派としての闘いを余儀なくされてゆく。

「いのち」を軸に未来に向かう

闘いのそういう現場に身を置きながら阿波根は、しかししだいに、戦争をのちの世代に語り継ぐ仕事を、わが任務とつよく意識するようになった。理念を具体的な構造物に結晶させるのは、彼の習性であったが、やがて彼ならではの構想力の所産として、「身障者の人たちの交流の場」として「わびあいの里」を造り、そこに、官憲の監視と妨害を受けながら、反戦平和資料館「ヌチドゥタカラの家」を造り上げることになる(完成式＝一九八四年六月二三日、開館＝同年一二月八日)。

「わびあい」は、阿波根が、若いときから魅かれつづけてきた一燈園の精神にもとづく心の在りようである。天香の『懺悔の生活』に、「あやまり合う事は敬ひ合うこと」とある。「わびあいの里」は、その精神にもとづき、実現させた「福祉と平和の村づくりの一環としての」「憩の家」であった。もともとは行政単位であったとはいえ、「里」という名づけに、平和な理想郷のイメージが盛られている。そのなかに設けた「ヌチドゥタカラの家」のモチーフを、阿波根はこう語っている。「今度戦争が起きたとしたら、核で地球は全滅。わしらの時代はともかく、次に生まれてくるこどもたちのために、地球を破滅させるようなことをさせてはいかない。すべて命、命あってのことなんだ」。「命」と「戦争」を対置し、「命」のかけがえの無さを説くところに、阿波根のゆきついた思想のエッセンスが詰まっている。

その結果として「ヌチドゥタカラの家」は、鮮明な主張をもつ学習の場となった。展示品のほとんどすべてを、伊江島で収集された物品や文書で満たし、「戦争の根本の原因と結果がわかるように」することを目的とした。「ほとんどの資料館ではどこでも、戦争は残酷だ、もう二度としてはいけないといっておりますが、その残酷な戦争は誰がどうしてつくったのかということに、まったくふれていない」。それだけに、「次の戦争を準備しながら、平和は尊いなどといっている人たちは、住民を無視し、だます人たち」という信念から、資金の面で基本的には、阿波根の「自力」で造られた。接収されているため、真謝の地にという素志こそ実現できなかったものの、そんな資料館は、戦争のシンボルである基地を、平和の里へ逆転しようとする彼の不屈の意志を明示している。

阿波根は、夢を諦めなかった。「幸いに表土は剝がされてなく、戦前の土地そのままに残っておる。解放されたらすぐ生産をはじめられる」、「真謝の地に、わしの考える農民学校をつくりたい」。そうしていう。「この伊江島はね、海も動いているし、生きておる。こうして木を見ていますとね、風は三味線ですよ。静かな三味線をひくと、木の枝はみな、クミウルイ(組み踊り)する。あれは王様の前で踊るおどりですね。三味線という風が力強く吹くと、沖縄のカチャーシー、庶民の元気踊り。そして、木によって、踊り方がみな違う。〔中略〕何でも生かしていかなければならない。戦争がない平和の島をどうしてもつくっていかなければならない。わしはそう強く思っております」。伊江島ではいま、オスプレイが配備され、次期主力戦闘機F35用の工事も始まろうとしている。しかし阿波根に学ぼうと訪れるひとは絶え間なく、最近の『伊江島通信』第九五号(二〇一五年一月)によれば、年一回の学習会は一三回を数えようとし、阿波根昌鴻資料調査会の活動は進展中である。わびあいの里のあるじとして、運動の柱となっている謝花悦子さんには、忙しい日がつづく。

参照文献

阿波根昌鴻『米軍と農民——沖縄県伊江島』岩波新書、一九七三年。

阿波根昌鴻『写真記録 人間の住んでいる島——沖縄・伊江島土地闘争の記録』自刊、一九八二年(英訳版あり)。

阿波根昌鴻『命こそ宝 沖縄反戦の心』岩波新書、一九九二年。

伊江村教育委員会編『証言・資料集成 伊江島の戦中・戦後体験記録——イーハッチャー魂で苦難を越えて』伊江村教育委員会、一九九九年。

伊江島反戦平和資料館・写真、亀井淳・文『反戦と非暴力——阿波根昌鴻の闘い』高文研、一九九九年。

大西照雄『「沖縄の太陽」物語——島ぐるみの闘いへの序曲』あけぼの出版社、一九九五年。

岡本直美「〔資料紹介〕沖縄・阿波根昌鴻と一燈園との関わり——「一燈園香倉院資料」からみる関係の形成期」『神戸外大論叢』第六五巻第四号、二〇一五年三月。

『第8回ゆずり合い助け合い学び合う会』財団法人わびあいの里、二〇一〇年。

萩野芳夫「沖縄の土地と現実」『世界』一九六二年三月号。

Frederick Hand Stires, "*The Ryukyus: An American Dependency: An Analysis of the Military and Civil Administration of the Ryukyu Islands*, 1945-1958", Dissertation, Department of Government, Georgetown University, 1960.

II 核の精神史

［写真］
故郷の焼津に帰る久保山愛吉氏（マグロ漁船第五福竜丸無線長）の遺骨（1954 年 9 月）．

1 IRI MARUKI & TOSHI MARUKI

丸木位里と丸木俊
——「核」を描くということ

まるき・いり…1901-95　まるき・とし（赤松俊子　あかまつ・としこ）…1912-2000

◉シュルレアリスムの流れをくむ前衛水墨画家としての位里、油絵を中心とする西洋画家としての俊（赤松俊子）は、戦前・戦時期、前衛芸術を志す作家たちの集まりであった美術文化協会などに参加し、それぞれ独立した分野で創作の場を築いていた。広島原爆投下後間もなく入市し、その惨状に触れたことから、被爆後の世界を共同で描きはじめる。北東および東南アジアの冷戦が局地戦争として激化し、レッド・パージが猛威をふるう同時代を背景に、「原爆の図」三部（1950）を初出品した。1954年、日本のマグロ漁船第五福竜丸が太平洋マーシャル諸島で米国の水爆実験によって被曝したことで広がりをみせた原水爆禁止運動の流れとともに、国内外で積極的に反核平和を訴えた。「原爆の図」アメリカ巡回展での出会いをきっかけに、70年以降は南京、水俣、アウシュヴィッツなどの場所に刻まれた20世紀の暴虐を絵画として描きつづけた。「原爆の図」全15部は1982年に完成。代表作は原爆の図丸木美術館に収められている。

米山リサ

〈いま、ここ〉の五〇年代

本橋成一の写真録『ふたりの画家――丸木位里・丸木俊の世界』に、つぎのような一文がある。

埼玉県東松山市下唐子。都幾川のほとり、雑木林にかこまれたこの地に「原爆の図丸木美術館」はある。何度も建て増しをしたつぎはぎの美術館。〔中略〕窯があり、住まいがある。鶏がいて、犬がいて、猫がいる。みんなで絵をかき、土をこね、畑をつくり、川で魚をとり、御飯を食べ、酒を呑む。川のせせらぎ、陽の光、いのち溢れる村の暮らし。（本橋成一 二〇〇五［一九八七］、三六頁）

豊かな時間が流れるこの桃源郷のような空間で、訪れる人びととの心温まる交流をたのしみ、戦争や、環境破壊をもたらすものへの静かな怒りを胸に黙々と創作にとりくむ老画家夫婦――多くの人びとにとって、晩年の丸木位里と丸木俊のイメージは、この写真録におさめられたふたり、あるいはそれに近いものだったのではないだろうか。

一九五〇年代、丸木俊・丸木位里は、「原爆の図」を共同制作し、被爆後の人間の姿を描いたことで内外の注目を集めた。冷戦の東西対立が深まるなか、広島と長崎への核攻撃による惨状を描いた彼らの共同作品は、とりわけ社会主義圏の国々で歓迎され、賞賛を博した。いっぽう、一九七〇年以降になると植民地支配、環境破壊、侵略戦争などを題材に、日本人の受難と同時に加害者としての歴史を精力的に描くようになる。ほぼ一〇年のあいだに、「南京大虐殺の図」(七五年)、「三国同盟から三里塚まで」(七九年)、「水俣の図」(八〇年)、「沖縄戦の図」(八四年)など数々の作品を発表し、丸木たちはやがて自国の被害だけではなく加害の歴史も描くことのできる勇気ある日本人芸術家として、国内メディアばかりでなく海外でもひろく紹介されていった(ジョン・ユンカーマン監督による「Hellfire: A Journey from Hiroshima」[一九八六年]など)。

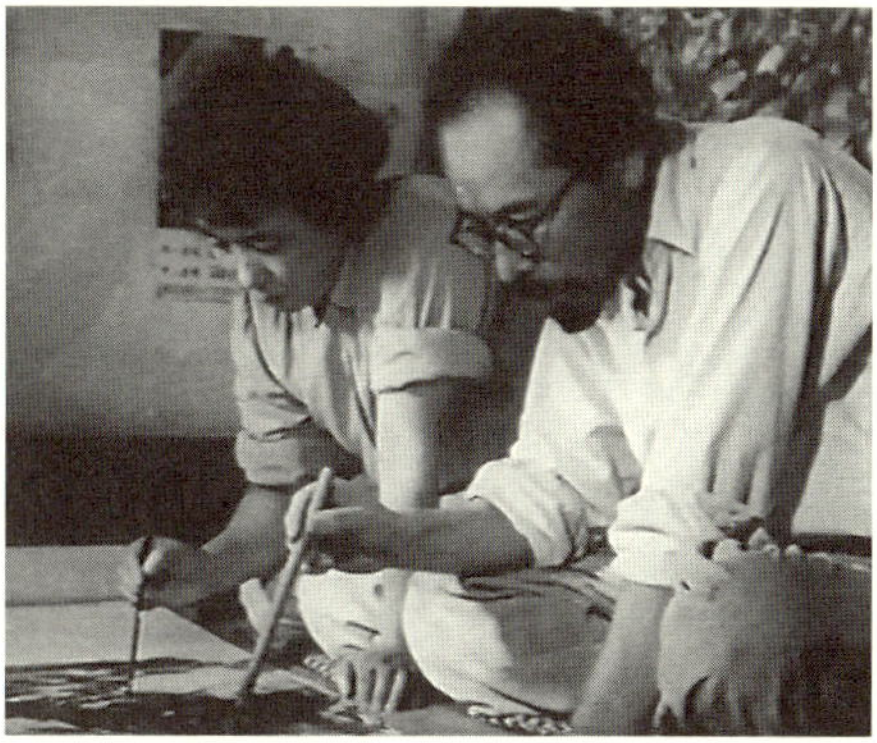

丸木位里と丸木俊(右から). 映画『原爆の図』1953年より. 提供=原爆の図丸木美術館.

この写真集が出版された一九八〇年代後半、米ソを主軸とする東西冷戦構造が大きく揺らぎ、ベルリンの壁崩壊のニュースが世界をかけめぐるなか、アメリカやヨーロッパの都市では核廃絶をうったえる市民の声が大きなうねりとなって大規模な路上デモが行われていた。いっぽう日本では、戦争とファシズムにはじまった「昭和」とよばれる時代が終わりに近づいていた。二〇世紀をふり返り、それぞれの歴史に思いを馳せる多くの人びとが、世代を超え、国境を超え、このふたりの画家にたいして強い関心を寄せていたのである。そのなかで、丸木たちの思想や活動は、一九五〇年代のそれとはことなる国際的評価を受けるようになっていた。「原爆の図」の共同制作者たちがその後年の作品でいわゆる負の歴史に目を向け、自らの被害者ナショナリズムにも批判的な視点から創作活動を行うようになった経緯は、芸術家夫婦の長い自己形成の道のりとして語られてきた。丸木俊・丸木位里の自伝や批評家による詳細な記述をみると、「南京大虐殺」はアメリカでの「原爆の図」巡回展が直接の動機となり、「水俣の図」もまたフランスの反原発エコロジストたちとの出会いがきっかけとなっていたことがわかる。なかでも一九七〇年のアメリカ巡回展のさい、ひとりのアメリカ人に「中国人の絵かきが「南京の大虐殺」という絵を描いて、日本へ持っていったらどうなさいますか。展覧会をしてください、と言われたらあなたはどうなさいますか」と問いかけられたことは、とりわけ大きな衝撃として記憶されている(丸木俊 一九九七、二〇四頁)。丸木たちの思想や活動は、作家自身の進歩と成長の物語としてわたしたちに伝えられているといっていい。

と同時に、つぎのような疑問が生じてくる。わたしたちは後になって過去をふり返ることでしか、歴史や社会への批判的な視座を手にすることはできないのだろうか。丸木たちが国家と自分との関わりや、近代文明にたいする深く厳しい省察にいたるまでに、四半世紀にもわたる旅と苦闘の年月を経なければならなかったというのは、〈いま、ここ〉でしか生きられないわたしたちにとって、じつは深刻な事態を意味するのではないだろうか。

表現者として暴力を描きつづけたこのふたりの芸術家の精神を、大きな人生の転機となった七〇年代ではなく、仮に一九五〇年代の〈いま、ここ〉で切り取りとるとしたら、別の〈いま、ここ〉を生きるわたしたちにとって切実な何を見出すことができるのだろう。丸木位里・丸木俊が「原爆の図」の連作をつぎつぎと発表していた一九五〇年代、彼らの創作にむかう姿勢はどのようなものだったのだろう。ふたりの画家を論じたものの多くに共通するのは、彼らの作品が観る人を長く魅了しつづけているという前提である。この小論ではそのような前提は宙吊りにし、むしろそれらが時代に対してどのように応答したか、あるいは逆に、その時代の不条理と対峙したり、折り合ったりする生き残りのための模索が、どのように作者の姿勢や表現を形づくっていたかを考えてゆきたい。

わたしたちが何かを述べたり表現したりするとき、より大きな歴史や社会の仕組みの何がわたしたちにそうさせているのかを知りつくすことはできない。わたしたちの発言や行為がもたらす意図せぬ結果についても、そのすべてを見定めることはできないという現実に、わたしたちはたえず直面しつづけねばならない。と同時に、自ら主体的に選び、担った役割に没頭しているその最中でさえ、とまどいやためらいを感じ、落ちこぼれてしまう瞬間もまた、つねにわたしたちにひらかれているはずなのである。それは進歩と成長の物語が消し去ってしまう瞬間でもある。

五〇年代の彼らは、七〇年に合衆国で出会ったそれとは別の〈他者〉によびかけられ、応答しようとしていたはずである。そのときふたりは何を確信し、創作についてどのような決定を下したのか。そこにとまどいや揺らぎはなかったのか。この問いをつぎのように言いかえることもできる。わたしたちが主体的にかかわり、なにかを選びとろうとするとき、あるいは目前の不正義に憤り、怒れる主体となるとき、いったいわたしたちは何に奉仕させられているのか。それを見極める力をもつことははたしてゆるされているのか。丸木位里と丸木俊の一九五〇年代を問う現代的意味は、そこにあると思われる。

「政令三二五号が支配する空間」

丸木位里・丸木俊の共同作品「原爆の図」全一五部は、そのほとんどが五〇年代に制作された。一九五〇年から翌年にかけての二年の間に、すでに五部までが完成し、一九五九年には第一一部が公表された。「原爆の図」のなかでも代表的三部作とされる「幽霊」「火」「水」は、発表の翌年に朝日新聞社主催の秀作美術展に選抜されている。「原爆の図」は海外でも大きな注目を集めた。一九五三年には「虹」「少年少女」を加えた五部作が、日本平和委員会の参加する世界平和評議会から世界平和文化賞金賞を授与されている。一九五四年の毎日新聞社主催による第一回現代日本美術展には、第七部「竹やぶ」が招待出品された。作品の評価をめぐる議論がさまざまに交わされるいっぽう、ふたりの画家の共同作品には発表当初からただならぬ関心と注目が向けられていた。

「原爆の図」制作の開始当初から丸木たちと寝食を共にし、自らも絵のモデルとなった美術評論家ヨシダ・ヨシエは、一九五〇年に同作品が初めて公開されたときの情況を、「この作品を発表するのに、現在では考えられない勇気のいったことを、理解してもらえるだろうか」とふり返っている(ヨシダ 一九九六、一三四頁)。ヨシダは「原爆の図」をより多くの人びとにみてもらうため、丸木のもとで絵を学んでいた野々下徹とともに、文字どおり作品を背負い、日本各地を行脚した。二年足らずのあいだに百近い会場を設け、訪れた観客は数十万人とも一〇〇万人を超えたともいわれる。『アサヒグラフ』が日本で初公開となる原爆被害の写真を掲載するまで、さらに二年を待たねばならないという時期でもあった。

ヨシダは「原爆の図」三部作について、「あの政令三二五号が支配する空間に挑むもの」と名づけている(ヨシダ 一九九六、一六九頁)。政令三二五号とは、一九五〇年に定められた「占領目的阻害行為処罰令」をいう。ポツダム宣言をうけて天皇の下した「連合国占領軍の占領目的に有害な行為に対する処罰等に関する勅令」(勅令第三一一号、一九四六年)を新憲法下の政令として改めたものである。ここでいう「占領目的に有害な行為」とは、「連合国最高司令官の日本帝国政府に対する指令の趣旨に反する行為、その指令を施行するために連合国占領軍の軍、軍団又は師団の各司令官の発する命令の趣旨に反する行為及びその指令を履行するために日本国政府の発する法令に違反する行為」と定められている。

原爆被害にかんする映像や表現については、占領下のプレス・コードによる早い時期からの検閲や取調べによって監視されたり、規制されたりしていたことが知られている。いっぽう、ヨシダが回想する「政令三二五号が支配する空間」は、差し迫るあらたな暴力の予兆を感じさせる、緊迫した状況でもあった。この政令にもとづいて、『アカハタ』や『平和のこえ』などが発行停止されるなど、実質的には、終戦後に合法化された日本共産党と、それに関わるとみなされるさまざまな活動の囲い込みが、この政令によってすすめられていたのである。いっぽう、「原爆の図」の巡回展を催すため、日本全国各地を訪れていたヨシダは、警官の乱入、いやがらせ、脅迫、関係者の検挙・逮捕といった干渉が相次ぐという、直接的な暴力がむき出しになるさまに直面していた。

占領政策下で起きていた民主化後退の動きは、すでに一九四七年の二・一ゼネストの中止や、共産党関係者の公職追放にはじまっていた。この流れは、丸木たちが「原爆の図」の制作に取り組みはじめた時期を前後してさらに加速してゆく。一九五〇年八月、広島では予定されていた広島平和広場での行事が反占領軍的、反日的な集団示威行為とみなされ、市警察によって禁止された。一部の広島市民は、繁華街の中心にあるデパートの屋上からビラをまき、集会を催してこれに対抗した。全国各都市でみられたように、広島でも反米平和を訴えるビラをまいた大学生が逮捕されている。ソ連や中国との関係を絶ち、米国への従属のもとに日本の再軍備化を約束したサンフランシスコ講和条約と日米安全保障条約の締結も、目前にせまっていた。日本を戦後自由主義世界経済の砦として再建するという、米国の対日占領政策の本来の目的がいっそう明白となるなか、占領下の多くの人びとが、具体的な暴力としてこれを感知しはじめていたのである。

「剝き出しの生」を描く

「原爆の図」の制作に取り組んだ当時のことを、丸木位里はつぎのように回想している。

原爆投下からしばらく経つと、もう原爆のことは話す人さえいなくなってきた。わたしは、これはいけないことだと思ったんだ。わたしたちは大変なものを見たんだ。ところが写真も無いばかりか、誰も原爆のゲの字もいわなくなってしもうた。まだ占領下で、言ってはいけない世の中が続いておったんだ。
わたしたちは、原爆をうやむやにするわけにはいかない、このことは描いて残さなければならないと思って、原爆の図を描こうと心に決めたんだ。（丸木位里 一九八八、五二―五三頁）

いっぽう丸木俊はそのときのことをつぎのように思い起こしている。

原爆の絵を描かねば、と思いたったのは、原爆が落とされてから、なんと三年もたった雨の降る夏の夜のことでした。二人して、そうだ、と、どちらがいうともなく言って、ぞうっとして、よりそいました。〔中略〕同じ目的に向かって話しあうのですが、描けば描くほど仕事の道は遠く、油断のならぬ大作に気がつくのでした。〔中略〕わたしたちは、お互いに批評をさけ、沈黙の時が多くなりました。緊張した日々が流れていきました。貧しいけれど、張りつめた弓のように、りんと音の鳴るような、そんな年月だったような気がします。（丸木俊 一九九七、一二五―一二八頁）

ふたりの丸木の回想には、ヨシダが「あの政令三二五号が支配する空間」と表現した五〇年代の情況と深く通じ合う緊張感をみてとることができる。その背景にあったのは、過去を封じ、あたらしい暴力へと向かう、そのような時代の予感だった。

日本本土で、反共・反民主化のながれがスト権の剝奪や、共産党員の公職追放といったかたちで立ち現れていたころ、アジアの他の諸地域では、中国共産党が国民党との長い戦いに勝利をおさめたことで、冷戦対立がいっそう深まっていた。それは、終戦後おなじく米国の占領下にあった別の地域が、「赤狩り」を名目とした住民虐殺、さらには朝鮮戦争という、あらたな争いの最前線となってゆくプロセスと重なる時間の広がりをもっていた。この地政学的状況が、敗戦を日本の軍事占領からの解放として迎えたアジア太平洋諸地域の多くの人びとにとって、暴力に対抗する暴力をもってしても立ち向かわねばならないものとして映ったとしても、不思議はなかった。

この緊迫した時代背景を考えるなら、ふたりの画家を創作へと駆り立てたのは、かつてみたものを描かねばならないという目撃証言への衝動であったと同時に、それをいま、まさに起こりつつある暴力に結びつけないではいられないという、作者自身も意図せぬ力だったといえるかもしれない。彼らがそこで描こうとしたのは、広島と長崎ですでに起こってしまった惨劇に加え、記憶と記録に刻まれたその光景に投影された、起こりつつある未知の破壊と暴力だった。丸木たちはまさにこのような同時代的な〈他者〉によびかけられていたのである。

たいていの美術批評がそうであるように、絵画としての「原爆の図」をめぐる評価もまた、作者のアイデンティティや、作品の政治性、リアリズム解釈にたいする評者の立場などにより、さまざまに異なっている。そのいっぽう、ふたりの芸術家が編み出した技法の斬新さと、彼らが確信をもって選んだ実験的構成がもたらす効果については、ほぼ共通した理解がみられる。ヨシダは「原爆の図」に遠近法を無視した「異時同図法」的な構図をみいだし、これが絵巻物モダニズムの配置であることを指摘した（ヨシダ 一九九六、一〇九―一一〇頁）。ヨシダは、「原爆の図」で見落とすことのできない点として、「素描の達人」である丸木俊（当時赤松俊子）の優れた人体デッサン力に加え、「日本画の世界で、もっとも大胆な実験と試み」（同書、二五頁）であった丸木位里の墨による加筆がほどこされていたことをあげている。

同じように、美術批評をまじえた丸木夫妻の評伝として「原爆の図」の誕生と受容を克明にたどった小沢節子は、「原爆の図」をふたりの「作者たちの戦前からの画業の集大成」（小沢 二〇〇二、一四一頁）と位置づけ、この作品が「見るに値するイメージ」（同書、一三三頁）となりえた背景には、「洋画家である俊が位里の影響を受けて水墨画を描き、位里が洋画的な技法やデッサン力を身につけていったという前提があってこそ、「原爆の図」をどのように描くかという夫妻の選択の余地、可能性の幅が広がった」（同書、一三四頁）、とみている。小沢はさらに、専門的な技法を極めた画家としての自負をもつがゆえに、「共同制作としての大画面への挑戦という芸術的な野心が丸木夫妻の胸に浮かんだとしても不思議はない」（同書、七六頁）とも推察している。

この表現者としての野心と確信は、丸木俊の言葉の力強さ、迷いのなさにもあらわれている。五

部作が完成した当時、丸木俊はその作品をつぎのように明確なことばで解説していた。

大きな画面はあるいてみるものであります。だから、事件の中に一つの焦点があり、その部分部分に焦点があるのです。大画面では、透視図的な一つの焦点では無理だということがわかりました。それを無理に強行するときは、透視図のその目と、拡大された画面とをむすぶ、四つの点線のどの部分を切りとってもおなじ効果の相似形を作りあげるだけのことになるのだということを知りました。その部分部分に、その世界があり、それぞれのその時間があるのであります。それらの、綜合された現実が、あの原爆という偉大な破壊力の前にさらされた人間の、あらゆる様相をふくんだ現実であったのであります。

（小沢 二〇〇二、一一六頁の引用より）

ここには、画家として専門的な訓練を受け、「鬼のような

丸木位里・丸木俊「原爆の図　第１部　幽霊」1950年．原爆の図丸木美術館蔵．

勉強家」（丸木俊　一九九七、一二六頁）とまでいわれたプロフェッショナルな芸術家としての自負と、自らが決定をくだしたこと――どの主題をえらび、何を訴え、どのように描くかという決断――への確信に満ちた姿勢がある。

文章や絵画など、そのメディアのちがいを問わず、原子爆弾による広島と長崎の破壊を表現するうえでつねに重要な関心事となってきたのは、すべてが一瞬にして破壊しつくされるという、その圧倒的ですべてを包括した破壊の全体性と、そのトータルな破壊によっても集約しつくされない死と生き残りの生とのあいだにどのように折り合いをつけるか、という点にほかならない（Yoneyama 1999）。一発の爆弾で瞬時に街ぜんたいが壊滅し、膨大な数の人びとの命が奪われたにもかかわらず、原爆投下というひとつの出来事に回収しつくされない、豊かで多様な唯一無二の死と生が、そこには残ったのである。ふたりの画家は、確信をもって「大きな画面」を選択し、この矛盾を表現したのだった。

「原爆の図」が「見るに値する」絵画としてうけつがれて

きたもうひとつの理由は、原爆投下直後のありさまを「幽霊の行列」として描いたことにある。そのイメージは、二〇世紀の二つの大戦を経てようやく多くの人びとが実感しはじめた人間のあり方と、どこかで深く響きあうものを汲み取っていたのではないだろうか。わたしたちの近代国家システムは、占領地、植民地、収容所、監獄など、さまざまな〈閉ざされた空間〉を生み出しつづけてきた。政治哲学者ジョルジョ・アガンベンが明らかにしたように、そこでわたしたちが見出すのは、人が人としての資格を剝奪される状態、そして非人間を生き延びることでしか生きられない人間のあり方にほかならない。

このような人間のあり方――社会学者オーランド・パターソンは、これを「社会的な死」と名づけた――は、植民地や奴隷制やレイシズムのもとで生きる人びとにとって、日常そのものでしかなかったし、それは今日も変わっていない。しかし、ナチズムや国家総動員法などの総力戦体制、日系人やユダヤ系市民の強制連行、じゅうたん爆撃や原爆による敵の殲滅作戦といった二〇世紀の歴史を経ることで、植民地以外の空間に生きる人びとにとっても、あるいは自分はレイシズムとは無縁だと信じている人びとにとっても、この人間のあり方は、じつは例外でないという戦慄が伝わっていったのだと言っていい。丸木たちが原爆投下後の広島を描いたとき、人間を「幽霊」の塊《マス》りとして表現したこと、そこに空白と墨絵の技術による強烈な「ぼかし」をほどこすことで、生死の境目をさまよう人間を「閾」として描きだしたことは、近代国家の暴力にしっかりと組み込まれた、まさにこのような「生」の状況をとらえていたのだとはいえないだろうか。

「幽霊」としての被爆者像は、平和国家日本のいしずえとなった尊い犠牲者として記念式典でたたえられるのでもなく、反核平和運動の英雄でも尖兵でもない、そのような政治的な価値や歴史上の意味を与えられてしまう以前にあった姿としてわたしたちの前に立ち現れる。生きている人間こそが幽霊であるという、表現者としての歴史への鋭い洞察力と、近代の生の非条理を描ききろうとする創作への信念をつらぬいた姿勢と誠意は、ゆるぎない緊張感とある種の正真正銘さを彼らの作品に与えている。第一部「幽霊」にこめられた覚悟は、「原爆の図」が政治によって道具化されていったなかでも消え去ることはなかった。

しかし、原爆による破壊を「描いて残す」ことと、それを伝えることとは同じではない。〈他者〉によびかけられそれに応えようとすることと、他者を代弁すること、あるいは原爆被害者になりかわって被爆の惨状を人びとに伝えることとは、重なりつつも深く遠く隔たっているのである。一九五〇年代後半、反核平和運動のたかまりのなかで歴史の前景に押し出されていったふたりの画家の輝かしい軌跡は、この隔たりを超えてしまう危うさと、それでもなお関与しつづけることの難しさをわたしたちに示している。

〈他者〉のよびかけに応えること

冷戦とは、社会がつねに臨戦態勢におかれていることを意味する。人びとがそれを非常時として実感していなかったとしても、国家の安全を保障する名目で、さまざまな活動が監視と規律のもとにおかれた。軍事的な要素は、必ずしも軍隊や戦闘に直接むすびつかないかたちで、教育や行政に浸透してゆく。だが冷戦は人びとを監視のもとにおきながらも、あからさまな暴力や弾圧だけから成り立っていたわけではない。東西いずれの陣営を問わず、冷戦の臨戦態勢は観衆を動員しつつ、文化の担い手たちを奮い立たせ、制作発表の場を提供し、創作を促す力ともなっていた。

丸木たちの活動の原動力となったのは、草の根の文化運動を重視した共産党の方針と、社会主義諸国とのインターナショナルなつながりだった。共産党が一九五一年の党の綱領に掲げたいわゆる「文化闘争」の方針が、五〇年代前半の左派系の文化運動を大きく規定したことはよく知られている。戦後日本の運動史に詳しい道場親信が明らかにしているように、当時さまざまなかたちで各地にひろがっていた文化サークルなどで自らを表現した人びとの欲望は、党の公式路線と必ずしも軌を一にするものだったとはいえない。と同時に、アメリカの圧倒的な影響下にあった日本で、冷戦の一方の極を代表した日本共産党が強力な政治的な正当性をそなえていたことは明らかであり、少なくとも第六回全国協議会(六全協、一九五五年)までは、終戦後の解放的な表現活動にたずさわる大勢の人びとを強く、広く引き寄せていたのである。丸木位里もまた、終戦後、日本共産党が合法化されると同時に、「なんの不自然さも疑いもなく」(丸木位里 一九八八、一三五頁)入党したひとりだった。レッド・パージ《赤狩り》は、その多様な表現の営みと、人びとのつながりを深く切り裂いたのだった。

一九五〇年代から六〇年代にかけ、丸木たちは、社会主義圏諸国のネットワークをつうじ国際的な注目を浴びた。「日本共産党にいたために、最初の「原爆の図」の海外展で中国へ行った時には、大変有り難かった」(同書、一三五頁)と丸木位里は回想している。いっぽう丸木俊は、労働する女性の解放と男女平等をかかげる東の陣営の冷戦フェミニズムのあたらしい主体として、さまざまな活動の機会を与えられていた。「原爆の図」五部作が世界平和文化賞を授賞した一九五三年には、デンマーク世界婦人大会に日本代表団の副団長として出席している。小沢節子は、「時代の寵児として脚光を浴びる俊」の意識について、「世界婦人大会での歓迎や世界平和文化賞の受賞は、俊にとって大きな喜びであり、誇りであったにちがいない。日本の女流芸術家を、そして日本女性を代表して平和を願う世界の人びとと友好を結んできたという自負心を彼女が抱いたとしても不思議ではないし、共産党の芸術家としての自らの信条にも自信を深めたことだろう」(小沢 二〇〇二、一八五頁)と述べている。

ヨシダもまた、小沢の推察を裏付けるように、「〔五〇年代半ばの〕思潮の流れと、俊の制作の足並みは、ほぼ揃っているとおもわれます」(ヨシダ 一九九六、八八頁)と述べ、つぎのように回想している。

丸木夫妻、とくに俊は活発に平和集会や労働者教育協会講師陣の集会などに出席しました。文化人の多い鎌倉や鵠沼の、そうした集まりのなかに俊の姿はいつもありました。わたしは江の島の旅館の座敷に座って、多くの知識人を相手に、大衆美術のあたらしいあり方について熱弁をふるっていた俊の姿を思い出すことができます。それは健気で魅力的なアジテーターとして

記憶されています。（同書、一二二頁）

同じような構図は、大きな勢力となって全国にひろがりをみせた原水爆禁止運動の流れのなかでもみられた。一九五四年、ビキニ環礁沖で行われたアメリカの水爆実験により日本の漁船第五福竜丸が被曝し、乗組員のひとりが亡くなった。焼津港に陸揚げされたマグロからは放射能が検出された。このニュースをきっかけに、東京の主婦たちがはじめた原水爆禁止の署名運動が日本全国へと広がってゆく。その勢いの背景には、核実験にたいする強い憤りと恐怖があったことに加え、この事件によって日本人が二度ならず三たび核破壊の被害者とされたことへのナショナリズムに裏打ちされた共通の怒りがあった。ヨシダは、「原爆の図」五部作がこのような時代状況のなかで「運動のための武器」（同書、一二二頁）となっていったことを指摘している。

「原爆の図」を取り巻くこのような状況が、「ヒューマニスティックな救助作業の問題」（同書、一六七頁）をしめしていたことをヨシダが記しているのは、とりわけ示唆深い。先にのべたように、多くの人間が幽霊を生き延びることでしか生きられないような「生」のあり方を丸木たちが描くにいたった背景には、彼らが感じ取っていた一九五〇年という冷戦下の暴力が、原爆投下後の広島・長崎の記憶と分かちがたく交わりあうという緊迫した状況があった。「原爆の図」はその意味で、人間が、非人間を生き延びることで生きつづけることを余儀なくされる〈いま、ここ〉を描くものだった。にもかかわらず、普遍的な平和と非暴力の尊さをうったえるだけにとどまる立場からの評価は、そこに丸木たちが人間の尊さや美しさを描こうとしたことに注目してゆく。ヨシダが「ヒューマニスティックな救助作業」と呼んだのは、そのことをさしているのではないだろうか。緊迫した〈いま〉と必ずしも切り結ばれない原水爆禁止運動や、平和を守る運動のなかで、「〝ヒューマニズム〟の旗だけを、むなしくふりまわすような結果を招いたことも否めない」(同書、一六七頁)、とヨシダはふりかえっている。核廃絶や反戦平和の訴えが、定型化された政治の力学と結びつくとき、ふたりの創作活動にも「運動の武器」という道具としての役割が課されてゆく。その作者である丸木たちは有能な進歩的文化人として、その求めにみごとに応えていったのだった。

五〇年代当初、丸木たちが共産党の文化活動の主体として社会主義陣営諸国から熱烈に歓迎されたのは、冷戦のいずれの陣営も、平和と民族の解放を重要なスローガンとしていたからにほかならない。いっぽう、広島、長崎、第五福竜丸と度重なる被爆があたかも国民ぜんたいに共有されたかのような歴史体験とされ、平和と繁栄とが戦後日本の国家的アイデンティティとなってゆくなか、原水爆禁止署名運動の盛り上がりに励まされた五〇年代半ば以降の丸木たちの創作活動は、作者にその意図があったかなかったかとは関わりなく、原爆被害を「日本人」の国民的共有体験とみなすいわゆる「被爆ナショナリズム」と深くむすびついていた。裏をかえせば冷戦下のナショナリズムという大きな物語の力がはたらいたからこそ、ふたりは出品の機会をあたえられ、半世紀をすぎてもなお、多くの人びとが彼らの作品にふれることができるのだといえる。

原爆投下後の惨状を描くことを決行したふたりの画家を取り巻いていたこれらの困難は、わたしたちにとっても切実な問題として残されている。それはわたしたちが主体であろうとするさい、必ず立ち現れる困難だといっていい。なぜなら、わたしたちが行為や発言の主体となれるのは、わたしたちの内にある能動的で自発的な力によるものではないからだ。何かを表現しようという主体的な作業もまた、視覚的イメージによるものであれ、言葉によるものであれ、否応なく、それぞれの時と空間を深く形づくっている意味と欲望の仕組みのなかですすめられる。その時々にはたらいている、歴史と社会のより大きな力の仕組みにとらえられないかぎり、わたしたちの声や行為は聞き届けられるに値するものとはなりえないのである。丸木位里と丸木俊もまた同様に、その意味では近視眼的でしかありえなかった。

と同時に、丸木たちの自伝には、評価されることへの居心地の悪さにふれる瞬間がみえかくれする。世界的な反米イデオロギーと反核平和の運動によって活動の場がひろがり、その主体として脚光を浴びているそのさなかにも、自らの立場や創作行為にたいする批判的な省察が、とまどいというかたちで表現されているのをみてとることができるのである。それは、わたしたちが過去の自分の無知にたいして恥じ入る、そのような正しい反省とは少しちがっている。〈他者〉の不在、つまり近視眼的な自分のそれとは別の視点からものごとをとらえたり、感じたりすることに思い至らなかったことへの恥じらいである。〈他者〉へとひらかれていなかった自分にたいする疑念、あるいは気まずさといってもいい。

丸木俊は終戦直後の三年間、夢中で前にすすんできた自分の精神状態を「戦争中は戦争ぼけ、ひろしまでは原爆ぼけ、平和になれば平和ぼけ」だったと表現している(丸木俊 一九九七、一二七頁)。このときからすでに、歴史という〈いま、ここ〉に身を投じることの自己陶酔状態、あるいは視野狭窄状態を彼女は感じとっていたのかもしれない。いっぽう、ふたりが画家としての収入で建てた自宅が、じつは「他人が見て腹が立つような家」だったとタクシーの運転手からきかされ、売り払ってしまったという丸木位里の逸話は、ユーモラスなだけでなく示唆的でもある。「他人というものは、いろいろなことを言ってくれて、わたしたちが気が付かなかったことも教えてくれるものだ」(丸木位里 一九八八、五五頁)、という一文でこの日常のエピソードはしめくくられている。

何かを選び、表現するという作業は、絵を描く、文章を書く、身体を動かすといったその媒体や手段のちがいによらず、また表現者自身がそれを意図するかしないかにかかわらず、創作し表現するものにたいする自らの態度をひとつずつ決定してゆくことにほかならない。そのような決定は、真空状態でくだされるのではなく、つねに歴史や権力の網目にあらかじめとらわれている。そのかぎりにおいて、わたしたちが自ら選びとる姿勢や行いについて、純粋で超越的な省察や批判を手に入れることはありえない。と同時に、わたしたちをとりまく歴史と権力の網目はけっして一重ではなく、複雑にからまりあい、いくつもの層を織り成している。そこには重なりあう網目どうしのずれがあり、その隙間から立ち現れる〈他者〉に介入される時間と空間がたえず生まれている。その日常茶飯な瞬間にこそ、批判と省察の可能性が生まれているのではないだろうか。

丸木たちの日々の些細なとまどいや疑いといった情動は、人生に劇的な転換をもたらすようなものではない。したがって、進歩と成長の物語にとってはさほど重要なものではないかもしれない。だがたとえ瞬時に消え去るものであっても、これらの疑念や気まずさは、定められた軌道のなかでやがて立ち止まり、ときには脱落してゆくきっかけとして潜み続けるのである。日常の生活者としてだけでなく、プロの芸術家としての丸木たちのなかにこのような〈他者〉へのひらかれた姿勢が貫かれていなかったとしたら、一九七〇年のアメリカでの出会いがあれほどまで強烈に記憶にとどまることはなかった、そのことだけは確かだろう。

「恥を末代まで」

だれかの行いや、述べられていることがあまりに正しくて素通りしてしまう、ということはないだろうか。私にとって丸木位里と丸木俊はそのような存在だった。

その正しさの印象はどうやら、丸木たちが優れた表現者として、各時代の要請にひとつひとつ適切に応えてきたことに由来していたようである。と同時に、ふたりの画家と彼らの時代との関わりをたどることでみえてきたのは、彼らの格闘の痕跡でもあった。それは、時代の危機に応答しないではいられない、近代的主体としての衝動との格闘である。

丸木位里・丸木俊の作品や活動に、ヒューマニズムの限界、プリミティヴィズム、あるいは近代進歩主義の果てしない誘惑と残酷さをみいだすことはたやすい。わたしたちは、これらにかわる言葉をまだもたない。自由主義、社会主義のちがいを問わず、社会の不条理にたいして憤りを覚え、これに応えようとするとき、わたしたちは近代の進歩主義とヒューマニズムの普遍主義によって等しくからめとられている。一九五〇年代の歴史の当事者であった丸木たちもまた同様に、その意味では近視眼的でしかありえなかった。ふたりの画家の五〇年代は、まさしくそのような近代主体の限界と、それでもなお、〈他者〉のよびかけに応えることの大切さをわたしたちに指し示している。

丸木位里は、「「原爆の図」を描いたことがよかったか悪かったか、ちっとばかり気がかりだ。恥を末代まで残したかもしれない」と書き遺している（丸木俊 一九九七、二四九頁）。丸木位里が「すべてをなげうって」のぞんだ制作の最中にそのように感じていたはずはなかった。この言葉からうかがえるのは、周りの賞賛にとまどう感受性を丸木位里がもちつづけていたということ、それと同時に、「恥を末代まで」残す覚悟をもって表現するに値するものに出会い、描ききった、という信念と自負である。

暴力や自由などの概念を鋭い洞察力で説き明かしてきた酒井隆史は、現在の文化と政治の状況について、「なにか許しがたいものに驚く、という感覚を、シニシズムはいまのところ摩耗させることにかなり成功している」とのべている（酒井 二〇〇一、四四九頁）。「なにか許しがたい」、驚くべき事態が、あからさまに、まさに「粛々と」、突き進んでいる。二一世紀のシニシズムは、沈黙したままのわたしたちに、「許しがたい」事態を現実として受け入れさせてしまうのである。わたしたちは、このような〈いま、ここ〉を生きている。「末代までの恥」というリスクを負い、気まずさを感じながらも、憤りを表現することで時代と関わることをえらんだ丸木たちの姿勢は、進みつつあるこの事態に対抗するための手がかりを、わたしたちにさしのべているとはいえないだろうか。

参考文献

『現代思想』三五巻一七号、一二月臨時増刊総特集「戦後民衆精神史」二〇〇七年。

小沢節子『「原爆の図」——描かれた〈記憶〉、語られた〈絵画〉』岩波書店、二〇〇二年。

酒井隆史『自由論——現在性の系譜学』青土社、二〇〇一年。

塩田庄兵衛・長谷川正安・藤原彰編『戦後史資料集』新日本出版社、一九八四年。

菅原憲義『遺言——丸木位里・俊の五十年』青木書店、一九九六年。

堀場清子『原爆表現と検閲——日本人はどう対応したのか』朝日新聞社、一九九五年。

丸木位里『丸木位里画文集 流々遍歴』岩波書店、一九八八年。

丸木俊『言いたいことがありすぎて』筑摩書房、一九八七年。

丸木俊『女絵かきの誕生』日本図書センター、一九九七年(初出一九七七年)。

本橋成一『ふたりの画家——丸木位里・丸木俊の世界』ポレポレタイムス社、二〇〇五年(初出一九八七年)。

ヨシダ・ヨシエ『丸木位里・俊の時空——絵画としての「原爆の図」』青木書店、一九九六年。

Yoneyama, Lisa. *Hiroshima Traces: Time, Space and the Dialectics of Memory*. Berkeley: University of California Press, 1999.

2 Abol Fazl Fotouhi & Ichiro Moritaki

アボル・ファズル・フツイと森瀧市郎
——原子力の夢と広島

Abol Fazl Fotouhi…1916–2000　◉イラン北部のマラゲに生まれ、米国に帰化。第二次世界大戦後広島に最初に赴任した米国外交官。1933年に渡米、アメリカ市民となり、太平洋で米軍に従軍。45年から46年に初めて日本に駐在した後、国務省に勤務。52年に日本が独立を回復すると、広島のアメリカ文化センターの館長に指名され52年12月から57年4月まで務め、多くの文化的・外交的な活動に従事。広島の後、ワシントンでボイス・オブ・アメリカ(アメリカの声)のペルシア語部門のディレクターを務め、その後、ブラジル、ナイジェリア、マラウィ、パキスタンに勤務。

もりたき・いちろう…1901–94　◉広島県双三郡君田村(現三次市)生まれ。京都帝大卒業後、広島高等師範学校で教鞭をとる。爆心地から4キロの同校舎で被爆。このことに深い衝撃を受け、その後日本の核兵器反対運動の指導者の一人となる。戦後は広島大学哲学科の教授に。倫理学者としてはバートランド・ラッセルから大きな影響を受けた。原水協(原水爆禁止日本協議会)運動と被団協(日本原水爆被害者団体協議会)生存者組織の創始者の一人である。反核運動が60年代前半に分裂すると、原水禁(原水爆禁止日本国民会議)運動のトップとなった。一時原子力を支持したこともあるが、後に核エネルギーと環境運動の一環としての反核運動は相入れないとする立場に転じた。

ラン・ツヴァイゲンバーグ

一人のアメリカ人と一人の日本人

三・一一後にゴーストタウンとなった福島県双葉町では「原子力　明るい未来のエネルギー」という標語を掲げた看板が、人気のない通りに入ろうとする人々を迎えている(『東京新聞』二〇一二年七月一八日。http://ex-skf.blogspot.jp/2012/07/tokyo-shinbun-nuclear-energy-for.html)。日本と原子力の破滅的な関わりを示すこの異様な光景は、原子力の持つユートピア的な約束と悪夢のような破綻の縮図である。多くの研究者が指摘するように、原子力のもたらす夢は日本で広く共有され、熱烈に受け入れられた。一九五〇年代半ば、有力政治家のみならず、反核や被爆者運動のリーダーを含む多くの日本人が原子力平和利用(アトムス・フォー・ピース、ＡＦＰ)キャンペーンを支持した。広島市ですらこの運動の一翼を担っている。事実、かつて広島の原爆資料館(平和記念資料館)のホールには双葉町と同じ標語が掲げられていた。一九五六年、数十万の広島市民はこの資料館での「原子力平和利用」博覧会を見ようと列をなし、その関連展示は一九六七年までこの資料館の大きな比重を占めていた。

原爆の犠牲者を記念する建物で原子力を称える博覧会を開くという行為自体が、今日の私たちの目からは現実離れしていて能天気に見える。しかし、当時そうした催しはさほど異常ではなかった。本章の主な作業は、限られたスペースの中で、なぜ、またどのようにしてこうしたことが起こったのかを検証することである。

日本への原子力の導入に関する歴史研究の多くが、それをアメリカからの輸入品としている。しかし、本章が示すように、それは話のほんの一端にすぎない。日本へのＡＦＰの輸入は日米の合作であった。アメリカがＡＦＰを推進する際、自らのソフトパワーとハードパワーをフル活用したのも事実である。その上、日米関係は対等とはほど遠かった。実際、ポストコロニアル(植民地主義後)という枠組みを通して日本を眺め、その経験をたとえばインドと比較することは、以下で簡単に触れるように、非常に有益である。だが、日本人は原子力を押しつけられただけではない。それを受け入れ、積極的に「抱きしめた」のだ。ＡＦＰキャンペーンが日本で成功を収めたのは、それが日本人のなじんでいた言葉で推進されたためだというのが本章の主張である。ＡＦＰは広範な近代化のプロジェクトの一環であった。そのモデルは米国であり、その消費生活の魅力であり、技術の進歩であった。ＡＦＰは原子力を日常生活の向上と結びつけ、次に日本社会で進行していた消費社会化や近代化と結びつけた。それは欲望をめぐるものだった。モダンなものや豊かさに対する日本人の欲望である。その結果、それはこの広島の博覧会のある発起人の言葉を借りれば「未来の夢を生きる」ことができた。

アボル・ファズル・フツイ(右)とその家族．提供＝ファリダ・フツイ氏．

このように日本とアメリカ双方に焦点を当てるという前提に

立って、私はこの話を一人のアメリカ人と一人の日本人の行動を通して語ることにする。この二人に焦点を当てると、一九五六年の博覧会はＡＦＰの歴史を考えるレンズとなる。一人は、この博覧会のアメリカ側のプロモーターで広島アメリカ文化センター（ＡＣＣ）館長のアボル・ファズル・フツイ。もう一人は、反核運動の創始者の一人として著名な森瀧市郎である。

ともにその経歴の面で一般の人とはかけ離れている。ただしフツイに隠された任務があったわけではない。その名が示すように、フツイは典型的なアメリカの外交官ではなく、イラン系移民で途上国出身だという点で、この話に最適な人物である。多くの広島のドラマの登場人物と同じように、フツイは多くの矛盾や両義性を体現しており、そのため広島の原子力をめぐるこの物語は善悪二分法的な道徳劇ではなくなる。フツイは積極的にこの博覧会を推進したが、米国国務省のやり方には違和感を覚える場面もあった。フツイは、妻や日本の公立学校に通う娘とともに日本文化に心酔し、広島で非常に人気者になった。彼はその著作の中で、自らの姿勢を、「牢獄の住人たち」すなわち西洋の飛び地にいて現地の文化をほとんど理解しようとしない他の欧米外交官らと対照させている。

一方の森瀧は倫理学の教授で被爆者でもあり、日本ならびに広島の原爆への抵抗のシンボルであった。大江健三郎は森瀧をシンプルに「哲学者」と呼んでいる。その無私の行動主義と原爆記念碑の前での長期間の座り込みによって森瀧は完全な「抵抗者」となったが、その頃は核エネルギーを支持していた（大江らの賛辞に居心地の悪い思いがした森瀧は自分が不完全であることを認め、核エネルギーを支持した過去の過ちを詳細に説明した）。森瀧もその内省と高潔さ（核エネルギーに対する自分の認識の過ちを認めたことに示されている資質）の点で平均的な日本人とは言いがたい。森瀧とフツイは多くの点で例外的であったが、ともに同時代の多くの人々と共通する点もあった。それが、AFPのプロモーターも抜け目なく盛り込んでいた、理性と進歩がもたらす恩恵の理解者だった点である。

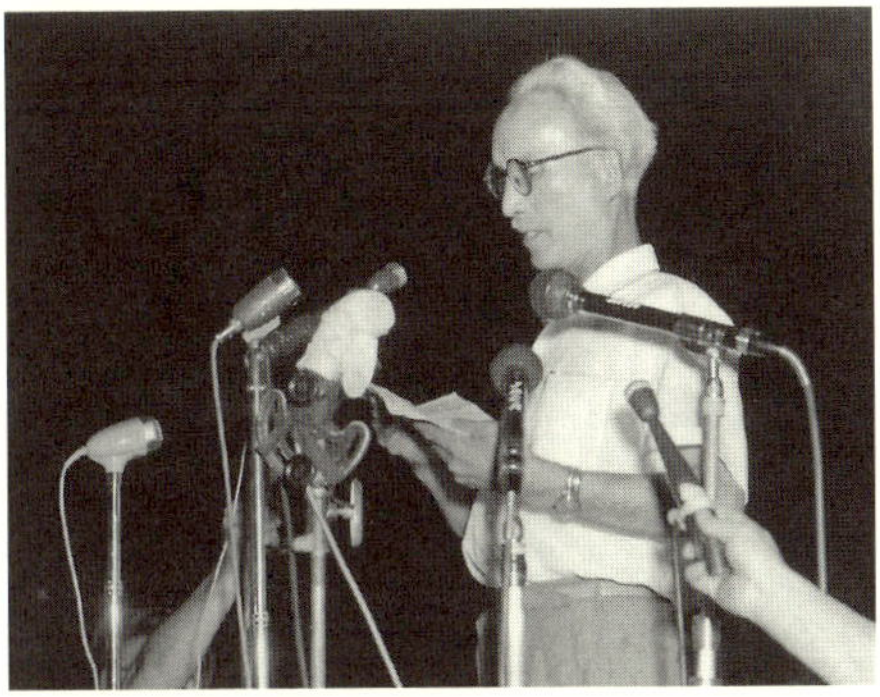

原爆慰霊碑前で基調報告をする森瀧市郎．1963年8月5日．提供＝中国新聞社．

科学・進歩・平和・未来

フツイと森瀧が初めて出会ったのは、第五福竜丸の事件後、森瀧が太平洋でのアメリカの核実験に反対する中でのことだった。当時、アメリカの行動は非常に不人気だった。フツイは次のように回想している。「水爆実験の継続は〔中略〕米国の威信を著しく低下《ママ》させていた。市民団体は連日のように私のもとを訪れ、降下物の危険性に対する米国の「明らかな無関心」に懸念を表明した。私は各団体に米国の立場と、米国が国連を通じて原子力の利用や制御に果たしている役割を辛抱強く説明した」(Fotouhi papers, pp. 206–207)。

実際、フツイと米国政府にとって、自国による膨大な量の核の蓄積と実験の繰り返しを擁護する重要な「防御線」は、それを戦争のための力としてだけでなく、平和のための力であると主張することだった。これは国連でアイゼンハワー大統領が開始したA

ＦＰキャンペーンの背後にある論理でもあった。これらのキャンペーンでＡＦＰは軍縮や超大国間の緊張緩和と結びつけられた。一九五五年一二月に森瀧がアイゼンハワー大統領やその他の世界の指導者に核実験の続行に抗議する書簡を送ると、フツイは森瀧に回答しなければならなくなった。広島の地元紙でも公にされた五六年二月の回答の中で、フツイは、米国は一貫して原子力を国際的な管理下に置き、軍縮を進めようとしている（この立場はソ連に阻まれている）と述べた上で、「米国政府は原子力の平和利用を推進するための国際的なシステムを作ろうとしており、そのために多くの国々と協力する協定に署名している」と主張した。

だが、フツイの回答に森瀧や世論は納得しなかった。読売新聞は五六年二月五日の社説でフツイを攻撃し、「核実験禁止の問題がはぐらかされている」と指摘した。当時、読売が日本へのＡＦＰの推進面で米国と密接な協力関係にあったことを考えると、この批判は奇妙に思えるかもしれない。読売は、日本人に原子力の恩恵を伝えるため五五年一一月に東京の日比谷公園で始まった、一大キャンペーンのスポンサーであった。だが、核実験に強く反対することと原子力を支持することは矛盾していなかった。重要なことは、森瀧やその他の被爆者が広島への原子力の導入とＡＦＰ博覧会に反対しても、原子力平和利用の考え方そのものに反対ではなかった点である。まったく逆であり、浜井信三広島市長など著名人を含む一部被爆者もＡＦＰを熱烈に支持しており、それを「死」の力である軍事用原子力とは対極の「生」の力と考えていた。その結果、今堀誠二がその著作『原水爆時代——現代史の証言』（上・下巻、一九五九—六〇、三一新書）で述べたように、原子力は進歩と解釈された。つまり暗い過去の原子力から明るい未来の原子力への移行と解釈されたのである。

そうした態度は日本で広く共有されていた。原子力を科学や進歩と結びつけることは、日本の思想界全体を支配していた近代化言説の自然な延長であった。イッティ・エイブラハムはインドの原子力計画に関する研究(Abraham 1998)の中で、ポストコロニアルの非西洋世界で、原子力は発展や国力の言説とからみあったと述べている。自由民主党の中曽根康弘や読売新聞社主の正力松太郎ら、原子力の有力な旗振り役も同じように考えていた。中曽根はその有名なコメントで、もし日本が「二〇世紀最大の発見」に加わらないと「永久に四流国家のままだ」と指摘した。そうした不安が、最近CIAの公文書で米国のエージェントであったことが発覚した正力を含む人々を、米国との協力に駆り立てることになった。エイブラハムが記しているように、「ポストコロニアル」のエリートや、(ある程度)このカテゴリーに入る占領時代後の日本人エリートは、先進国と自分たちの立場を比較して、大きな不安を口にしていた。エイブラハムによれば、「ポストコロニアルの時代は常に待機している時代であり」、「先進国では普及していても自分たちの国では後れを取っている条件を通して、現在の中に未来を見ることのできる時代である」(Abraham 1998, p. 19)。この不安が切迫感を生み出し、近代化や合理化に対する強い欲望に変わっていった。

それは経済のみならず、市民のメンタリティも変えたいという欲望であった。これは啓蒙に由来するプロジェクトであり、日本人には非常になじみ深いものだった。明治以降の日本のエリートは、市民を近代化し教導しようとした。原子力平和利用博は明治以降の日本で人気があった多くの博覧会と同じく、知らしめ教え込むのに加えて、民衆の間に科学の力に対する畏敬の念を生じさせる方法でもあった。巨大な原子炉や宇宙船、難解な科学用語を目にした民衆は抵抗できなかった。ふたたびエイブラハムを引き合いに出せば、これは多くの点で「近代のフェティシュ〔物神〕としての科学」であった。核エネルギーは科学の勝利とみなされた。これに反対することは科学と理性に反対することであり、過去にとらわれることは「進歩に反対する」ことだった(Abraham 1998, p. 20)。

原子力の平和利用で広島を塗りつぶす

ただし、科学にどれほど畏敬の念を覚えさせても、それで万事決着というわけではなかった。広島での原子力平和利用博は多難なスタートとなった。資金の制約や十分なスペースが確保できなかったため、市は原爆資料館から二〇〇〇点の陳列物を持ち出し、展示スペースを作った。地元の人々や広島原水協は警告を発し、行動に出た。森瀧は原水協のトップとしてその先頭に立っている。これは博覧会を歓迎した浜井信三など他の活動家や政治家とは逆の動きであった。

広島でこうした議論が起きたのはこれが初めてではない。米国のシドニー・イエーツ下院議員が広島に「平和と協力のシンボル」として原子力発電所を建設しようと提案した一年前にも、反核運動をめぐって同じような分裂が起きていた。しかし、一九五五年と五六年のAFP問題への反対の立場は異なっていた。原子力発電所建設への反対理由の中では、広島がふたたびソ連の攻撃の標的になる危険性があるというものが多かった(私は他のところでもっと詳しく説明している[Zwigenberg 2012])。

それに対してAFP展の場合は陳列物が持ち出されるという理由で反対運動が起きた。原水協は次のように説明した。「私たちは博覧会に反対するものではない〔しかし、資料館をこういう形で用いることには反対である〕。これらの原爆の陳列物の背後には二〇万人の犠牲者がいる〔中略〕これらは博覧会よりも重要であり、移動すべきではない」。

もっと強い怒りの声を上げた人々もいる。フツイは新聞記事を引用しながら主な怒りの声を列挙している。「この町を破壊したエネルギーは、今やその永久の住処からもっとも神聖な遺品を撤去する道具として使用されている。元の場所に戻される可能性がないままに」(Fotouhi papers, p. 198)とある被爆者は主張した。別の住民は当時広がっていた不安を指摘した。この博覧会には強力な放射性物質が収められることになり、その結果「私たちの町をふたたび汚染する」(Fotouhi papers, P. 198)ことになる、と。しかし、森瀧や他の人々が表明したもっとも説得力のある声は、「市と県にこうした資金があるなら、それを被爆者の福利に回すべきである」というものだった(Fotouhi papers, P. 198、広島市編 一九八四、二〇九頁も参照)。

批判に応えて、博覧会の主催者は五六年三月に公開シンポジウムを開催し、そこでこの問題について議論した。五月二七日の博覧会開幕が二カ月後に迫っていた。中国新聞の論説委員が口火を切り、「数十万の人々が、この博覧会を、破壊的な原子力を多くの面で平和的に活用する奇跡的なものと考えている」(Fotouhi papers, p. 199)と述べ、広島市民に遅れを取らないよう促した。フツイもこの会合で同じような意見を表明している。「広島の人々の友人として、コミュニティの一員として、私は広島の人々が、原子力が今人類にもたらしている多くの恩恵を目にする機会を逃すべきでないと思う。したがって、わが政府は広島での博覧会を予定通り進めることに賛成である」(Fotouhi papers, p. 199)。同論説委員から、この博覧会から原爆展示物を完全に撤去するよう求められたフツイは、この博覧会は「そうです。平和利用面だけの博覧会です。原爆による暗い面はしばしばこれまでいわれてきたし、平和利用の面をもって皆さんに知ってもらうことがこの博覧会の目的です」(『中国新聞』一九五六年三月二二日付)と回答した。

被爆者の代表はこうした姿勢に抗議したが、口調は激しくなかった。広島市子供を守る会会長の山口勇子代表は、AFPが反核運動のメッセージを薄めることになるのではと懸念した。広島県原爆被害者団体協議会の藤居平一はこの問題に関する組織の立場を繰り返す一方、原子力の「暗い面」は無視できず、それも組み込むべきだと語った。両者は放射能に対する不安も表明した。

これらの反論に広島大学の藤原武夫は異論を唱えた。藤原は自分の言葉の持つ歴史的なアイロニーに気づかずに、「アメリカのような先進国が、保護されていない核分裂物質をあらゆる国に持ち込むと考えるのはばかげている」と会合で語った(中国新聞のシンポジウムに関する記事はこの意見交換に触れなかった。これはフツイの論文からの引用かもしれない。Fotouhi papers, p. 200)。別の住民が資料館内の展示品を遺品と呼ぶと、藤原はそれに抗議し、エリートらしい懸念を示しながら、「資料館とは何でしょうか？　それは神殿でしょうか？　宮島のような場所でしょうか？　もしそうなら、なぜ神殿のような構造にしないのですか？　それが将来の人々の福祉につながるのなら、なぜ私たち祖先はそれに反対するのでしょうか〔中略〕私たちは平和的な生活の基本原則を理解する必要があります。私たちは、未来が約束するものを見なければなりません。遺品に対する非合理な愛着が科学の道を阻んではなりません」と語った(Fotouhi papers, p. 200)。

五六年四月、森瀧は米国に向けて核実験に抗議する二度目の手紙を送った後、この問題をめぐってフツイと直接対峙した。森瀧の四月二五日の日記の書き出しには、「この博覧会のために資料館から原爆の展示資料を絶対撤去すべきでなく、市内の被爆者の感情に耳を傾けるべきだと、館長〔フツイ〕を説得しようとした。最後に、いささか語気を強めて「私があなただったら、こんなことは絶対しない」と言った」とある。これに対してフツイは次のように答えた。「私は平和利用で広島を塗りつぶしてみせます。いいですか。平和利用です! 待っていて下さい!」。この怒りは、いつも穏やかで礼儀正しいフツイに似つかわしくないが、ここには進歩への道を阻もうとするものへのいらだちがうかがわれる。イランの改革志向の地主の家に育ったフツイは、父親の前にたちはだかって電化や灌漑計画を妨害しようとする人々に、同じような敵意を示すことがあった(父親の影響もあって、フツイはイラン北部にソ連が侵攻した際、自分の家に火を放った共産主義者に反感を持ったようだ)。

しかし、広島市がAFPに非常に積極的だったため、フツイは反対の動きを抑えるために奮闘する必要はなかった(ACCは博覧会の五つの後援者の一つにすぎなかった。広島市、広島県、広島大学、中国新聞もそれを熱烈に支援していた)。被爆者はアメリカ文化センターに反対したばかりか、博覧会を支持する市の有力者らにも反対した。フツイがコメントしているように、「「平和都市」であることを誇る広島がなぜ原子力平和利用を支持しないのか?」。博覧会の主催者も原子力平和利用を未来へのうねりであると主張する際に、この論理を活用し、戦争の暗さから平和の明るさに移行しようとする広島自身のメッセージを強調した。広島市もまったく同じ線に沿って再建を図ろうとした。四九年の広島平和都市建設法は平和都市の構築を理性の大都市の構築と重ね合わせた。広島市のメッセージの多くが変化と転換に関わるものだった。記念館を設計した丹下健三は自らの仕事を精神的な再生の一環と考えた。これは「広島を平和の工場にする」ことで実現されるであろう。「未来へのカギ」とされる核エネルギーを受け入れることは、平和を工業的な近代化と重ね合わせるこうした動きの延長線上にあった。

米国文化情報局(USIA)東京支部長のジョセフ・エヴァンスは、注目すべき文書である博覧会の公式小冊子(英)で、来場者に次のように語りかけている。「〔私は〕日本の方々に見ていただいて、明日の世界における原子力の本当の役割を理解してもらいたい〔中略〕〔原子力が〕どれほど経済発展に貢献し、余暇を増やし、福利を増大させ、寿命を延ばすことができるか〔中略〕〔そして〕平和の達成に貢献するかを」。この小冊子は、原爆のことには一切触れずに、農業、医療、工業、輸送への原子力の活用を、未来風の機械の豪華なイラストで説明している。地元のメディアは博覧会の開会日に全面協力して賞賛し、「新たな文明」について語り、人間が「第二の太陽」を支配したとした。県の商工会議所の所長は新聞に次のように語っている。「私たちは素晴らしい時代に入りつつあります〔中略〕〔それを目にするために〕年をとるのは楽しみです。〔この時代は〕驚異に満ちており、〔私たちは〕

それを起こすための基盤を〔築いているのです〕」。

他の人々とりわけ科学者らは、原子力を理解する意義を強調した。原爆傷害調査委員会(ABC C)の中泉正徳は次のようにコメントしている。「広島は核の力と切り離せない関係があるから、〔それについての〕正しい認識を持つべきである」。前の〔そして後の〕広島市長浜井も同じような考えを持っていた。「私はこれについてさまざまなことを耳にしている。それをまず考える必要がある〔中略〕人々が核の力に関する理解を深めるのが第一歩である」。アメリカの科学と進歩の考え方を中立的で肯定的な価値とみなすのはお決まりのことだった。

一〇〇万人目の来場者にテレビを!

しかし、深刻な懸念もあった。主なものが放射能である。日本ペンクラブの田辺耕一郎〔作家〕は「私も基本的に原子力に賛成である〔中略〕それは文明を新たな段階に引き上げる。それは非常に好都合なことだ」と答えた後、次のように付け加えている。「一つ問題がある。放射能である。発電に使用した後で大量の放射能が残る。米国では放射性物質を地中深くに埋めるという。それを海底に投棄するという発想もある〔中略〕〔そこでは〕水生生物や海洋生物に危険が及ぶ〔中略〕〔博覧会は〕死の灰の問題に対する私の懸念を拭い切れない」。森瀧はさらに毅然としていた。「広島の人々はとくに放射能に敏感になっている〔中略〕〔そのため〕核の力を持つ前に、放射能をもっと理解すべきである。〔さらに〕原子炉で燃えカスをどう処理するのか? それがどこにも示されていない〔中略〕原子炉が機能しなくなった場合どうするのか、あるいは燃えカスをどうするのか、示されていない〔中略〕〔そして〕死の灰の危険について。その疑問にこたえるものをみせてほしい」。

これらの批判的な意見は、広島のすべての人が納得していたわけではないことを示している。しかし、こうした意見は少数派だった。そして、博覧会が進むにつれて、こうした声はいっそう小さくなっていく。

広島のための催しを台無しにはしにくかった。原子力平和利用博は市にとって一大イベントだった。ほとんどの日本人が貧しかった五〇年代(フッイは原爆投下の一〇年余り後、瓦礫の山の間をクルマで通り過ぎたことを記憶している)、博覧会はこの町に別世界の色彩やものの見方を運んできた。訪れる人々は最新のテクノロジーの話に耳を傾け、情報やパンフレットのシャワーを浴びた。すべてが未来的な想像力と明るい色彩に満ちていた。博覧会の巨大な横断幕や、その上ではためく多くの国々の旗(AFPの一部となっていた)が博覧会に「お祭り気分」をもたらしていた。新聞も連日のように博覧会の特集記事(漫画も含む)、観客の反応、さまざまな関連ニュースで盛り上げた。展示物の中には、実験用原子炉の実物大の模型、電光を使用した核分裂反応を示すモデル、核物理学を紹介するパネル展示などが含まれていた。もう一つのテーマが原子力の医療に対するメリットと、その宇宙競争への活用であった。とくに脚光を浴びたのが「マジックハンド」、つまり機械じかけの腕の展示である。来場者らは実際は放射性物質を扱うために設計されたこの機械を操作して「文化社会」と書き、核技術を明治以降の日本の文明開化の精神になぞらえた。

そして明治の改革者のように、AFPの推進者も日本人の精神を変えることができた。博覧会を訪れた、広島および平和運動のもう一つのシンボルである原爆乙女の一行は、「私たちは原爆の犠牲者なので、最初〔この博覧会のことを〕心配していました〔中略〕しかし、会場を一巡してみて原子力がいかに人類に役立っているかが分かりました」と書いた。おそらく、こうした変化がもっとも如実に表れたのは、（日本で）一〇〇万人目の来場者が博覧会を訪れたときだった。学校の生徒であったこの幸運な来場者（団体客が大挙して来場していた）には、当時貴重品だったテレビが贈られた。テレビを贈ったのはフツイと接触を図った地元の商店主で、自身も被爆者であり、フツイに次のように語っている。「私の両親と子供はみな原爆で亡くなりました。博覧会を見て、核エネルギーが人類の未来の福利に役立つことに感動しています。だから、一〇〇万人目の来場者に大きなテレビセットをあげたいと思ったのです」。これはアメリカ人とその地元の支持者が夢見ていた以上の成果だった。

テレビの贈り物は、AFPが立脚しているものを示しているがゆえに、象徴的で適切極まりないものだった。大半の日本人にとって近代化とは、科学の実験室や原子炉だけにとどまらず、洗濯機や扇風機でもあった。イラン系移民であるフツイは近代化の強力な信奉者であり、たびたび自らの経歴に言及した（それは日本人が置かれていた状況と関連があった）。フツイは自らを、クリスチナ・クラインのいうアメリカの「統合の政治」（Klein 2003, p. 16）の体現者とみなしていた。そこではアジア系の「他者」でも冷戦の西側の一員になることができた。それはフツイにとって冷戦戦略であるばかりでなく、自分の歴史そのものだった。フツイは日本人も自分と同じ道を歩めると考えており、そういう点からもアメリカ人来場者の傲慢さに我慢がならなかった。フツイは日本人と連帯感を共有するために、あらゆる努力を惜しまなかった。日本に近代をもたらすという夢は、彼の演説や日記に繰り返し登場するテーマだった。ＡＦＰはそのためのツールであった。

それは彼にとってだけでなかった。インドの主要な原子力科学者のホミ・Ｊ・バーバも一九五五年にジュネーブで、非西欧人にとってのＡＦＰの意味を踏まえながら、「原子力は〔中略〕途上地域の完全な工業化を〔実現できる〕、私たちの文明の継続とさらなる発展にとって原子エネルギーは〔中略〕不可欠である」と演説し、「インドのような広い国でも、誰もが最終的には現在の米国のレベルに匹敵する生活水準に届く」(Krige 2010, p. 152)と続けている。ＡＦＰは「近代への飛躍にお墨付きを与える」と彼はしめくくった。「近代への飛躍」と「米国の生活水準への到達」、これこそ日本人が望んだことだった。ＡＦＰが米国からの輸入品の一部に他ならず、日本人はそれを心から受け入れたことを記憶しなければならない。ＵＳＩＡは日本で、ジャズ、ウィリアム・フォークナー、近代的なキッチン技術と並んで、原子力を推進した。アメリカ文化センターは政治的な進歩と、物質的な快適さ、科学の進歩を合流させるために全力を尽くした。これは「原子力発電所の応用による急速な経済、文化、社会改良」について語るＵＳＩＡの容認された政策の一環であった。

ＡＦＰへの抵抗――その可能性と限界

アメリカ文化センターの前身は、連合国軍最高司令官総司令部（SCAP）幕僚部の一部局だった民間情報教育局（CIE）の運営する図書館であり、日本人を再教育し民主化するキャンペーンに携わっていた。越智博美が指摘しているように（Ochi 2010, p. 100）、この民主主義のためのセンターには、多くのアメリカ映画や雑誌や書籍が集められ、米国の豊かさを示していた。たとえば、一九四九年四月に朝日新聞は「ファッションの季節」と題する巨大な絵を掲げ、「東京のCIE図書館は、米国のファッション雑誌を読もうとする若い女性で非常に混み合っている」（Ochi 2010, p. 104）と説明している。越智が指摘するように、「日本人がほとんど英語を理解できない時代に、雑誌の中の米国のビジュアルなイメージは、豊かさとしての民主主義という新しい発想を提示する媒体の役目を果たした」（Ochi 2010, p. 104）。それらの雑誌には、「電化製品で溢れる台所で美しく着飾った幸せそうな主婦を際立たせた多くの広告が掲載されていた」（Ochi 2010, p. 104）。

台所と原子炉は一見関連がなさそうだが、消費主義は原子力平和利用博の重要な呼び物であった。原子炉が生み出すものはエネルギー、つまりは応用と新しい近代的生活様式のための電気エネルギーであった。これは日本以外の国にも当てはまった。オランダでは、ゼネラル・エレクトリック社の「未来の台所」がAFP博覧会に欠かせないもので、原子炉と同じくらい（以上とは言わないまでも）多くの注目を集めた。

事実、調理技術と家政学は広島におけるフツイ一家の重要な活動の一環であり、米国の対外戦略でもあったようである。フツイが米国の科学を促進する一方で、妻のアグネス・フツイは移動式の展示用キッチンとともに広島やその近県を回って「平均的なアメリカ人の暮らしぶりを紹介した」。USIAのパンフレットによると、彼女は米国式調理法と改善された日本の家事を紹介し、さらに安価で栄養に富んだ食事の作り方を教えた。地元の新聞に西洋音楽について執筆したアグネス（自らも琴を演奏し、尺八を演奏する夫とともに合奏した）は教える機会を得られたことに感激し、朝日新聞によると、日本女性も「科学的な家政学〔の授業〕を熱烈に受け入れた」。

アメリカ人の夫が日本で「男性的な」外交や軍事的な仕事に携わっている場面に、妻が参加するのは珍しいことではなかった。フツイやその他の外交官は、米軍の家族をたびたび日本人との「人と人との外交」に活用している。フツイはこれを「純然たる交流〔を通じて〕垣根を超えること」と説明した。米国政府は米国の大学と協力して、こうした慣行を制度化した。沖縄でも同じような家政学プログラムを開催している。男女間のこうした役割分担は、「ソフト」（女性）と「ハード」（男性）のパワーに対応していると考えられよう。しかし、小碇美玲が指摘するように、女性の側は「近代的で」「科学的で」「アメリカ的な」調理法や家庭管理学を学んだり教えたりしながら、近代世界の空間で自らの立場を主張したというように、男女の役割を二分する見方は、いささか単純すぎる（Koikari 2010, p. 85）。日本人は男女を問わず、それが「栄養のある」食事であろうが原子炉であろうが、より「科学的で」「近代的で」ありたいと願っていたからだ。

ジョン・クレイグはAFPを「欲望教育の〔中略〕訓練」と見事に言い表している（Krige 2010, p. 152）。インドなど植民地時代を経験した国でのAFP支持について研究したクレイグは、AFPを非西欧人の近代化への欲望の回路と解釈した。そうした解釈はとくに日本の場合に当てはまり、そこでは戦後においても、近代化への要請はほとんど疑問に付されなかった。日本の知識人の間には近代を疑問視する根強い伝統があったが、それも一九四〇年代から五〇年代にかけてほとんど消え失せていった。小林秀雄や京都学派の哲学者である西田幾多郎などの思想家が長らく探求した「近代の超克」などの考え方は、ファシズムと帝国主義に汚染されたため、四五年以後は脇道に置かれた。こうした環境下で、AFPとアメリカナイゼーションを進歩と豊かさと重ね合わせるアメリカ文化センターの独自戦略に抵抗するのは非常に困難であった。

森瀧市郎ですら、五六年八月に長崎を訪れた際には、被団協の創立宣言の一部として次のように表明している。「原子力は〔中略〕絶対に人類の幸福と繁栄の下僕に変えなければならない。これは私たちが生きている限り持っている唯一の欲望である」。森瀧がAFPの考え方を完全に否定して、「核エネルギーと人類とは共存できない」と考えるようになったのは七〇年代のことだった。その理由は複雑すぎてここで詳しく説明できないが、こうした変化は、原子力に反対し始めた国際的な活動家と接触するようになった森瀧が、放射能の問題に深い懸念を抱くようになったためである。重要なことは、六〇年代に入ると、日本が五〇年代に経験した急速な近代化と経済成長に対する最初の揺り戻しが起きたことである。〔森瀧が主導する〕原水禁の立場の変化は、水俣病などの事件が日本の「明日の夢」をかき乱し、環境問題が深刻化するのと並行して起こった。七二年に原水禁は次のような決議を採択している。「原子力の導入に反対しよう〔中略〕それは大きな環境破壊と放射能汚染の原因になるだろう」。森瀧は、この変化が「核問題に対する認識が深まった結果であり、その背景には急速な経済成長に伴って日本で発生した環境破壊と汚染の加速があった」と振り返っている。

このように、原子力に対する抵抗が起きたのは、近代とそれに伴う代償への疑念があらためて沸き起こったときだった。そのときですら、そうした立場が少数派であったことは記憶しておかねばならない。森瀧によると、原水協はまだ原子力に反対することに二の足を踏んでおり、「科学に反対する」行動とみなされたくなかった。それこそ本当の意味でのＡＦＰの持つ力であった。ＡＦＰの進歩と科学と豊かさの合流は非常に強力なツールであった。それは「明るい未来」と「明るい平和」に対する日本人の欲望、「明日の夢」という消費者の欲望と資本主義のヴィジョンとの重ね合わせの上に構築された。このプロジェクトは明治時代の文明開化のスローガンの自然な延長線上にあり、日本人が世界中の多くの国々と共有する近代化への道の一環と解釈された。双葉町と日本にとって破壊的だったのは、それが二一世紀まで日本人の想像力をとらえ続けたことである。「明るい未来のエネルギー」は、ある双葉町の芸術家が述べているように、「破滅の未来のエネルギー」であることが判明した。

（伊藤茂訳）

参考文献

広島市編『広島新史　歴史編』広島市、一九八四年。

Abraham, *Itty The making of the Indian atomic bomb: science, secrecy and the postcolonial state,* London: Zed Books, 1998.

Fotouhi papers（フツイ文書、未刊行）

（アボル・ファズル・フツイの長女であるファリダ・フツイ氏の惜しみないご協力、とりわけ父君の未刊文書へのアクセスをお許しいただいたことに感謝します）

Klein, Christina *Cold War orientalism Asia in the middlebrow imagination, 1945–1961.* Berkeley: University of California Press, 2003.

Koikari, Mire "The World is Our Campus": Michigan State University and Cold-War Home Economics in US-occupied Okinawa, 1945–1972, Gender & History, Vol. 24 No. 1, pp. 74–92, 2010.

Krige, John "Techno-Utopian Dreams, Techno-Political Realities. The Education of Desire for the Peaceful Atom" in Michael Gordin, Helen Tilley and Gyan Prakash, eds, Utopia/Dystopia, Historical Conditions of Possibility, Princeton: Princeton University Press, pp. 151–175, 2010.

Ochi, Hiromi, Democratic Bookshelf: American Libraries in Occupied Japan Barnhisel, Greg, and Catherine Turner (ed.) *Pressing the fight: print, propaganda, and the Cold War.* Amherst: University of Massachusetts Press pp. 89–111, 2010 Book.

Zwigenberg, Ran "The Coming of a Second Sun: The 1956 Atoms for Peace Exhibit in Hiroshima and Japan's Embrace of Nuclear Power" The Asia-Pacific Journal Vol. 10, Issue 6 No 1, 2012.

Zwigenberg, Ran *Hiroshima: the Origins of Global Memory Culture.* Cambridge: Cambridge University Press, 2014.

3 MARSHALL ISLANDERS

マーシャル諸島のひとびと

——潮に逆らって闘う

ジョン・アンジャイン…1923-2004 ◉ 1954年の「ブラボー」水爆実験の当時、ロンゲラップ環礁の行政官(村長)。放射性降下物を浴び、後に米国の科学者によって生物医学実験のために米国に移送される。長年にわたり、島の人々の正義のための闘いを先導したが、子供たちともどもさまざまな放射能関連の病気に罹り、息子のひとりを白血病で亡くした。

ダーリーン・ケジュ＝ジョンソン…1951-96 ◉ 1970年代から90年代にかけてのマーシャル諸島でもっとも傑出した反核活動家のひとり。ウォッジェ環礁で育ち、米国によるビキニでの核実験で被爆し、その後の人生を、米国政府による承認と補償を求めて闘うマーシャル諸島の人々の健康や教育やエンパワーメントのために捧げた。

大石又七…1934- ◉第五福竜丸の23名の乗組員のひとりで、「ブラボー」水爆実験中のビキニ環礁で被爆。事故当時20歳で、自身も放射線関連の病気に罹っていたにもかかわらず、仲間の漁船員を支援し励まし続けた。核兵器反対運動に積極的に関わり、4冊の著作のうち1冊が英訳されるなど、ビキニ環礁で起こったことを世界に伝えている。

グレッグ・ドボルザーク

終戦間近の西日本を揺さぶった破滅的な原爆の直後に、ヨーロッパのデザイナーが自作の「爆発的に」セクシーな女性用水着に注目させたいがために、「ザ・ヒロシマ」と名づけたと想定してみよう。この新しい水着が大人気になったため、世界中の人々が、核兵器そのものの黙示録的な恐ろしさはもちろん、広島と長崎のトラウマを忘れ始めたと想像してみよう。「ザ・ヒロシマ」が真夏のビーチでの楽しみやエロチックなファンタジーの同義語になったと想像してみよう。

こうした想定は非常識でばかげていて信じがたいと思われるかもしれないが、ヒロシマをビキニに置き換えてみれば、これが現実に起こったことだと分かる。マーシャル諸島共和国は広大で非常に美しい二九の環礁(そこに数千の島々がある)と五つの島から構成される海洋国家で、中部太平洋の二〇〇万平方キロを占めている。ビキニはそれらの環礁の一つにすぎず、優れた航海技術を持つ人々が三〇〇〇年以上も暮らしてきた。ビキニはマーシャル諸島北西部の多くの環礁とともに、マーシャル諸島の創世に関わる聖なる始まりの場であり、多くの神々の場である。ビキニとはマーシャル語で「ココナツがたくさんある地」を意味し、その豊かさを象徴的に表している。

しかし、エノラゲイとボックスカーによる広島と長崎への原爆投下後一年足らずのうちに、米国海軍はビキニを核爆弾改良のための実験場に指定し、同環礁の環境破壊を開始し、マーシャル諸島の人々に想像もできないほどの苦難をもたらすことになった。一九四六年七月のビキニでの最初の核実験から数日後、パリに住むエンジニアでファッション・デザイナーのルイ・レアールは、新聞の見出しのビキニという響きに惹かれ、自分が開発した水着をビキニと呼ぶことにした(Teaiwa 1994, p. 92)。その後数十年経って、「ビキニ」は一般的な言葉になったが、まったくの誤解に基づくものだった。

「世界平和と人類のために」

一九四六年二月一〇日の朝のことである。米国海軍の上陸用舟艇が外洋の荒波をくぐり抜けて穏やかなラグーン(潟湖《せきこ》)に入り、ビキニ島に近づいていた。その後、当時米国海軍の占領下にあったマーシャル諸島の司令官ベン・H・ワイアット准将は、マーシャル諸島出身の通訳を連れてビキニの砂浜に降り立ち、整理された珊瑚の砂利道を進んでいった。ワイアットは村人全員を集めて重要な会議を行う手はずを整え、そこで米国政府にとっての特別な取り決めを行うため、ビキニの伝統的な首長イロージのひとり、ジューダと話し合うことにした。マーシャル諸島の土地保有制度では指導者は複数いるにもかかわらず、米国側は、たったひとりの指導者がいるはずだという西洋的な考え方に基づいて、ジューダを「ジューダ王」と呼び、その権威を強化した。ワイアットは、米軍の新兵器のことにそれとなく触れながら、島の人々を前にして、ジューダ「王」に「人類の幸福のためとすべての戦争を終わらせるために」ビキニ環礁を一時的に使用する許可を求めた。

日米間の痛ましい戦争の恐怖と精神的な傷からようやく回復し始めていた矢先のこの提案は、ビ

ジョン・アンジャイン．撮影＝W. ニコラス・キャプテン氏．

ダーリーン・ケジュ＝ジョンソン．提供＝ギフ・ジョンソン氏．

キニのマーシャル人にとって不可解でやっかいなものだった。ほとんどの島の人々が困惑し、疑心暗鬼になり、同意をためらっていた。しかし、ワイアットは辛抱強く、悪の攻撃から神の民を守ろうとしていると説明し、ビキニ住民の苦難を旧約聖書のイスラエルの民の出エジプトの物語になぞらえ、「昼は雲の柱が、夜は火の柱が」民を導いているとした(Lal and Fortune 2000, p. 257)。戦時中に米国の力を思い知らされていた島の人々は、内心ワイアットの要望を受け入れるしかないと思っていた。議論が果てしなく続くなか、疲労困憊し割り切れない思いのジューダはようやく立ち上がり、ビキニの人々は神の手に信頼を託し、米国に手を貸すと表明した。

一カ月後、ワイアットは映画の撮影隊を伴って戻ってきた。今回、通訳のジェイムズ・ミルネは軍服に身を包んでいた。一行は日曜の朝のビキニ住民との交渉を映画に収め、人々の避難の場面も

大石又七．撮影＝編集部．

収めようとしていた。

「テイクワン」。カメラの前にカチンコが登場する。「いいかね、ジェイムズ」とワイアットはゆっくりと語り始め、「米国政府はこの一大破壊力を人類に役立つものに変えたいと願っており、ビキニでのこの実験がその第一歩だと伝えてくれたまえ」と言った。ジェイムズ・ミルネがそれをすばやく簡潔なマーシャル語で説明すると、ジューダはすぐさま立ち上がり、ジェイムズを介して「エンマン(よろしい)」、すべて了解した。それは神の手にある」と語った。ワイアットは微笑みながら立ち上がって通訳に、「彼らとジューダに、神の手にあるものが悪いはずはない、と伝えたまえ」と述べた。

テイクツー。テイクスリー。テイクフォー…。不満や抵抗の痕跡が完全に消えるまで、何度も撮り直しが行われた。こうして厳しく編集し直され、枠にはめられた白黒の画面はマーシャル諸島への核兵器の到来の最初のシーンとなり、核実験をささいな迷惑事のように描いていた。ナレーターは快活な声で次のように説明している。「米国の担当者がビキニ住民と環礁からの避難計画を話し合っている。島の人々は遊牧民であり、ヤンク(アメリカ人)が生活にわずかばかりの変化をもたらしてくれたことを非常に喜んでいる」(Horowitz 2011)。

ビキニ住民は二〇〇キロ東のロンゲリック環礁の小さな無

人島に移された。マーシャル諸島の人々は操船技術に秀でた船乗りであったが遊牧民ではなく、生活にいかなる「変化」を求めてもいなかった。ビキニ住民は島の伝統を尊重していた。そこは祖先が戦って勝ち取った場所であり、島と環礁のあらゆる場所のことが古代から現在まで語り伝えられており、マーシャル諸島の各集団には、家族や部族を通じて、それぞれの土地と固有の結びつきがあった。土地との結びつきがなければ本当のマーシャル人とはみなされなかった。しかし、米国人はそんなことには構わず、島の人々は自らの島々の違いさえ知らないと考え、ビキニ住民がロンゲリックから帰還したいと望む理由などないと解釈した(Davis 2005, p. 607)。

米国の軍事戦略家が信じたマーシャル人の「移動性」は別にして、おそらくトルーマン政権がマーシャル諸島を選んだ理由は、それが第二次世界大戦で日本から勝ち取った「戦利品」であったためである。マーシャル諸島は三〇年近くの間、ほとんどの北ミクロネシアとともに、国際連盟による委任統治領として日本の統治下に置かれ、南洋群島と呼ばれていた。このことは、米国本土とハワイ、グアム、東アジアの強力な結びつきを確保したかった米国にとって大きな懸念の種だった。一九二〇年代から三〇年代にかけて、数万人の日本人や沖縄の人々が南洋群島とりわけパラオとサイパンに定住し、その数は元々住んでいた島の人々の数をはるかに上回った。

マーシャル諸島に住む日本人は少なかったものの、大日本帝国の東の端の国境線であり、ジャルート環礁(当時南洋庁ヤルート支庁が置かれていた)には日本人街があり、多くの日本の店舗と地元企業でひしめきあっていた。マーシャル諸島のいくつかの環礁では鰹節とコプラ(乾燥させたココナッツの果肉)

業が盛んで、多くの島々には電気が引かれ、公立学校や病院もあった。一九三〇年代後半から四〇年代初頭にかけて日本によるマーシャル諸島の軍事化が始まると、軍事基地建設のために民間人は移転を迫られ、そこに数多くの日本軍兵士が送り込まれた。一九四四年の上陸作戦の際には、クワジェリン環礁とエニウェトク環礁(日本統治時代や戦時中はクェゼリン環礁とブラウン環礁とも呼ばれた)に対する米軍の大規模な攻撃によって、およそ一万名の日本軍兵士が死亡している。なお、これらの二つの場所は後の冷戦中の核実験計画でも大きな役割を担うことになる。

戦争の残骸が散らばり、米国が「原始的」とみなした人々がまばらに暮らすこれらの島々のすべてが、核実験の第一候補地であった。一九四七年の国連信託統治協定の下、で、米国は住民に民族自決に向けた教育をほどこすという条件で、日本の旧ミクロネシア植民地を正式に戦略指定区域にした。しかし、米国はオセアニア北部全域への支配権を握ると、これらの島々を自国の防衛のために使用したいという欲望をむき出しにするようになる。その結果、米国の軍事主義とマーシャル諸島での核実験は今日まで延々と続くことになった。それゆえ、マーシャル諸島の多くの年配者

避難するビキニ島のひとびと.

が、太平洋戦争はまだ終っていないと信じているのも不思議ではない(Carucci 1989, pp. 76–77)。

ビキニ住民がロンゲリックで困難な生活を始めてから数カ月後、米国は「クロスロード作戦」に基づいて太平洋での核実験を開始した。イロージのジューダは、不安を覚えながらも米国高官の招きに応じ、海軍の艦船からこれらの実験を見守った。帰還して語ったことは、爆発は見たこともないほど恐ろしいもので、閃光が走ってキノコ雲が発生し、信じがたいほどの爆風が吹いたが、島々に変化はなく、豚がまだ歩き回っていたとのことだった(Niedenthal 2001, p. 3)。この報告から島の人々はすぐにもビキニに戻れると期待したが、その期待はやがてしぼんでいく。

ロンゲリック環礁にあるビキニ住民の仮設住居は本来部外者立ち入り禁止の場所で、首長らだけが戦士たちの働きに報いるため使用が許されていた。それに加えて、マーシャルの口承伝統によると、ロンゲリックは精霊や危険なものがさまよう災いの場とされていた。また、米国海軍から数週間分の食料しかもらわなかったビキニ住民は、食料が尽きてしまうと、植物の苗木を手に入れるか、有毒とされる魚を食べるしか手がなかった。しかし、米当局は、一九四八年にビキニ住民が飢餓に陥りそうになるまで彼らを移住させようとしなかった。やがてビキニ住民は最初クワジェリン環礁、次に無人のキリ島に移住させられ、今日も多くの人々がそこで暮らしている。

一九四七年一二月に歴史は繰り返された。軍の当局者がビキニの西三〇五キロにあるエニウェトク環礁を訪れ、住民に「すべての人類の平和と自由」のために家と大切にしていた土地から立ちのくよう求めたのだ(Carucci 1997, p. 3)。エニウェトクは四年前まで日本軍の基地で、三三〇〇人以上の兵士と労働者が戦闘で命を落とし、同環礁のマーシャル人はいまだに戦争のトラウマを引きずっていた。地元マーシャル人の三〇％以上が亡くなっており、彼らは米国人を怒らせて、せっかく手にした戦後の比較的豊かで平和な生活を失いたくなかった(Carucci 1997, p. 4)。その結果、エニウェトクの人々は二〇九キロ南西のウジェラン環礁と呼ばれる不毛の環礁に移住することになった。そこはマーシャル諸島で最も孤立した環礁であり、植物が育たず、幾度も台風に襲われるため、長らく無人だった場所である。ウジェラン環礁に移住したエニウェトク住民の心は重かったが、ビキニ住民と同じように、これが短期間の一時的な滞在となることを信じ、そう願った。

エニウェトクの人々が自らの悲惨な追放の時代の始まりを堪え忍んでいた一方、米国は一九四八年四月にエニウェトクで一連の大気圏内核実験を開始し、三七キロトンから一万四〇〇〇キロトンの大規模な「マイク」水爆実験に至る九回の実験を実施した。米国がエニウェトクで実験を行っているころ、ビキニでは設定変更が行われており、より恐ろしい実験に切り替わろうとしていた。多くの環礁に住むマーシャル人にとって、これらの実験中に遠くの閃光を目にし、地震のような揺れを感じるのは普通のことになっていた。しかし、一九五四年になると、これらの実験のもたらす非人道性と恐ろしさが世界中に知れ渡ることになる。

空から「パイジン」が降った日

一九五四年三月一日、夜明け前のことだった。マーシャル諸島中の家族が眠りにつくなか、工兵隊はビキニ環礁で夜通し最後の仕上げ作業を行っていた。太平洋における一二回目の核実験、最初の「固体燃料」の水爆実験のためだった。彼らはこの実験を「ブラボー」というコードネームで呼んでいた。

同じころ、海上では日本のマグロ漁船、第五福竜丸が多くの漁船とともに、はえ縄漁を行っていた。一月二一日に静岡県の焼津港を出て以来、ずっと海の上での生活だった(大石 二〇〇七、一六頁)。二三名の乗組員のほとんどが二〇代で、戦後初めて日本から遠洋漁業に出て、水揚げした魚を新しい冷凍技術を使って静岡に持ち帰り、全国に出荷する予定だった。船長は海上保安庁からエニウェトクの周辺を避けるよう勧告を受けていたが、危険区域が拡大されてビキニも含むようになっていたことは知らず、乗組員に夜間の波が静かなうちに網を張るよう指示していた(大石 二〇〇七、二三頁)。乗組員のひとり大石又七は静岡県出身の二〇歳で、終戦直後に父親を亡くしたため、家計を助けようと一四歳で漁師になり、今回は冷凍の仕事に携わっていた。他の乗組員と同じく、危険区域の存在は知らされていなかった(Oishi and Falk 2011)。

ビキニでのそれまでの実験と違って、今回ロンゲラップの住民は避難せず、生活はいつも通りだった。女たちは台所で暗いうちから朝食の準備を始め、ココナツを挽き、鶏肉とコメを炊いた。男たちは潮の変化を利用してサンゴ礁から網を引き揚げた。しかし、六時四五分きっかりのことだった。突然閃光が朝の暗闇を切り裂き、耳をつんざくような轟音が静けさを破り、強烈な熱風が吹きつけてきた。風はロンゲラップ全体を吹き抜け、アルミの屋根は空高く舞い上がり、鶏も吹き飛ばされた。空の色は白から暗赤色そしてオレンジへと変わり、雲がサンゴ礁を包むにつれて青みがかった黄色に変わった。やがて空が「割れ」、その音が非常に大きかったため、ロンゲラップの人々は何が起こったのか直感した(Johnston and Barker 2008, p. 99)。海上では第五福竜丸に乗っていた大石が船窓からの明るい黄色い光で目を覚ました。甲板に上ると、同僚の乗組員が恐ろしいオレンジと赤のキノコ雲が西の水平線に立ち上るのを見て体を震わせていた。二度の爆発が続いた後、海全体に轟音が響くなか、乗組員は大急ぎで網を引き揚げた。

「ブラボー」は、米国の視点からは予想以上の「成功」を収め、一五メガトンという、広島に投下された原爆の一〇〇〇倍もの破壊力を示した。島全体が蒸発し、サンゴ礁の間に大きく開いたクレーターが残り、放射能が混じったサンゴ礁の巨大な雲を吹き上げた。その降下物は風に乗って数百キロも運ばれ、ロンゲラップや近くのアイリンギナ環礁とウトリック環礁に到達した。それらの環礁では、島全体とサンゴ礁が奇妙な有毒の粉で覆われ、すべての植物や動物の表面に付着し、飲料水に混じり、マーシャル人が髪を整える際に用いるココナツオイルにはりついた。その年以降、マーシャル人はこの粉を「パイジン」と呼ぶようになった。「毒(ポイズン)」という意味である。

他の人口の多い環礁に降下物が到達した後、ミクロネシアからグアムにかけて放射能の雲が発生した。島の人々は粉から逃れようとしたが、それはいたる所に降っていた。子どもたちは好奇心に駆られてそれに触った。数時間もすると、皮膚がかゆくなり吐き気やめまいがする人が続出した。ひどい頭痛や下痢のために倒れる人も相次いだ。第五福竜丸の乗組員は遠くから巨大なキノコ雲が成層圏を貫き、雨が降り始めるのを見ていたが、それとともに白灰色の粉が飛んできた。「パイジン」は彼らの目や鼻や口に入ってきた。二週間の航海を終えて日本に帰ろうとしていた乗組員は、その日の夕方にも激しい悪寒に襲われた。

しかし、第五福竜丸が焼津への帰途にあり、米国の気象学者が危険区域から離れようとしている間も、ロンゲラップの住民やその近隣の人々は放射能に満ちた場所に取り残され、まる二日間苦痛を味わった。避難所もなければ情報もなく、どう対処すればよいのか何が起こったのか不明なままだった。米国政府は数時間以内に自国の職員を退避させていたにもかかわらず、島の人々を避難させたのは三月三日のことだった。そのときまでに、ロンゲラップにいた人々は放射線のやけどを負ったり、髪が抜けたり、恐ろしい症状が現れたりしていた。ようやく六四名のロンゲラップ環礁の住民と一八名のアイリンギナ環礁の住民たち、そして——その翌日——一五七名のウトリック環礁の住民たちをクワジェリン環礁の核実験支援基地まで送った時には、島の人々はほとんどのものを残して去らざるを得ず、許されたのは小さなバッグだけだった(Johnston and Barker 2008, p. 100)。

ロンゲラップほど深刻な影響を受けなかったアイルック環礁など各環礁の島の人々は避難すらしなかった。(ビキニの南方に位置する)クワジェリン環礁に到着した住民らは、さほど影響を受けなかったかのように、軍の将校や自分の親類の前で裸にされて強力なホースで放射能を洗い流されるという、さらなる非人間的な扱いを受け、屈辱を味わった。こうした措置はその後一日に三度、三カ月間も繰り返された。ロンゲラップの生残者アルミラ・マタヨシやリジョン・エクリラングといった女性がもっとも心を痛めたのは、家族の崩壊とこうした身体的トラウマだった。家族内の異性間で多少でも性のことに触れるのはもちろんのこと、裸になることは、昔から重んじられてきた島々の近親相姦にまつわる文化的タブーであった。通訳を務めるマーシャル人の前で連日裸にされて、米軍兵士にガイガーカウンターを当てられるのは、非常に恥ずかしいことだった(Johnston and Barker 2008, pp. 101-103)。そして、女性やその子供や孫たちが流産を繰り返し、「ぶどう」や「くらげのような子」(皮膚が透明で恐ろしいほどの奇形であったため)を産むと、その精神的苦痛はさらに深まった。

都合のいい「事故」

米国の高官によると「ブラボー」は目標がそれてしまった実験であり、「事故」だった。しかし、一九九四年に機密解除された文書からは、米当局が二月二八日の段階で、東の環礁に向かって強風が吹いており、「ブラボー」実験を中止しないとロンゲラップと近くの環礁に危険が及ぶことを察知していたことが分かる。また、「ブラボー」の一五メガトンの爆発力がまったく予期せぬもので驚いたと主張しているが、二〇一三年に発見された別の機密解除された覚書から、軍の実験担当者が実際には二〇メガトンまでの爆発力を予想していたため、危険区域を引き直していたことも分かる(Johnson 2013, pp. 369-370)。それは一九五四年の実験の時点で明らかにされており、米原子力委員会(AEC)はすでに核兵器のヒトへの影響を見るための調査票を準備していた。一九五三年の一一月にAECは、米国兵や現地住民への「予期せぬ」被爆が生じたら、医療調査の重要なデータになるとしていた。

こうして、プロジェクト四・一「大型核爆弾の降下物によって大量のベータ・ガンマ放射線を浴びたヒトの反応に関する研究」と称する生物医学研究が始まった。避難者がクワジェリンに到着したわずか五日後の一九五四年三月九日に、プロジェクト四・一の科学者らは、ロンゲリックで被爆した米国軍人に加えて、ロンゲラップ、アイリンギナ、ウトリック出身のマーシャル人を、同諸島の別の側にいて影響を受けなかった米国関係者やマーシャル人の対照群と比較することになった(Johnston and Barker 2008, pp. 104-105)。マーシャル人は、同意も求められずに、またときには治療と称して「モルモット」のような扱いを受けた。

ジョン・アンジャインは順風満帆の好感の持てる行政官(村長)だったが、「ブラボー」によってその人生は一変した。日本統治時代に育ち、米軍がマーシャル諸島を治めるようになってもなじめなかったジョンは、自分の愛する島に奇妙な灰色の粉が降り始める以前、米国人とほとんど接触がなかった。被爆から二週間後の一九五四年三月一五日、ジョンはクワジェリンで調査番号「ロング、四〇番」を割り当てられた。後に彼はそれを皮肉混じりに「モルモット番号」と呼んだ(Horowitz 2011)。被曝して三年後、他の五名のマーシャル人とともにシカゴに送られ、そこで科学者たちから人体実験の材料にされた。その模様を伝えるニュース映画でナレーターは「ジョンは未開人だが幸福で従順な未開人である」と説明している。ジョンは後に甲状腺ガンを発症し、ニューヨークで手術を受けねばならなくなった。子供たちもガンに罹り、ひとりは白血病で亡くなり、孫たちもガンになっている。

日本に話を戻すと、三月一四日の朝、焼津港に帰港した第五福竜丸の乗組員は体中に奇妙なやけどを負い、衰弱し吐き気がしていた。大石又七は、そのやけどがマーシャルの空から降った粉によるものであり、自分たちが目撃したものが広島に投下された「ピカドン」らしきものだと思ったと説明している。しかし、原爆投下から九年しか経っていない当時、「放射線」という言葉や、それが人体にどんな影響を及ぼすか、ということはほとんど知られていなかった（大石 二〇〇七、三一―三二頁）。船元から協立焼津病院に送られた乗組員は、検査を受けた結果、原爆症に罹っていると伝えられた。三日後、米国の医療調査チームが、ＡＥＣの職員とともに、第五福竜丸の乗組員に米国で治療を受けるよう促したが、漁師たちは医学の実験材料にされるのを恐れ、つい一〇年前までの敵国の申し出を断った（大石 二〇〇七、三九頁）。事実、これこそまさしく米国がプロジェクト四・一に基づいて、ロンゲラップと周辺の環礁の被爆者に対して実施したことだったのである。

日本に戻った漁師たちは、水揚げし持ち帰ったマグロを家族や隣人に配り、翌日には日本中に出荷したが、読売新聞はすぐさま第五福竜丸が何に遭遇したかを調べ、三月一六日に「二三名が原子病」という見出しでこの事故をスクープした。これによって日本中に「原子マグロ」をめぐるパニックが起こり、とりわけ乗組員から直接マグロをもらって食べた家族の不安は大きかった。こうした不安は戦争の亡霊をよみがえらせ、一般の日本人が米国の行っている原爆や水爆実験に注目するきっかけとなった。この不安に加えて、四月になるとビキニに降り注いだ降下物が日本にも到達し、放射線のレベルが高まったため、日本中に反核と反米運動の機運が広がった。

それから一年あまりのうちに、米国政府は日本の抵抗を和らげるためのキャンペーンを開始し、「原子力平和利用」計画で核エネルギーのもたらす恩恵を強調して肯定的なイメージを植えつけようとした。このプロジェクトが結局、日本の原子力エネルギー採用の土台となっていく(Onitsuka 2012)。その結果、第五福竜丸の乗組員が放射能という見えない危険に苦しみ悩む一方で、米国は日本とともに被害者の要望に応えつつ、日本における原子力産業の創設を手助けすることになったのである。

一九五四年九月、第五福竜丸の無線技士、久保山愛吉は「ブラボー」の最初の犠牲者となり、残りの乗組員のうち一五名が放射線関連の病気やその他の病気で数十年後に亡くなった。五五年に米国政府は、乗組員の身体的な苦痛に対処する一方、日本との関係を改善するため、日本政府に一五三〇万ドルの補償金を支払うことにした(Hacker 1994, p. 158)。このうち、およそ二〇〇万ドル(当時の額で七億二〇〇〇万円)が第五福竜丸の所有者に送られ、そこには、乗組員一人当たりおよそ二〇〇万円の見舞金が含まれていた(第五福竜丸平和協会編 二〇〇四、五四頁)。この補償金は、日本が太平洋での米国の核実験に反対せず、これ以上事故の被害に対する補償請求を行わないという条件で与えられた。日本側も、第五福竜丸の乗組員を被爆者とはみなさず、そのため広島と長崎の犠牲者のような生涯にわたる特別な医療を受ける資格はないとした。

第五福竜丸が帰還して日本のメディアにその災難を報告していなかったら、世界中の人々は太平洋における「ブラボー」実験と米国の核実験の規模について、それほど早く知らなかったかもしれない。しかし、土地取り上げや移住、人間性の剥奪、信じがたいまでの暴力は「ブラボー」だけで終わらなかったし、何が起こったかを伝えたのも第五福竜丸の乗組員だけではなかった。「ブラボー」の翌月、影響を受けた島々のすべての土地を所有していた最高位の首長カブア・カブアや、米国の太平洋信託統治領の最初のマーシャル諸島代表ドワイト・ハイニーなどマーシャル諸島の代表団は、ニューヨークの国連信託統治理事会に嘆願書を提出し、核実験の即時中止を求めた。しかし、この要求は無視され、メディアも簡単に取り上げただけだった。

米国がマーシャル諸島で合計六七回も実験を繰り返したことは、一九四六年から五八年にかけて一日一回広島と同じ規模の原爆を爆発させていた計算になる。そして、これは太平洋における核実験の時代の始まりにすぎなかった。八〇年代には、イギリスとフランスが全体で二〇〇個以上の核爆弾を太平洋で爆発させた。これには九〇年代のフランスによる追加的な実験や、六〇年代以降の米国による多数の起爆装置なしのミサイル実験は含まれていない(Firth 1987, p. ix)。

人間の尊厳に対する侵害

こうした実験に伴う放射能の影響にもかかわらず、マーシャル諸島の住民が故郷に戻ったのは「ブラボー」からまもなくのことだった。これらの実験が続行されている間も、米国の担当者はロンゲラップの人々に対して戻っても安全だと語ったため、一九五七年の七月に住民は帰還した。数年前急いで故郷を後にした島の人々は帰宅してはみたものの、今では居住できる状態ではなく、地元の食材を食べると口の周りに奇妙な疱疹ができた。「パイジン」はロンゲラップ全体に広がっており、米国の科学者は現地住民に放射能はやがて収まると確約していたが、甲状腺ガンを発症する人が相次いだ上、障害を持って生まれてくる赤ん坊も多く、米国の医師たちはその子どもたちを継続的に観察した。マーシャルの指導者たちは、これもプロジェクト四・一の一環ではないかと指摘した(Horowitz 2011)。

ロンゲラップ住民の陥っている苦境に心を痛めたミクロネシア議会・マーシャル諸島代表のアタジ・バロスは一九七一年、日本の医療チームに支援を要請した。日本の医師らがロンゲラップに赴き、島に戻っていた人々の診療を開始しようとすると、米国担当者からの妨害が入った(Johnson 2013, p. 367)。三〇年近くたって病に罹り、ようやく疑念を抱くようになったロンゲラップの人々は、八五年にふたたび故郷を離れざるを得なくなり、環境団体グリーンピースの船「虹の戦士」に救助されて、クワジェリン環礁に運ばれた。

ビキニとエニウェトクの人々の状況はあまり好転しなかった。六〇年代後半にAECはビキニの井戸水は安全であるとし、人々を帰還させる八年計画を作成した。そこには居住可能と思われる地域でのココナツの植林や土地洗浄が含まれていた。こうした洗浄にもかかわらず、ビキニ地方議会は満場一致で危険なため帰還は不可能と判断したが、一部の家族の帰還までは妨げられなかった。

一方、七六年に、米国はエニウェトク環礁での四五回にわたる核実験で生じた汚染物の洗浄と、再定住のための住宅の建設に同意した。この計画はビキニの再定住計画よりはるかに成果を収めたが、ビキニやロンゲラップと同様、エニウェトクの多くの場所はまったく居住不能であった。エニウェトクの表土から八万四九二七㎥の放射性廃棄物が取り除かれ、ルニット島に永久に保管されることになり、実験でできた深いクレーターに収められて、その上に巨大なコンクリートのドームがかぶせられた。このルニット・ドームからは引き続き放射性物質が漏れ出しており、懸念は収まっていない。

第五福竜丸の乗組員が「ブラボー」後の数年以内に(十分でなかったとはいえ)補償金をもらったのに対し、マーシャルの核実験の被爆者は、米国の核実験計画が終了した後も、長らく補償金をもらえなかった。一九六〇年代から八〇年代の間に、マーシャル諸島の代表とその弁護士は、辛抱強く米国議会に働きかけたものの、支払いは散発的であり、負傷や慢性的な病気の治療費を完全にまかなえるほどの額ではなかった。

米国が新たに誕生したマーシャル諸島共和国との間で今後の核実験請求を解決するため、一億五〇〇〇万ドルの基金を創設したのは八六年のことだった。この支払いが核賠償裁定委員会の創設につながり、この機関が、米国が核の降下物に「被爆した」と考えるビキニ、エニウェトク、ロンゲラップ、ウトリックというたった四つの環礁の被爆者に対する補償を行うことになった。しかし、一九九一年から二〇〇三年にかけて核賠償裁定委員会は、マーシャル諸島のこれらの環礁の住民だけでも、個人的な負傷、財産の喪失の集団訴訟について少なくとも二〇億ドル以上を受け取る資格があると判断した。これは活用できる基金の額をはるかに上回っていた(US Embassy, Majuro 2014)。

加えて、最近機密解除された文書から、核実験の被害がこれらの四つの環礁よりはるかに広範囲に及んでいることが分かった。このデータは、被爆がマーシャル諸島全体に及んでいることを示すものだった。五〇年代から今日までの米国の政策は、これらの四つの環礁を除く大半のマーシャル諸島の環礁は「被爆していない」というものだが、米国の被爆基準によれば、マーシャル諸島のすべての環礁の被爆量は、冷戦中ネバダ州の核実験場近くに住んでいた米国人の最高平均被爆量さえ上回っていた(Johnson 2013, p. 377)。このことは、米国人のための基準が帝国の端に追いやられた人々とまったく異なっていることを示している。

基本的な人間の信頼や尊厳に対する米国の数知れない侵害によって、マーシャル諸島全体にガン発生率の増加や、寿命の短縮、先天性の障害、人口過密、家族の分裂、精神的な苦痛がもたらされた。しかし、今日でも米国はマーシャル人に十分な補償を行っていないのに加え、明確な証拠があるにもかかわらず、マーシャル人を実験材料にする意図はなかったとしている。米国政府はすべてのマーシャル人に自らの行動を正式に謝罪していないばかりか、これらの原爆や水爆実験は必要であり有益なものだったという立場を崩していない。それに加えてマーシャルにおける米国の核実験に対する「誤解」が、これらの実験の国防上の意義についての正しい認識や、放射線の影響を受けたマーシャルの地をどう再生させるかの研究を「妨げ」ていると主張している(RMI Embassy[在米マーシャル諸島大使館」2014)。米国はマーシャル諸島の人々との間で自国に都合のいい和解を促そうとし、彼らの背後にある苦痛に満ちた核実験の物語をその「治癒の」プロセスにすり替えようとする一方で、全てのマーシャル人被爆者にさらなる補償や必要な基本的サービスを提供するのを拒んでいる。現在、マーシャル諸島のガン患者はいまだに化学療法を受けられず、国内でガン専門医の診察も受けられずにいる(Barker 2014, p. 557)。

潮に逆らって闘う

マーシャル諸島では冷戦は少しも「冷たい」ものではなく、米国の核実験計画は地球上で「最も熱い」核のスポットの一つで行われ、成果を挙げた。「人類のため」という善意を装った米国の暴力は世界の認識を越えたところで発生し、それが生み出す放射線の「パイジン」は目に見えなかった。しかし、マーシャル人はこの暴力を経験し目撃し記憶し続けた。彼らは決して無力な犠牲者ではなかった。常に工夫や創造力に富んだ対応を行い、しなやかな抵抗を示した。ビキニ、エニウェトク、ロンゲラップ、クワジェリン、その他冷戦の影響を受けた環礁出身の、明確な意見を持ち工夫に富んだ指導者たちは、米国との交渉に際して非常にしたたかであり、何度も勇敢に立ち向かった。

指導者の中には、一九七九年にマーシャル諸島共和国政府が結成された後、傑出した指導者になった者もいる。たとえば、第一代大統領アマタ・カブア、そのいとこで第二代大統領のイマタ・カブア、第六代大統領のクリストファー・ロヤックなどである。全員が影響を被った環礁の首長の肩書を持っていた。第三代大統領のケーサイ・ノートは一般家庭の出身であるが、父親はビキニからの避難者だった。エニウェトクのイシュマエル・ジョンはウジェランに避難した当時一〇代の若者で、後に率直かつ雄弁な上院議員となり、マーシャルの核実験の被害者全員に対する適切な医療と補償を要求した。マーシャルの上院議員で元政府アドバイザーでもあり、米国議会と国連で何度も証言を行った外務大臣のトニー・デブルムは、機密解除された米国の核実験計画文書を何万点も調査し、賞を受けた反核平和運動家でもある。

これらの勇敢な指導者は四六年の核実験の開始以来数十年にわたって闘ってきたが、もっとも重要な反核運動はこの国全体に広がったマーシャル人女性のネットワークから出てきたもので、その抵抗の取り組みが島々をまとめ上げることになった。マーシャル語で「レジェマーンジューリ」という表現は、女性たちがマーシャル社会で争い事や平和の仲立ち人として果たす強力な役割を指しており、基本的には「女が語り出したら、男は話を止めて耳を傾けねばならない」という意味である。マーシャルの土地所有は母系制であり、それがずっと母親を経由していたことを意味している。土地の母であり管理者である女性は、常に暴力や対立を解消するプロセスの中心であった。継承されてきた土地が汚され、死産や障害児が生まれた際の破壊的なトラウマに直接対処するのは女性であった。

さらに、七〇年代に勇敢に立ち上がって、「非核太平洋運動」を始めたのも女性たちである。この運動はマーシャル諸島で始まり、オセアニア中の女性グループがいちはやく合流した。ルイ・レアールの、男を楽しませる受け身で慰みものとしての架空のビキニ女性像とは違って、ビキニやその他の環礁の実在の女性は、自分たちの家族や故郷に加えられる帝国の暴力を拒み、それを記憶し続けようとする活動家たちなのである。

ダーリーン・ケジュもそうした女性のひとりであり、世界に米国の核実験の真相を警告するという業績が最も評価された隠れた英雄だった。ケジュは「レジェマーンジューリ」の原則を体現する女性であった。核実験の影響を受けた各共同体や、その男性指導者の間に立って対話を促し、平和的な協力のネットワークを構築する作業を行ったからである。彼女は、多くの島の仲間たちがガンや白血病、その他の病気と闘う姿を目撃した経験から、「パイジン」の影響は米国の公式見解よりも広い範囲に及んでいるのではないかと考え、七〇年代にこうした疑念を公に語り始めた。彼女はさまざまな環礁や放棄された共同体をめぐり、多くの場所でマーシャル人にインタビューし、自分が目にしたものを入念に記録した。彼女が不可解な医療検査を受けた島の人々から数多くの証言を聞いたのはこの作業を通じてであり、それによって彼女は「プロジェクト四・一」が存在したと確信するようになったのだ。

核実験というおぞましい遺産に対処するなかで、彼女は危険にさらされているものについて詳細な知識を得ることができた。ケジュ自身も家族と同様、放射線関連のガンに罹っていたからだ。ケジュは五〇年代にウォッジェ環礁に育った。そこはかつて日本軍の基地で、太平洋戦争の戦場となり、「ブラボー」やその他の実験で放射線を浴びたが、米国は決して「被爆した」と認めなかった。九六年に四五歳という早すぎる死を迎えるまで、彼女はマーシャル人の尊厳のために闘い続けた。

マーシャル諸島の住民に本当のことを伝え続ける必要性に気づいたケジュは、米国政府に対して、ヒモつきでなく脚色されていない情報の公開と公衆衛生調査を積極的に働きかけるとともに、国際社会に対しても行動を呼びかけた。それは、国連がマーシャル諸島における核実験の影響を確認するための調査を要請する三〇年も前のことだった。八三年のバンクーバーでの世界教会協議会では九〇〇名の聴衆を前にして、初めてマーシャル諸島における核実験の実態を語ることになった。その話は当時ほとんど知られていなかったため、すぐにも世界中の平和運動家が注目し始めた。七九年には反核組織、原水禁(原水爆禁止日本国民会議)の招きでジョン・アンジャインやその他のマーシャルの核実験生存者とともに来日している(Johnson 2013, p. 61)。ケジュは広島と長崎について語る中で、日本とマーシャルの組織同士、さらには第五福竜丸の生存者との間の連帯を働きかけた。

これらの太平洋を越えた草の根のネットワークは今でも続いており、ダーリーン・ケジュやその他のマーシャル人被爆者、さらには米国や日本、世界中の人々の協力に向けた努力のたまものである。当時のケジュの活動が、自国の国益や、マーシャル諸島と日米両政府間の関係と対立するものだったことにも触れておく必要がある。たとえば、世界教会協議会での彼女の提言は、マーシャルの一部の指導者には非常に不人気だった。彼女の言動が米国を怒らせて、八六年に批准された自由連合盟約の下、米国からより多くの支援金を得ようとするマーシャル諸島政府の交渉を危うくしかねないと懸念されたためである。

私はダーリーン・ケジュのことは知らなかったが、クワジェリン環礁に住む米国の民間レーダー技師の息子として、冷戦の軍拡競争に対するマーシャル人の抵抗の一場面を目にしている。八二年のある日、母親とともに空港のターミナル近くの運動場を横断しているとき、数百名のマーシャル人女性や子供たちが静かに、しかし明確な意識を持って座り込みを行っている姿を目にした記憶がある。それは「オペレーション・ホームカミング」と呼ばれる、避難した地主やクワジェリン環礁の住民による平和的な抗議活動であり、よりよい生活条件や適切な医療支援を要求し、かつての核実験や進行中のミサイル実験のために没収された土地への米国政府の適切な補償を求めるものだった。これらの女性の多くはクワジェリンのみならず、ロンゲラップ、ビキニ、その他、原水爆実験から直接影響を受けた地域と関係があった。

これらの大胆な抗議活動は、マーティン・ルーサー・キング牧師のワシントン行進からインスピレーションを得た市民の不服従の「船出《セイルイン》」や「座り込み《シットイン》」から成り立っていた。これらの示威行動はマーシャル語で「ジョティク」と呼ばれ、日本語の「上陸」から取ったものだった。島の人々は太平洋戦争の言葉を流用することで、自分の土地に堂々と「侵入し」それを取り戻した。だが米軍はメディアに、これらの抗議活動を報道しないよう命じていた。したがって、当時クワジェリン環礁を訪れて事態の推移を見守り、それを太平洋全体と国際的メディアに伝えたダーリーン・ケジュと、その夫で米国のジャーナリストのギフ・ジョンソンがいなかったら、世界の人々はこの出来事を知らなかっただろう。

ケジュの墓には、マーシャル語で「恐れることなく、次の島への強力な海流で自らの道を開け」と刻まれている(Johnson 2013, p. 365)。環礁の島が海底に堅固に根付き、それぞれが深い海底のサンゴ礁でつながっているマーシャル諸島の住民同士の間には、荒海をはさんで強い結びつきがあり、不幸な出来事をめぐる闘争に際しても楽観的で忍耐強く、柔軟性に富んでいる。そのため、これらの小さな島々の人々には、米国のような超大国に立ち向かって波を押し返す耐久力がある。ダーリーン・ケジュはその手本となる人物であり、それにならおうとする若い世代にインスピレーションを与えている。その活動の中でケジュは世界中のコミュニティを橋渡しし、「非核太平洋運動」を通じて太平洋の人々の連帯を促した。ケジュはこれらの人々の共通の経験をより合わせることで、核実験の影響を受けたすべての人々に、自分たちが同朋であることを想い起こさせたのである。

今日、マーシャル人は、自らの核の歴史だけでなく、世界中の核兵器の持つ圧倒的な危険性にも目を向けさせようと、大胆でユニークな活動を繰り広げている。たとえば、二〇一〇年には、ビキニ共同体による長年の運動の結果、ビキニ環礁が世界遺産に指定された。一四年四月にマーシャル諸島共和国は、国際司法裁判所(ICJ)において、六八年の核不拡散条約に基づく国際法違反の容疑で九つの核保有国(米国、英国、フランス、ロシア、中国、インド、パキスタン、北朝鮮、イスラエル)を告発する、前例を見ない一連の「核ゼロ」裁判を開始した。こうした動きは世界中の指導者や市民グループから賞賛され、マーシャル人が自分たちの核の歴史について沈黙したり記憶喪失に陥ったりするのを拒んでいることを示した(Krieger 2014)。

ダーリーン・ケジュなどのリーダーの跡を継いで、新世代のマーシャル人男女がグローバルな潮流に抗して闘っており、かつて祖先がカヌーで行ったように、比喩的な形で荒波をかき分けながら自分たちの島が見舞われている問題に関心を集めようとしている。帝国主義や軍事主義、グローバリゼーションの不幸な犠牲者となるのを拒否したこれらの若者は、自らの経験を世界に伝え、望ましい変化をもたらそうとしている。気候変動や海面上昇がマーシャル諸島全体やその他の太平洋の低地国を飲み込もうとしている時代に、マーシャルの若者は多国籍企業や気候変動に影響を与えている国々に行動を促している。

詩人で研究者のマーシャル人女性キャシー・ジェトニル＝キジナーは、二〇一四年九月の国連気候変動サミットで一〇〇名の世界のリーダーを前に基調演説を行った際、幼い娘に捧げる感動的な詩を読み上げ、母親として、すべての太平洋の先住民とともに、この世界を未来に向けて安全でよりよい場所にすることを約束した(Jetnil-Kijiner 2014)。彼女の詩は、怒りはこもっていても楽観的で毅然としていて熱烈なもので、マーシャル諸島の三〇〇〇年の歴史の方が、その戦後の苦悩や近年の気候の危機よりはるかに大きいという真理を表明していた。彼女は自作の詩を、マーシャルの人々の忍耐強さを称える「私たちには単に生き残る以上の価値がある。私たちには繁栄するだけの価値がある」という簡潔だが深みのある言葉で締めくくり、国連史上例のないスタンディング・オベーションを受けた。

マーシャル諸島の人々が冷戦という有毒の台風からグローバリゼーションや気候変動の荒波の中へと引き続き船を進め、最大の困難に直面しながらも、世界と協力し合って成長しようとしているのは、こうした精神に基づいているのである。

（伊藤茂訳）

＊新井隆氏（一橋大学大学院社会学研究科総合社会科学・太平洋史専攻博士課程）には、専門的見地からの訳語の修正と最終的な編集にご尽力いただいた。

参考文献

大石又七『これだけは伝えておきたい――第五福竜丸・乗組員が語るビキニ事件の表と裏』かもがわ出版、二〇〇七年。

第五福竜丸平和協会編『写真でたどる第五福竜丸――ビキニ水爆実験被災五〇周年記念・図録』（第五福竜丸平和協会）、二〇〇四年。

Barker, Holly. 2014. Review of *Don't Ever Whisper*. *The Contemporary Pacific* 26: 2.

Carucci, Laurence M. 1989. "The Source of the Force in Marshallese Cosmology." in The Pacific Theater: Island Representations of World War II., edited by G. M. White and L. Lindstom. Honolulu: University of Hawai'i Press.

Carucci, Laurence M. 1997. *Nuclear Nativity: Rituals of Renewal and Empowerment in the Marshall Islands*. Dekalb: Northern Illinois University Press.

Davis, Jeffery Sasha. 2005. "Representing Place: 'Deserted Isles' and the Reproduction of Bikini Atoll." *Annals of the Association of American Geographers* 95: 3.

Firth, Stewart. 1987. *Nuclear Playground*. Honolulu: University of Hawai'i Press.

Hacker, Barton C. 1994. *Elements of Controversy: The Atomic Energy Commission and Radiation Safety in Nuclear

Weapons Testing, 1947-1974, Los Angeles: University of California Press.

Horowitz, Adam J. 2011. *Nuclear Savage: The Islands of Secret Project 4.1.* Documentary Film. San Francisco: Primordial Soup Company.

Jetnil-Kijiner, Kathy. 2014. "Dear Metafele Peinem." from *Ieb Jeltok: A Basket of Poetry and Writing from Kathy Jetnil-Kijiner.* https://jkijiner.wordpress.com（二〇一四年九月二四日にアクセス）。

Johnson, Giff. *Don't Ever Whisper —— Darlene Keju, Pacific Health Pioneer, Champion for Nuclear Survivors.* 2013, Charleston: CreateSpace Independent Publishing Platform.

Johnston, Barbara Rose. 2007. *Half Lives, Half-Truths: Confronting the Radioactive Legacies of the Cold War.* Santa Fe: School for Advanced Research Press.

Johnston, Barbara Rose and Holly Barker. 2008. *Consequential Damages of Nuclear War: The Rongelap Report.* Walnut Creek: Left Coast Press.

Krieger, David. 2014. "The Mouse that Roared: Stand with the Marshall Islands." Nuclear Age Peace Foundation Blog. www.wagingpeace.org（二〇一四年一〇月二二日にアクセス）。

Lal, Brij and Kate Fortune. 2000. The Pacific Islands: an Encyclopedia. Honolulu: University of Hawai'i Press.

Niedenthal, Jack. 2001. *For the Good of Mankind: A History of the People of Bikini and their Islands.* Majuro: Bravo Publishers.

Oishi Matashichi and Richard Falk, "The Day the Sun Rose in the West, Bikini, the Lucky Dragon and I". *The Asia-Pacific Journal,* Vol 9, Issue 29 No 3, July 18, 2011.

Onitsuka, Hiroshi. 2012. "Hooked on Nuclear Power: Japanese State-Local Relations and the Vicious Cycle of Nuclear Dependence." *The Asia-Pacific Journal* 10 (3: 1).

RMI Embassy, Washington DC（在米マーシャル諸島大使館・ワシントン）. 2014. www.rmiembassyus.org（二〇一四年九月五日にアクセス）。

Teaiwa, Teresia. 1994. "bikinis and other s/pacific n/oceans." *The Contemporary Pacific* 6: 1.

US Embassy, Majuro, Marshall Islands. 2014. Majuro.usembassy.gov（二〇一四年一〇月一日にアクセス）。

4 KYOTO UNIVERSITY DOGAKUKAI

京都大学同学会
——戦後史における原爆展のもう一つの意味

きょうとだいがくどうがくかい　◉京都大学における学生自治会。直接の前身は1913年発足の京都帝国大学学友会。1941年、戦時体制の強化と共に全国の大学の学友会が「報国団」へと改組した際に、京都大学では「同学会」へと改称していた。敗戦後の教育改革で再度改編し、46年の同学会規則で初めて学生自治会であることが明記された。当初の主な活動は敗戦後の生活難への対応などで政治色は強くなかったが、49年末までに左派が多数を占め、大学側との対立が強まっていた。51年の春期文化祭で理学部、医学部の自治会メンバーらが原爆関連の標本やパネル展示をそれぞれ実施していたが、これが同学会による「綜合原爆展」につながった。その後、いわゆる京大天皇事件を経て51年に解散。53年に再建されるが、その後も解散と再建を繰り返した。

益田 肇

朝鮮戦争のさなか、一九五〇年から五三年にかけて、日本各地でさまざまな「原爆展」が開かれた。それらの多くは大学や高校、小中学校、さらには百貨店、美術館、公民館などで開催され、それぞれの地域で無数の大学生や若者が参加した。

「皆さんこの写真を見て下さい。爆心地から百五十メートル。こんな黒焦げの屍体になったのです。足には、軍靴とゲートルらしいもの…。しかし、このひびわれた頭にさわれば、消し炭のようにガサリと崩れるでしょう。よく御覧下さい。五千度の熱線にうたれて瞬時に炭になったこの人を！」

自分たちのうけた驚きと悲しみを
僕らは、馴れぬ言葉で市民に語る
おばさんたちは、声をのみ
子どもたちは、眼をみはる。

「爆心から一キロ。これは、爆風に鼻は削げ、全身火ぶくれになった人なのです。眼は、はれふさがり、のどから胸、腕から指先まで、この通り余すところもない…。サンタンたる姿は、残虐なる戦争、その無意味なギセイに、声なき抗議をしているのです」

僕らの言葉は、たどたどしているが、
おっさんたちは、首をふり
中学生のつぶらな眼は
僕らの指先を追ってゆく〔後略〕

これは当時、京都大学宇治分校の学生だった戸田芳實がみずから参加した一九五一年七月の宇治原爆展での経験をもとに書いたものだが、ここにただよう熱気と緊張感は、なにも戸田一人が感じたものではなかった(戸田 一九五三)。そのころ東京都立大学の学生だった西岡洋もこれと似た体験をしたという。彼自身一五歳の時、長崎で被爆していたが、もともと原爆展に強い関心があったわけではなく、頼まれるがままに何の気なしに手伝っていただけだった。それでも西岡が被爆者だったことから展示物の解説を依頼され、拙いながらも話してみると観客が熱心に聞き入り、ある会場では彼の体験談のあと一時間以上も質疑応答が続いた。こうしてまるで来場者の熱気に後押しされるかのように西岡はその後いくつもの原爆展に参加することになり、多い時には一日に五回も自らの体験談を語り続けることになったという(西岡 二〇一四)。

こうした熱気の背景は、当時、原子爆弾の破壊力、また広島・長崎の被害がほとんど知られていなかったことが挙げられる。そもそも、一九五二年八月発刊の『アサヒグラフ』原爆特集号が原爆被害を日本で「初公開」したと話題を呼ぶ前のことである。つまり日本各地で開かれた原爆展は、広島・長崎の原爆被害を草の根レベルで伝えようとする初めての試みだった。「話には聞いていたが、原爆とはこんなにすごいものだったのか」。そういう肌身感覚での実感を人びとに伝えたのだった。

こうした原爆展は、東京、大阪、名古屋などの大都市だけでなく、南は沖縄から北は北海道まで全国各地の市町村で開かれ、それぞれの開催地で行列が会場を取りまくほど多くの観客を呼んだ。このような原爆展開催について、赤松俊子・丸木位里夫妻の『原爆の図』全国巡回展を中心に近年、研究が進んでいる。丸木美術館学芸員・岡本幸宣らの調査によると、一九五〇年から三年間の間に、少なくとも全国一六九カ所で『原爆の図』が展示されたことがわかっている(岡村 二〇〇九、二〇一三)。しかし、その『原爆の図』展示と融合しながら広がっていった大学生たち独自の原爆展への取り組みについては、当時の参加者の記録を除いて、あまり知られていない(小畑 一九九五、川合 二〇一四)。どうして当時の原爆展はそれほど多くの共感を呼び、幅広く受け入れられたのか。これまでほとんど論じられてこなかったが、こうした原爆展は戦争の記憶をめぐる戦後の葛藤と沈黙にどのような影響を与えてきたのだろうか。ここでは当初の『原爆の図』展覧会が、医学的、科学的、社会科学的、また文学的見地からの解説をも含んだより総合的な原爆展に展開する契機となった京都大学同学会主催の「綜合原爆展」に焦点をあてて、朝鮮戦争時に全国各地で開かれた原爆展とはいったい何だったのかを考えてみたい。

京大原爆展につめかける観客たち．提供＝つむぎ出版．

一九五一年七月　京大原爆展

この展示を、原爆にたおれた
広島、長崎、四十万の
犠牲者に捧ぐ

濃いブルーの下地に鮮やかな黄赤色の文字でこう記されたパネルが会場入口の正面にかけてある。そのすぐ横には原爆投下直後の広島パノラマ全景図が掲げられた。次におおぶりな『原爆の図』が第一部から第五部まで並べられている。それに次いで、原爆をめぐるさまざまなトピックを医学的、科学的、社会科学的、文学的見地から解説したパネル約一九〇枚が、京都駅前にあった丸物百貨店五階催事場の壁面を埋めつくした。

このパネルは京都大学の学生らが制作したもので、内容は多岐にわたる。例えば、理学部学生は原爆の原理やその製造過程、また原爆投下直後の状況を詳細に描写するパネルを作り、医学部学生は原爆の人体に及ぼした影響に焦点をあてて、熱線、爆風、火焰、放射線による人体障害を詳しく解説するパネルを作製した。同様に工学部学生は建築物に対する影響、農学部学生は食物や稲に対する影響をそれぞれ調査し、また法学部、経済学部学生は原子力の国際管理問題やアメリカにおける原子力工業の状況など紹介するパネルを展示した。このほか文学部学生は原爆関連の文学作品を展示したほか、学生自身が被爆者を訪ね歩いて編集した『原爆体験記』を出品した（『京都民報』一九八六年四月一四日、『原爆展掘り起こしニュース』〔以下『原爆展ニュース』〕臨時号一九九五）。

当時、丸物百貨店は地下水を使って空気を冷やすという「冷房」設備を備えており、「涼しい売り場でお買い物」が売り文句だったが、原爆展開催中は詰めかける観客の熱気でこの冷却が効かなくなり、会場は蒸し風呂のような暑さとなったという（『原爆展ニュース』第二号一九九二、第四号一九九三）。連日二〇名近くの学生が朝から晩まで展示物の解説にあたったが、観客として訪れた学生が見ているうちに飛び込みで説明する側に回るということも多々あった。広島、長崎の被爆者が、いやこんなもんじゃないですよ、と言いながら説明に入ることもあったという（川合 二〇〇七）。地元紙『都新聞』も二度にわたり紹介記事を掲載し、七月一四日から一〇日間の開催で入場者は三万人にも達した（『都新聞』一九五一年七月一二日、二一日）。

この大規模な原爆展開催のきっかけは、その二カ月前の京大春季文化祭で原爆に関連する標本やパネルが展示され、これが四日間で四〇〇〇人もの入場者を集めるほどの大きな関心を呼んだことだった。そのため、より総合的な展示を一般市民を対象に京都市内の百貨店で開こうという話がどこからともなく持ち上がり、これを受けて同学会が開催を主催することになったのだった。当時医学部学生で同学会メンバーだった川合一良によると、特定の発案者が企画立案を率先したというよりは、むしろ時代背景の方が大きく影響していたという。当時の学生は、アジア太平洋戦争とともに生まれ育っていた。この世代の多くが、満洲事変のころに生まれ、六歳前後で日中戦争、一〇歳頃に真珠湾攻撃、そして一五歳頃に敗戦を迎えている。こうした彼らの多くにとって、戦後はある意味新鮮で、解放感に満ちていた。八月一五日以前の日本は否定すべきだったし、それに戻るようないかなる徴候も許せなかった(川合 二〇〇七)。

しかし、川合らが大学生になる頃から空気が変わり始めた。いわゆる「逆コース」のためだ。何よりも彼らを不安にさせたのは一九五〇年六月の朝鮮戦争の勃発、八月の警察予備隊設立、さらには一一月以降、マッカーサーが中国本土爆撃を公言し始めたこと、またトルーマン大統領が「原爆の使用も辞さず」と明言したと報道されたことだった。こういった状況のもと、朝鮮戦争は自らが徴兵されかねない第三次世界大戦を想像させていたし、また隣国での戦争にともなう再軍備の流れは、軍国主義の復活を思い出させるのに充分だった(Masuda 2012, 2015)。そういった時代だったたからこそ、何かをしなければならないという感覚は広く共有されており、それゆえに原爆展の準備、開催にあたり、無数の学生、特にふだん学生運動や政治運動に全く関心を持っていなかった一般学生までもが原爆展開催に向けた準備に参加したのだった。またそういった時代だったからこそ、百貨店経営者や従業員までもが一種、使命感をもって原爆展に場を提供し、開催に協力したのだった(『原爆展ニュース』第四号一九九三)。

日本各地に広がる原爆展

しかし、丸物百貨店での原爆展の成功からほどなく、京大同学会は解散に追いやられる。同年一一月、同学会は学内秋季文化祭での総合原爆展を再び企画するが、これが同時期に予定された昭和天皇の京都大学訪問と日程が重なっていたことから文化祭自体が許可されず、さらには天皇来学時に公開質問状を出して、いわゆる「京大天皇事件」を引き起こし混乱を招いたとみなされたためだ。それでも同学会の原爆展の試みがここで途絶えたわけではない。むしろ、それはさまざまなかたちで各地に広がり、引き継がれていった。

この時期、さまざまな原爆展が各地で開かれているが、大学生を中心とした原爆展の場合、おおまかに三つのパターンに分けることができる。まず一つは、京大春季文化祭や京大原爆展で使われたパネルやスチール写真などが直接貸与されて開催されたものだ。例えば、京都工芸繊維大、京都学芸大、京大宇治分校、宇治市公民館、神戸大姫路分校などでは京大春季文化祭で作製されたスチール写真をもとに原爆展が開かれている(『原爆展ニュース』第二号一九九二)。さらには京大原爆展以降は、全国各地の大学自治会や労働組合サークル、また農村の青年団などから展示資料の貸出申込みが相次いだことから、同学会メンバーを中心に「原爆展センター」が設置され、資料の発送作業などを担当した（中岡 一九六〇a、『原爆展ニュース』第三号一九九二）。そうして開かれた原爆展のうち、たとえば静岡大学は一九五一年一一月に大学構内で、滋賀大学と滋賀県立短期大学は一九五二年六月に彦根市内の丸菱百貨店で、また静岡大学工学部学友会は同年七月に浜松市内で、それぞれ同学会から提供された資料を使って原爆展を開いている（『原爆展ニュース』第五号一九九四、第七号一九九九）。

もう一つのパターンは、京大原爆展の資料は使われなくとも、その評判が別の地域に伝わり同様の試みを触発した場合だ。たとえば当時、北海道大学工学部学生だった一人は、その頃朝鮮戦争が始まっていて暗く重たいムードが漂っていたが、京大原爆展のニュースは遠く離れた北海道にも「大きな光明」と伝えられ感動した、と振り返っている（『原爆展ニュース』第五号一九九四）。実際、京大原爆展が終って間もなく、北海道原爆展の開催案がまとまり、これを受けて北海道大学各学部自治会と各種文化団体のメンバーらが独自の原爆展制作に乗り出している（松井 一九六五）。こうして始まった北海道原爆展プロジェクトも、京大原爆展と同様に、赤松・丸木夫妻の『原爆の図』と北大各学部学生がそれぞれの研究分野を活かして制作したパネル約八〇点を同時に展示するという構成をとっていた。この北海道原爆展は、当初予定されていた室蘭、旭川、札幌、函館などの比較的大都市での開催のあと、各地労働組合の支援を受けながら、さらに北海道全域三〇カ所の市町村で開催され続け、ある参加者が「どうしてこんなに〔人が〕集まるのか」と回想するほど強い関心を各地で集めたという（白戸 二〇一二）。

三つ目のパターンは、同時期に同様のテーマに取り組んでいたものの、京大原爆展とは全く別個に開催されたケースだ。たとえば同志社大学では、一九五一年六月に長崎の資料を中心とした原爆展を開いているが、これは当時文学部の学生で、長崎での被爆経験を持つ廣瀬方人の企画によるものだった。廣瀬にとっても朝鮮戦争とその進展、特に原爆の使用可能性が示唆されたことが大きなきっかけだったという。「同志社のみんなは原爆のことは何も知らなかった。原爆のことをもっと知らさないといけない」。そこで単身長崎に舞い戻り当時の長崎市長の自宅を訪ね、原爆展開催のための資料提供を依頼、快諾を得て、一九五一年六月一二日から四日間、同志社での原爆展を開催し、三〇〇〇人以上もの観客をよんだ(廣瀬 二〇一四、田中・太田 二〇一一)。このように組織によらずに開催された原爆展の場合、記録に残らないまま忘れ去られたものも少なくないだろう。

平和・反核運動ネットワークの形成

こうした多様な原爆展のあり方は、そのユニークな性質の一端を物語っている。ここで取り上げたさまざまな原爆展は、その担い手やテーマからみればもちろん「学生運動」であり「平和運動」でもあるが、それらの一般的なイメージとはかなり異なる。そもそも京大原爆展の取り組みにしても、学生自治会が戦略戦術を決めて、それを「下に降ろす」という形態で始まった企画ではなかった。むしろ朝鮮戦争の勃発とその進展に不安を感じていた学生がそれぞれ個別に進めていたものを同学会が受けとめ、まとめ上げたものだった。その点では、指導部が立案、計画、実施することを前提としているいわゆる「学生運動」というよりは、むしろ学生や若者の間から沸きあがってきた社会現象的なものだった。

また、全国各地への原爆展の広がり方を見ても、後の「平和運動」にみられるような労働組合または政治政党主導の組織的運動というものでもなかった。たしかに京大原爆展は最も早い時期に最も完成した形で「原爆展」をまとめあげた展示だったが、それはその後の原爆展のあり方を決定づけたわけでも指導的立場をとったわけでもなかった。むしろ各地で同時多発的に同様の問題関心が沸き起こり、各地の地域レベルでの原爆展開催とそれらの互いの連絡を通して徐々に、のちに反核・平和運動ネットワークの母体が生まれてきたというものだった。たとえば、米軍基地を抱えていた立川では、原爆展をきっかけに立川平和懇談会がつくられ、同懇談会は展示終了後、原爆展感想文を集めた文集『平和のために』を刊行し、さらに余った収益をもとに、スライド映画『基地立川』を自主制作するなど精力的な活動を続けた(岡村 二〇一三)。

こうした側面に焦点を当てた場合、戦後史における原爆展の意味は、何にも増してその後の反核・平和運動の下地を作った点にあるということになる。一般に戦後日本の平和運動は一九五四年三月、ビキニ環礁近海で操業中の第五福竜丸乗員が米国の水爆実験に遭遇して被曝した、いわゆる「ビキニ事件」をきっかけに始まったとみなされている。特に無線長だった久保山愛吉の死を契機に原水爆禁止署名運動は全国的な広がりをみせ、三〇〇〇万もの署名を集めたことはよく知られている(丸浜 二〇一一)。しかしこうした全国的な広がりは、突然何もないところから生じたわけではない。それを可能にする下地が必要だった。一つにはそうした運動を地域レベルで支える草の根の組織、もう一つは原爆に関する基本的な知識である。そしてまさにこの二点において、京大原爆展にはじまる大学生を中心とした各地での原爆展開催は重要な役割を果たしていたといえる。それまでに文学者や芸術家が顕在化させてきた個々の原爆体験をより系統的な形で提示し、開催地各地においてその担い手を組織化したことで、後の大衆的で全国的な平和運動の下地を準備したからだ(中岡 一九六〇b)。

しかしまだ疑問が残る。そもそも原爆展が当初の予想をはるかに凌駕する人気を博したのはなぜだったのか。どうして世代を越えた幅広い支持を受けることができたのか。これまで原爆展の意義については、ここで論じたように当事者の視線から語られることが多く、原爆展に来場した無数の人びとの「参加」と「受容」という切り口から原爆展の意味が考えられたことはなかった。そこでこれまで語られてきた「当事者の意図」という観点からさらにレンズをひいて、戦後史における原爆展の意味を再検討すると、何が浮かび上がってくるのだろうか。そうして再度、原爆展を見直してみると、まったく別の争点、戦争の記憶をめぐる戦後の葛藤と沈黙が見え隠れしてくる。

原爆展感想文にみる「戦争の記憶」

こうした点を考えるために、原爆展を訪れた人びとが何に注意を払い、また何を感じたのかを来場者によって書かれた感想文をもとに見ていきたい。現在に残る原爆展感想文は、当時書かれた何千もしくは何万もの感想文のごく一部に過ぎないが、それでも数百編の感想文を一読するといくつかの傾向を読み取ることができる。まず第一に、なによりも目立つのは原爆の威力また広島・長崎の被害に率直な驚きを表明したものだ。たとえば立川原爆展を訪れた一六歳の男子学生は次のように書いた。

> 今まで私達は廣島、長崎のこの様な原爆の有様を全然夢にも考えなかった。原爆とは聞いていても、たいした事ではない位に思っていた。ほんとうにこの写真などを見ない人は、我々と同じ考えであると思う。しかしこの写真を見て、りつぜんとしてしまって何と云ってよいか解らない。こんなことが二度と繰返え《ママ》されたらどんな多くの悲劇を生むことであろう。（立川平和懇談会　一九五二）

このように想像を絶する状況を目の当たりにして多くの人びとは絶望感を表した。高崎原爆展に参加した二九歳の女性は、あまりに悲惨すぎて人類の将来に希望が持てなくなったと書いている（高崎学生懇談会　一九五二）。

原爆展が来場者の心を大きく揺さぶるほどのショックを与えたのは、何よりもそれが他人事のように感じられなかったからだろう。実際、多くの人が、自らの戦争体験を重ねあわせながら原爆展を見ている。浜松原爆展を訪れたある男性はこのように書いた。

私も今度の戦争により親兄弟を失いました。昭和二十年六月十八日にです。私は次の日に浜松え《ママ》来てその死骸を見ましたが、防空壕から出て、そうとう苦しんで死んでいった様であります。今日私は五部作の一つ、「幽霊」を見て、その時の記憶がよみがえり、思わず目頭があつくなりました。戦争は大反対です。(静岡大学工学部学友会 一九五二)

この浜松原爆展を見た別の五二歳の女性も、展示を見ながら自らの体験を回想している。

混乱の中にあって次代民族のためによくぞ書いて下さいました。空襲、サイレン、防空ゴー、モンペ、頭巾、四六時中片時も落ちつく事のなかったあの当時を再び回想して、空恐ろしくなります。戦争絶対反対。(静岡大学工学部学友会 一九五二)

別の会場を訪れたある一八歳の男子学生は、原爆展で「原子戦争」の被害の実態を見たあと、日本人が実際に戦っていたのは「体当りと、竹槍の原始戦争」に過ぎなかったと回顧した(立川平和懇談会 一九五二)。

こうした広島・長崎の原爆被害の展示は、日米間の戦力、科学力の格差を改めて再認識させ、そしてその認識は、将来に対するいくつかの展望や決意を来場者に与えたようだ。ある者は今後の平和運動への決意を誓い、またある者は反米意識をより強くし、またある者はささやかな幸せへの夢を書き連ねた。たとえば三菱美唄《びばい》炭鉱文学会機関誌『炭炎』はその一九五二年九月号で原爆展感想文を掲載し、以下のような詩を掲載した(三菱美唄炭鉱文学会編 一九五二)。

私達は楽しく生きたい
私達の子供を丈夫に優しく育てたい
美しく野山に降り立って精一杯鍬を振りたい
ただ私達はそれだけで良い
ほんの一握の土地で良い
春が来れば花が咲き
秋が来ればさやかに稔る
一掬の種があれば良い
あの空あの土地だ
そこにそっと住めば良い
なのに……
一九五二年五月の空は雲を浮かばせ
其の上をトンボの様に飛行機がとんで行く

不気味な音でとんで行く
ああ　またしても——
硝煙の　匂いがする

この詩には、一切の戦争から身を引いてそっと生きていきたいという願い、戦前への拒否感、また直接の明示はないものの、そうした平和への道を阻害しているものとしての米国への反感などが見受けられる。

こうして現在に残る数百編の感想文や詩を読んでみると、かなり多くの来場者がある一定の思考経路をたどっていることが分かる。原爆展を見てその悲惨さを目の当たりにすることで、それに似た自分自身の戦争体験を呼び起こし、さらにそれをより大きな日本人の戦争体験の一部として重ねあわせ、そこから平和への決意を新たにする、というものだ。この語り口は、戦後日本で最も主流となる戦争の記憶の仕方——「戦争を語り継ぐこと」と「反戦・平和の誓い」を一つの抱き合わされた一連の行為としてとらえる見方だ。しかし、このような記憶様式は、原爆展開催当初から支配的な位置にあったわけではない(福間 二〇〇九)。どのようにして、またなぜ、こうした見方が優位になったのか。そのプロセスで原爆展はどのような働きをしたのか。

戦争の記憶／記憶をめぐる戦争

こうした点を考える際に注目したいのは、この朝鮮戦争の同時期にはさまざまなタイプの「戦争体験」が同時に噴出していたことだ。全国各地で原爆展開催がピークに達していた一九五二年夏には、戦没学生六二人の詩や手紙を収録した遺稿集が出版されベストセラーになり、翌年映画化もされた。それは、一見したところ、一九四九年に出版され五〇年には映画化もされ、原爆展来場者もよく言及した著名な遺稿集『きけわだつみのこえ』の焼き直しにみえるかもしれない。しかし実はまったく異なるコンセプトのもと編集されたものだった。『雲ながるる果てに』と題されたこの遺稿集の著者らは、特攻隊員として出撃して死んだ海軍飛行専修予備学生たち。編者は彼らの手記を出版することで、『きけわだつみのこえ』によって象徴されるような戦争の記憶の仕方に対し反論を掲げることを意図していたのだ(白鷗遺族会 一九五二)。

ここにおいては、戦争の大義はより好意的に思い起こされており、またそこに現れる戦争体験はむしろ英雄的で感動的で、その後を生きる者たちへの指針として描かれている。こういったトーンは何もこの遺稿集に限らない。実際、戦争を必ずしも否定的に描かない出版物が同時期に相次いでいる。猪口力平・中島正『神風特別攻撃隊』、橋本以行《もちつら》『伊五八潜帰投せり』、吉田満『戦艦大和ノ最期』などの戦記ものだ。どれもが学生や兵隊たちの戦争への支持と参加を描き、軍隊生活を誠実、勤勉といった言葉で描写した。そして、いずれもがそれぞれ五万部を売るベストセラーとなった(『京都新聞』一九五二年九月一六日)。

なかでも『神風特別攻撃隊』は戦争経験のある者、肉親や友人に戦死者のある人びとから絶大な支持を受けていた。ある読者は、出版元である日本出版協同に読書カードを送り、その中でこう述べた。「これでやっと胸の中のモヤモヤしたものがとれて、すきっとしました。自分の歩いてきた道が、はっきりして今では明るい気持ちです」。別の読者はより復古的なトーンで自らの決意を書き記した。「われわれはこれらの書によって大和魂をよび起こし、一致団結して大日本帝国再建のため邁進しなければならぬ」(『科学文化ニュース』一九五二年二月二五日)。つまり、原爆展の来場者が原爆被害を知ることで自らの戦争体験を振り返り、平和への誓いを新たにしたように、『神風特別攻撃隊』の読者たちも同書を読むことで自らの戦争体験を振り返り、そこから未来への道を展望していたのだ。

原爆展とその感想に見られるような「戦争体験」と、特攻隊員遺稿集とその感想に見られるような「戦争体験」——。こうしたまったく異なったタイプの戦争の記憶がほぼ同時に現れ、ともに人気を博したことをどう理解すればいいのだろうか。端的にいうならば、朝鮮戦争期に現れたこれら二つの記憶の様式は、過去をどう振り返るかという点において、互いに競合し、しのぎをけずっていたといえる。つまり一九五〇年から五三年にかけて日本全国各地で開催された無数の原爆展の会場は、原爆体験という「戦争の記憶」を知らしめて、それを通じて各地に平和・反核運動を作った拠点というだけでなく、どの戦争体験をどのように憶えるかという「記憶をめぐる戦争」の一端だったとみることができる。それでは二つの記憶様式のうち、なぜ前者がより主流の地位を占めるようになり、後者がかなりの期間にわたり比較的傍流ともいえる地位に追いやられたのだろうか。言い換えれば、原爆展にみられる表象の何が人びとを引きつけたのだろうか。

そこでもう一度、原爆展感想文に立ち戻りたい。さきに詳細に感想文を紹介したのは、来場者が何を見たのか、何を感じたのかを問う作業が、同時に、何を見なかったのか、何を感じなかったのかを逆に浮き彫りにするからだ。またそうした何かの「不在」を考えることは、なぜある一定の記憶様式がほかの見方を圧倒したのかを考えるきっかけになるからだ。そのような観点に注意を払いつつ、もう一度何百編ともある感想文を一読すると、奇妙な不在が浮かび上がる。何かが大きく抜けている。一言で言うと、そこには、ある平和な朝とつぜん原子爆弾が落ちてきたような感覚が漂うのだ。それ以前のことに対する疑問がいっさい表明されないからだ。

これは、原爆展を訪れた当時の人びとの感想としては自然なものだったかもしれない。多くの者は原爆展で知った原爆投下直後の悲惨な状況に絶句し、そこをスタート地点にみずからの戦争体験を振り返ることができた。だからこそ戦争は、空襲やサイレン、防空壕などに象徴されるように、対米戦争のもとで逃げまどう無垢な民衆という視点から思い起こすことができたし、だからこそ日本の戦争は非合理的で非科学的な「原始戦争」だったと思い出すことができた。そうした種類の戦争体験を背景にしていたからこそ、「ほんの一握りの土地」さえあればいいというようなつつましげな夢を掲げることができた。

そこでは南京やシンガポール陥落時に街中を練り歩いた提灯行列や、その当時の自らの戦争に対する熱狂と支持とを思い出す必要はなかった。また日本の軍隊が世界有数の近代軍隊だったこと、さらには帝国日本が「ほんの一握りの土地」どころか、見渡す限りの満洲の大平原から東南アジアの熱帯ジャングル、さらには南洋の島々まで版図を広げていたことも思い出さずに済んだ。端的にいうと、原爆展が原爆投下後の被害を語れば語るほど、別の種類の戦争体験——戦争への参加と協力、熱狂と誇り、また戦争に参加することの魅力——を振り返らずに済んだ。ゆえに核心を衝くような問い、たとえばそもそもなぜそういう状況になったのか、また人びとは戦時中何をしていたのか、といった難問にも直面せずに済んだ。

ここが、二つの競合する記憶様式が決定的に異なる点だった。原爆展に代表されるような表象の場合、人びとは展示になぞらえながら自らが受動的な犠牲者だった瞬間を思い出して記憶することができ、その一方で戦争遂行に捧げた自らの主体的な熱意や努力、またそれに関する責任を記憶の淵に押しやることができた。これに対し、戦争体験を英雄的、感動的に語り直そうとする場合、自らの戦争中の行為、ひいてはそれに伴う責任と向かい合わざるを得なかった。誇りを持って戦争を振り返るには、自身の戦争中の行為が主体的なものだったと位置づけなければならないからだ。ゆえにこれら二つの記憶様式がその後に対照的な道筋をたどったのも驚くべきことではない。前者の記憶様式が、原爆文学などによって意識化され、無数の原爆展によって系統化され、その担い手が各地で組織化されることで、大衆化、国民化への道が開けたのに対し、後者は、いくつかの遺稿集や戦記文学によって意識化されたものの、その後、系統的に紹介されることもその担い手が組織化されることもなく、ゆえに大衆化することもなかった(そういった状況は一九九〇年代後半から二〇〇〇年代にかけて出現することになる)。

このように見てみると、原爆展は単に過去に起こったことを知らしめる展示ではなかった。言うなれば、当時想像以上の人気を博した原爆展は、それ自体が入り乱れ錯綜する戦争の記憶を整理する一種の社会的装置だったのではないだろうか。さらに思考を進めて、この「せめぎあう記憶」という時代背景を、原爆展人気を考える上での補助線として引いてみれば、「戦争の記憶」と「戦後平和運動」との関係性が、実は、まったく逆だったのではないかと見ることができる。一般的には、壮絶な戦争の記憶が戦後平和運動を支えたとすることにそれほど疑念は生じないだろう(小熊 二〇〇二)。しかし本当にそれだけなのか。戦争の記憶が平和運動の動機となったというより、むしろ、そうした原爆展や平和運動を通してこそ、一定のタイプの「戦争の記憶」が作られ、共有され、主流の地位を得たのではないだろうか。しかし、いったいなんのために?

忘却をめぐるポリティクス

ここで念頭におきたいのは、当時の若者による時代認識だ。鶴見俊輔は一九五六年に出版した『現代日本の思想』で、いわゆる戦後派は敗戦の影響を最も深く受けているとしたうえで以下のように分析した。「それまで深く信じていたもろもろの価値が、あっという間に色あせ、何でもない白々しい理念になってしまうのを体験した。心の底の方で、あらゆる価値の無意味性を信じている。両親も、兄弟も、天皇も、国家も、恋愛も、教養も、金も、神も」(鶴見 一九五六)。当時京大理学部学生で原爆展開催にも深く関わり、またいわゆる「京大天皇事件」でも昭和天皇に対する公開質問状を起草したことで知られる中岡哲郎も、自らの世代の行動のエネルギーであったというある種の否定的衝動について、より直裁的な表現でこう振り返っている。

私達の前には無限の未来があった。その未来は、私達が過去を、八月一五日以前を徹底的に否定するところから生れた未来だった。自分達を育てた軍国主義の日本も、その日本を生んだ明治大正昭和の日本も、その時代に育ったぶざまな日本の大人達も、みんなダメなのだった。だから全てはこれからつくられるのであり、私達がつくるのだった。私達の否定的衝動がはげしければはげしいほど、私達には自分の前にひらけている未来が大きなものにみえた。(中岡 一九六〇a)

しかし、これらの認識はなにも戦後日本社会における普遍的な見方ではなかった。先に見たように、戦前戦中の価値を英雄的、感動的な様式で伝えようとする語り口も一定の人気を保っていた。街角では軍艦マーチも復活していた。一時は低迷した伊勢神宮の参拝客も急増していた。「大和魂で日本再建」や「特攻精神をおのおのの職場に再現」といった言葉も耳にした。それを考えると、鶴見や中岡が描写した「無意味性」や「否定的衝動」といった戦後世代の特徴というのは、観察というよりもむしろ願望だった。過去を否定して無意味なものとしてしまわない限り、いつまでも過去と現在における自らの行為の非整合性に悩まなければならなかったし、ゆえに未来も描けなかったからだ。

そしてこの願望が激しければ激しいほど、時にそれはその願望を信じたい人びとを苦しませた。たとえば当時北海道大学理学部学生だった和氣和民は、敗戦から原爆展開催前後に至るまで、たびたび偏頭痛に悩まされ、挙句の果てにはノイローゼになったという。振り返れば戦時中は軍国少年だった。だから戦後の気分はもとに戻りたくない、絶対に戻りたくない、というものだった。ゆえに戦争につながるようなコースはなんとしても止めたいと思っていた。「そうは言っても簡単に切り換えできないですよ。徹底的に訓練されているから。なかなか突然、平和少年になれない。素直に戦後世界に溶け込んでいけなかった」と振り返る(和氣 二〇一四)。

軍国主義の批判をしなければいけない、変えないといけない、変えたいとの強い意志もある、しかしどうしたらいいのかわからない。そういう時期がしばらく続き、それで当時、よく歴史哲学の本なども読んだという。しかしやはり快復しなかった。そういった状況を乗り越えるのに敗戦から結局一〇年近くかかった。その契機は、まさに原爆展の開催や平和運動、そして当時の学生運動だった。「やっている間に治ってしまったんです」と和氣。頭を切り換えることに成功したというよりも、実際に身体を動かすこうした実践活動を通じて、気づかないうちになりたいような自己になっていたのだという(和氣 二〇一四)。

もう一つの例だと原爆展は、さまざまな価値を否定したあとの「精神の焼跡」とでも形容すべき状況の中で、ある種の信条を作り出す社会的装置として機能していた。高崎原爆展に関わったある一学生は、ありのままの気持ちとして、そもそも彼が原爆展開催に向けた運動を決心したのは、「表向きに言えば平和運動、平和の爲の啓蒙運動が今程必要な時はないとしみじみ感じたからなのだが、つきつめて考えてみるとそれは流行の訪問着の様なもの」で、本当のところは、自らの冷え切った心を温めたかったからだ、と率直に述べている。原爆展の準備のなかで彼は、訪ねたこともない人を訪ね、話したこともない人と話し、いろいろな人と、いろいろなことを語った。自由、平和、再軍備、破壊活動防止法などが必ず話題に上がったという。しかし、彼はばっさりとこう書いた。「そんなことは実はどうでもよかったのだ。それよりも、未来や理想について語る時の彼等のキラめくような瞳、若々しい力の籠った声の方が、僕にとって遥かに嬉しかった」(高崎学生懇談会一九五二)。

ここにおいて、原爆展は、単に広島・長崎の原爆被害を伝えるという展示ではなく、戦中から戦後への移行を助ける現実的なステップとして機能し、観客をも巻き込みながらそれ自体が発展する一種の精神安定装置として機能していた。軍国少年の記憶を整理して平和少年への道筋を準備したのも原爆展だったし、戦時中のさまざまな信条には触れずに、新しい時代の新しい信条を提供したのも原爆展だった。どの戦争体験とどのように向き合うのか提示したのも原爆展だった。

「戦後体験」を見つめなおす

このように振り返ってみると、京大同学会の「綜合原爆展」に始まる各地での原爆展開催は、戦後日本社会にとってある種、諸刃の剣だったといえる。一方では、原爆展はほとんど知られていなかった原爆被害への認識を高め、その実施を通して将来の平和運動の母体ともなる草の根レベルでのネットワーク形成を助けた。しかし、それと同時に、原爆展はどの戦争体験をどのように記憶するのかという点で一定の様式を作り上げ、それによってある種の記憶を牽引しつつ、ある種の忘却を助長した点も否めない。多くの観客は、あまりに悲惨な原爆被害を知ることで、本来は多様だったはずの自らの戦争体験を展示になぞらえながら記憶することができたし、広島、長崎の被害者が文字通り救いようもない犠牲者だったことから、その展示を見ることで自らをもそのように見なすことができた。このようにして戦争は、自分が、そして日本人が「何をした」のかというよりも、「何をされた」のかという受け身の観点から記憶されやすくなり、ゆえに多くの人びとが戦争の犠牲者でありながらも、同時に戦争遂行の主体でもあったことを見えにくくすることになった。

そこでは、戦争は日米戦争であったかのように記憶され、それゆえに忘却することができたのは、アジアでの体験、特に加害の側面に関するものだった。実際、同時期の一九五〇年代、そういった課題に取り組んでいたのは浜田知明や田村泰次郎といった芸術家や作家のみで、大衆的な広がりからは程遠いものだった(鹿野 二〇〇五)。その延長線上に生じるのは、戦争責任をめぐるダブルスタンダードの成立、つまり対外的には必要最小限度での戦争責任を認めつつも、国内的には戦争責任を事実上否定する、もしくは不問に付すという一九五〇年代半ばまでに幅広く見受けられた態度だった（吉田 二〇〇五）。

この戦争体験の記憶と忘却にみられる特徴は、「人びと」が受動的な存在として描かれ、そのことによって人びとの夢や熱狂、参加や支持といった側面が見えにくくなり、そして人びとの主体性が曖昧にされていることだ。しかし、この点は何も戦争体験を思い起こす際に限られた稀有な例ではない。それはむしろ私たちが戦後史を振り返る時の基調的なトーンでもある。それがアジア太平洋戦争であれ、冷戦と逆コースであれ、日米安保と基地問題であれ、また公害問題から今日に至る原発問題であれ、さらにはバブル崩壊からその後のいわゆる「失われた時代」であれ、それらが振り返られる時、人びとは犠牲者もしくはレジスタンスの主体として描かれることさえあれ、そもそも人びとがどれほどそういった歴史の形成に積極的に関与したか、それどころかどれほどの「権力者」だったかについて語られることは少ない。むしろこれらの問題は降って沸いたかのように扱われ、責任は人のせい、見えやすい「敵」のせいにされる。

原爆展は、広島・長崎の悲劇を伝える大切さを訴えた。そこから引き続く反核・平和運動の発展は日本の戦後史を彩る重要な一ページであるのは疑うべくもない。しかし、ここで指摘してきたのは、広島・長崎を記憶するということは、それ自体が自明的に正しいことというよりは、むしろその時代ごとの社会的要請に対応したものだったという点、また戦争を記憶し語り直すということは、常に社会的でその当時の歴史的状況に基づいた選択だったという点だ。そう考えると、かつての原爆展が二一世紀の私たちに問いかけているのは、「戦争を語り継ぐ」という一種、神話化された儀式を無批判に受け流すことではなく、むしろ戦後期における記憶と歴史をめぐるポリティクスを再検討すること、言い換えれば、人びとは戦後に「戦争」の何を伝えて、何を伝えてこなかったのか、またそうした記憶の取捨選択がなぜ必要だったのかを考えなおすことではないだろうか。そこで必要なのは、つまるところ、人びとの行為の権力性にこそ目を向けること、そして人びとの戦後体験をいま一度見つめなおすことではないだろうか。

参考文献

愛知大学岡崎会『原爆展感想文集』一九五二年。

岡村幸宣「「原爆の図」全国巡回展の軌跡」『原爆文学研究』第八号、二〇〇九年。

岡村幸宣「《原爆の図》は何を描いたのか」『日本学報』第三二号、二〇一三年。

小熊英二『〈民主〉と〈愛国〉――戦後日本のナショナリズムと公共性』新曜社、二〇〇二年。

小畑哲雄『占領下の「原爆展」――平和を追い求めた青春』かもがわ出版、一九九五年。

鹿野政直『兵士であること――動員と従軍の精神史』朝日選書、二〇〇五年。

川合一良「一九五一年の綜合原爆展」核戦争防止・核兵器廃絶を訴える京都医師の会編著『医師たちのヒロシマ　復刻増補版』つむぎ出版、二〇一四年。

久野収・鶴見俊輔『現代日本の思想』岩波新書、一九五六年。

原爆展掘り起こしの会『原爆展掘り起こしニュース』第一号―第七号、一九九二―九九年。

小沢節子『「原爆の図」描かれた〈記憶〉、語られた〈絵画〉』岩波書店、二〇〇二年。

静岡大学工学部学友会『平和をかえせ　原爆展感想文集』一九五二年。

白戸仁康「GHQ占領下の「原爆の図」北海道巡回展」『「夜の美術館大学」講義録』目黒区美術館、二〇一二年。

高崎学生懇談会『一九五二年夏　原爆展の記録』一九五二年。

立川平和懇談会『平和のために　原爆展感想文』一九五二年。

田中貞夫・太田雅夫編著『五〇年代の群像』五〇年代の群像刊行会、二〇一一年。

田無平和と生活を守る会『田無小学校に於ける原爆展感想文集』一九五二年。

戸田芳實「原爆展の声」『日本学生詩集――ささやくように』理論社、一九五三年。

中岡哲郎『現代における思想と行動』三一新書、一九六〇年a。

中岡哲郎「ぼくらの青春の分岐点」京大同学会平和賞受賞記念会編『平和は求めて追うべし』一九六〇年b。

西岡洋　著者によるインタビュー　二〇一四年九月二九日。

白鷗遺族会『雲ながるる果てに――戦歿飛行予備学生の手記』出版協同社、一九五二年。

廣瀬方人　著者によるインタビュー　二〇一四年九月二四、二五日。

福間良明『「戦争体験」の戦後史』中公新書、二〇〇九年。

松井愈「朝鮮戦争下の科学運動」『底流』第七号、一九六五年。

丸浜江里子『原水禁署名運動の誕生』凱風社、二〇一一年。

三菱美唄炭鉱文学会編『炭炎』第五巻第八号、一九五二年。

吉田裕『日本人の戦争観』岩波現代文庫、二〇〇五年。

米山リサ『広島　記憶のポリティクス』岩波書店、二〇〇五年。

和氣和民　著者によるインタビュー　二〇一四年一〇月二日。

Masuda Hajimu, *Cold War Crucible: The Korean Conflict and the Postwar World*, Harvard University Press, 2015.

Masuda Hajimu, "Fear of World War III: Social Politics of Re-armament and Peace Movements in Japan during the Korean War, 1950-53," *Journal of Contemporary History*, 47 : 3, 551-71, 2012.

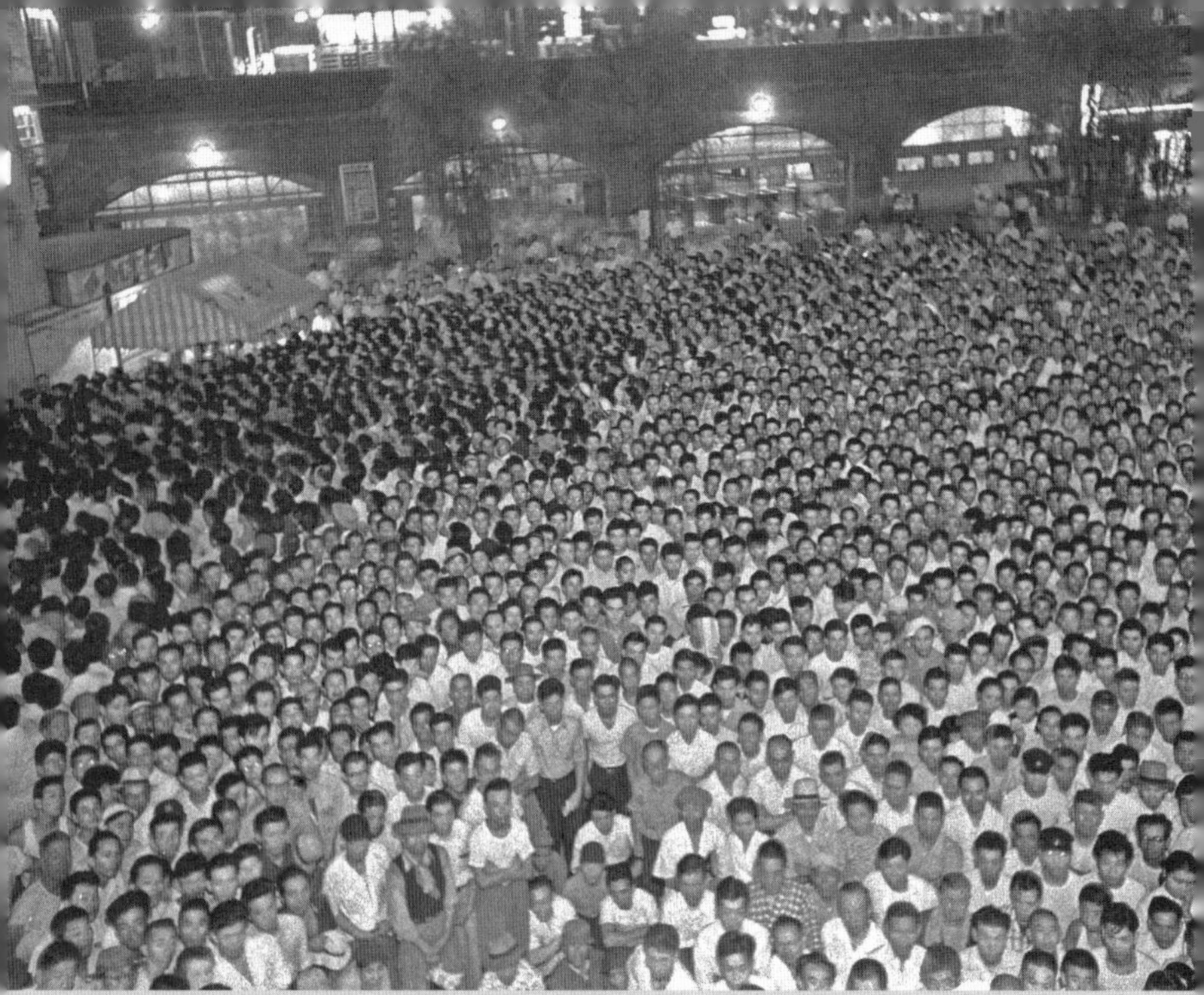

III 「豊かさ」へと向かう時代のなかで

［写真］
街頭テレビでプロレス中継を見るひとびと（1955 年 7 月，東京・新橋駅西口広場）．

1 YOSHIRO ISHIHARA

石原吉郎
——抑留を二度生きた詩人の戦後

いしはら・よしろう…1915–77　◉静岡県伊豆生まれ。1938 年東京外国語学校卒業、大阪ガス入社。39 年陸軍に応召、大阪露語教育隊に入隊。41 年ハルビン特務機関に勤務。敗戦後ソ連に抑留、49 年スパイ罪で有罪判決を受け、53 年まで服役。同年末舞鶴に帰還、詩作を開始。55 年詩誌『ロシナンテ』を創刊。56 年結婚、58 年就職。64 年詩集『サンチョ・パンサの帰郷』で H 氏賞受賞。69–72 年、抑留に関するエッセイを発表。精神的不安に襲われ、飲酒量増す。73 年『望郷と海』で藤村記念歴程賞受賞。76 年健康悪化。77 年 11 月入浴中に急性心不全で死亡。79–80 年『石原吉郎全集』刊行。

富田 武

戦後七〇年、シベリア抑留体験者は約六〇万人中もはや二万人ほどしか生存していない。その人たちも平均年齢九〇歳を超えている。当事者はその辛い体験を語ろうとはせず、家族にも話さず「墓場に持っていった」人が多い。戦後二〇年ほどして戦友会や抑留仲間の会が活発になり、その中では饒舌に語る人もいたし、文集や回想記(多くは私家版)が書かれた。戦後五〇年あたりから、自分の生涯を振り返って回想記を残す人が増えたように思う。三〇〇〇とも言われる回想記のうち、筆者は一割も読んでいないが、その中で石原吉郎の詩とエッセイはきわめてユニークである。

石原の作品は、飢えと寒さと重労働を描いた私的回想でもなければ、スターリンの収容所と共産主義、あるいは日本帝国の棄民棄兵を批判した社会的メッセージを意図してもいない。抑留回想記の中で高い評価を得ている高杉一郎『極光のかげに』(一九五〇年)のような冷静な観察に基づく天皇制軍隊とスターリン収容所に対する批判とも、内村剛介『生き急ぐ——スターリン獄の日本人』(一九六七年)のように収容所社会のロシア的特徴を活写した作品とも異なっている。

それは、一つは世代と経歴の差による。抑留体験者の多数が赤紙召集の、従って敗戦の年に二〇歳前後の若者だったのに対し、石原は一九一五年生まれ、職業・軍隊経験もあった。しかし、高杉(一九〇八年生まれ)のように「大正デモクラシー」を知った知識人(『改造』編集者)とは異なる。経歴としては、大学(東京外国語学校)時代にマルクス主義とエスペラントを学び、文芸部でも活動し、卒業後にキリスト教に帰依しながら陸軍に応召、露語教育隊を経て一九四一年渡満、諜報機関に勤務した。内村(一九二〇年生まれ)もハルビン学院でロシア語を学び、同じく諜報機関に、ただし他の職業を経ずに勤務している。

石原の帰国——詩作と心境

石原は一般の抑留体験者とは違って、諜報機関の前歴ゆえにスパイ罪の有罪判決を受け、抑留が長期に及び、帰国が一九五三年一一月末になっただけではなく、その長期抑留者の中でも際立っていた。帰国前のハバロフスク収容所ではアムール句会に顔を出し(主宰者が辺見じゅん『収容所から来た遺書』の主人公、山本幡男)、学生時代に感銘した北條民雄の『癩院受胎』を戯曲化し、上演に供したが、あまり人と交わらなかった。帰国後は長期抑留者団体「朔北会」の会員にはなったが、活動には加わらなかった。たしかに、抑留者たちにはアルバイトなど仕事の世話をしてもらったが、しだいに距離を置き、交友は詩人の結社仲間だけと言ってよかった。

1953年12月，品川駅に到着直後の石原吉郎．出典『石原吉郎全集Ⅲ』花神社．

詩の世界には「サンチョ・パンサの帰郷」でデヴューし(一九五五年四月)、「葬式列車」、「五月のわかれ」(鹿野武一追悼)、「忘れるものか」、「その朝サマルカンドでは」など、抑留にかかわる詩を発表した。しかし、帰国後三年間は「混乱期」、「極端な疎外感に悩まされた時期」で、五六年一月一日の日記には「帰還以来の日記を全部焼却した」とある。そもそも「疎外感」は帰国直後から味わっている。舞鶴駅から到着した品川駅で「速度というものに、まず私はおびえなければならなかった。なんのためにこれほどの速度を必要とするのか、私にはほとんど理解できなかったのである」。デヴュー作のタイトルが、違和感を持つ社会に抗う自分をドン・キホーテの従者に模したものであることは言うまでもない。

最大のショックは、五四年一月に郷里の伊豆に帰ったとき、親類から受けた冷たい仕打ちであった。抑留によって自分なりに戦争の責任を果たしてきたつもりなのに、①アカでないことを示してほしい、アカなら絶縁する、②親代わりになってもよいが、あくまで精神的にである、③祖先の供養をすべきだ、と言われた。「完全に忘れ去られたと思っていた私たちを、世間は実は決して忘れてはいなかったのだということを、はっきり思い知らされる日」だったのである（「肉親へあてた手紙」五九年執筆、六七年発表）。

おそらく、このあたりの錯綜した気持の現れが、朔北会の関係で今立鉄雄『日本しんぶん――日本人捕虜に対するソ連の政策』（一九五七年一月）に掲載された、石原にしては珍しい告発調の詩「忘れるものか」であろう。

忘れるものか

忘れるものか　白樺の
丘のはてから　はずれまで
雪にうもれて　もの云わず
白い墓標の　つづく道
そのちちははも　知らぬ日に
暗い権威の　手に追われ
闇から闇へ　消え果てた
ああいけにえの　幾柱《いくはしら》

忘れるものか　バイカルの
黝《あおぐろ》い波たつ　氷点下
凍るとばりの　そのかげで
僕を見ている　君の目を
誰がその目を　呼びかえす
遠い吹雪の　地平線
おき忘られた　韃靼《だったん》の
ああ犠牲《いけにえ》の　十余年

宮崎静夫「帰郷」(福岡市美術館蔵). 出典『死者のために——宮崎静夫作品集』石風社.

忘れるものか　はらからの
遠いなげきの　むせぶ声
幾山河《やまかわ》を　へだてても
父祖へつながる　そのいのち
やぶれし国の　おきてゆえ
うらみは述べぬ　朔北へ
一人たりとも　死なしむな
ああ同胞《はらから》の　きみたちを

抑留を追体験するエッセイ

「帰国直後の精神的な混乱とアンバランス、そしてそれに当然付きまとう失語状態から曲りなりにも抜け出すことができたのは、私に〈詩〉があったからだと思います。その後、私が散文を書き出すまでの十五年程の期間は、外的な〈体験〉を内的に問い直し、それから問い直す主体とも言えるものを確立するための、言わば試行錯誤の繰返しであったということができます」。こうして、石原は一九六九年から三年程の間に「確認されない死のなかで」、「ある〈共生〉の経験から」、「ペシミストの勇気について」、「沈黙と失語」、「強制された日常から」、「望郷と海」、「弱者の正義」など、抑留体験にかかわるエッセイを発表し続けた。

石原は、一九四五年一二月、諜報機関員ゆえソ連政治警察にハルビンで拘束されて貨車で輸送され、翌年一月末にカザフ共和国南部のアルマ・アタ（首都）に到着、第四〇収容所第三分所に収容された。この冬は例年より寒さが厳しかったが、慣れない日本人にはよけいこたえたという点で、すべての回想が一致している。中央アジアはそう寒くはないと思うのは誤解で、内陸性気候ゆえ寒さが厳しいうえ、ブランという雪嵐があった。収容所側の準備も整っておらず、抑留者は食糧不足に苦しんだ。食事は日に三回、黒パン三五〇グラム（三回分）と薄い野菜スープまたは穀物粥（カーシャ）で、とても重労働には足りなかった。黒パンは兵舎内のブロックごとに渡されるので、平等に切り分けられるかに最大の関心が集中し、抑留者たちがギラギラした眼で監視する様子は、吉田勇の絵「食糧の分配」でよく知られている。スープまたはカーシャは、飯盒《はんごう》を携行した兵卒でない場合は、二人一組で二つの空き缶に注がれたが、そこでも平等かどうかの監視があった。

吉田勇「食糧の分配」（舞鶴引揚記念館蔵）．出典『画集　一兵士のダモイへの道』新風書房．

石原はこれを「食缶組」と呼んで、平等と相互不信の背中合わせが、収容所内部の人間関係の特徴だと指摘している。「私たちは、ただ自分ひとりの生命を維持するために、しばしば争い、結局それを維持するためには、相対するもう一つの生命の存在に、「耐え」なければならないという認識に徐々に到達する」。「この不信感こそが、人間を共存させる強い紐帯」であり、「孤独とは、けっして単独な状態ではない。孤独は、のがれがたく連帯のなかにはらまれている」のである。それを石原は、ヤドカリとイソギンチャクの関係に擬して「共生」と呼んだ(「ある〈共生〉の経験から」)。

食事をめぐる生存競争が、隣でいつの間にか死んでいた仲間から隠し持っていた(三食に分けるため)パンを失敬し、さらには死んだ仲間の衣服を剝いで売ってパンに替えるといった「餓鬼道への転落」に至ることが記された回想記は少なくない。この生存競争は、帝国軍隊の階級制度が温存されたことによって、さらに、階級制度が「民主運動」で解体された後にできた委員会秩序とノルマ給食制度によって強化されたのだが、石原はそれに言及してはいるものの(「強制された日常から」)、糾弾するのではなく、あくまで「抑留生活の人間関係」の省察に徹したのである。

石原は一九四八年八月、同じカザフ共和国北部のカラガンダに移送された。第九九収容所第一三分所であり、同じ頃かの菅季治が第一一分所で通訳をしていた(のちに「徳田要請事件」の証人として国会に喚問され、自殺した)。第一三分所には、ソ連国防軍中央アジア軍管区軍法会議の出張法廷が併設されており、ここで石原は四九年二月ロシア共和国刑法第五八条第六項(スパイ罪)の嫌疑で起訴され、四月に自由剝奪・重労働刑二五年の最高刑を宣告された(死刑は四七年に廃止)。証拠調べも弁護人も、本人弁論もない名ばかりの裁判である。まもなくカラガンダ第二刑務所に移された。

石原はこれを不当な判決と受け止めるよりは、「故国へ手繰《たぐ》られつつあると信じた一条のものが、この瞬間にはっきり断ち切られた」と感じた。刑務所に収監されたとき、「故国に忘れられる」恐怖を覚えた。「故国の命によって戦地に赴き、いまその責めを負うているものを、すみやかに故国は呼び返すべきである」のに、捨て去られるかもしれないという恐怖である(「望郷と海」)。

石原は八月初めに、刑務所から別の収容所に移ったとき、露語教育隊の同級生だった鹿野《かの》武一とめぐり会った。バラックの鹿野に声をかけたら、出てきて「きみには会いたくなかった」と言われた。一週間ほどして、今度は鹿野が自分のバラックにやって来て、詫びた後に「もしきみが日本に帰ることがあったら、鹿野武一は昭和二十四年八月×日〔この日〕死んだとだけ伝えてくれ」と言い残して出て行ったという(「ペシミストの勇気について」)。

石原は、九月に他の囚人(受刑者)とともに、バム鉄道(バイカル・アムール鉄道、当時敷設中)地帯へ、ストルィピンカと呼ばれる囚人護送車(帝政末期の首相で革命運動を弾圧したストルィピンに由来)で移送された。ストルィピンカは、三日分まとめて与えられた黒パンと塩鱒を、悪質な囚人(刑事犯)に奪われないよう乗車前に食してしまうので、食べ過ぎで下痢を起こすうえ、三日も食事抜き、しかも塩鱒で喉が渇くので辛い移送だった。車内は排泄し放題で、不潔極まりなかった。しかし、こうした劣悪な処遇にも、生き残るためには適応せざるを得ず、人間として確実に「堕落」していくのであった。

ストルィピンカは、詩「葬式列車」が描いている。

葬式列車

なんという駅を出発して来たのか
もう誰もおぼえていない
ただ　いつも右側は真昼で
左側は真夜中のふしぎな国を
汽車ははしりつづけている
駅に着くごとに　かならず
赤いランプが窓をのぞき
よごれた義足やぼろ靴といっしょに
まっ黒なかたまりが
投げこまれる
そいつはみんな生きており
汽車が走っているときでも
みんなずっと生きているのだが
それでいて汽車のなかは
どこでも屍臭がたちこめている

そこにはたしかに俺もいる
誰でも半分はもう亡霊になって
もたれあったり
からだをすりよせたりしながら
まだすこしずつは
飲んだり食ったりしているが
もう尻のあたりがすきとおって
消えかけている奴さえいる
ああそこにはたしかに俺もいる
うらめしげに窓によりかかりながら
ときどきどっちかが
くさった林檎をかじり出す
俺だの　俺の亡霊だの
俺たちはそうしてしょっちゅう
自分の亡霊とかさなりあったり
はなれたりしながら
やりきれない遠い未来に

香月泰男「北へ西へ」(山口県立美術館蔵). 出典『香月泰男画集——生命の讃歌』小学館.

汽車が着くのを待っている
誰が機関車にいるのだ
巨きな黒い鉄橋をわたるたびに
どろどろと橋桁が鳴り
たくさんの亡霊がひょっと
食う手をやすめる
思い出そうとしているのだ
なんという駅を出発して来たのかを

ストルィピンカは、イルクーック州のタイシェット(バム鉄道西の起点)に到着した。そこの中継収容所で石原は鹿野と再会したが、ほとんど話さなかった。「鹿野と私の絶対の相異は、私がなお生きのこる機会と偶然へ漠然と期待をのこしていたのにたいし、鹿野は前途への希望をはっきり拒否していたことである」(「ペシミストの勇気について」)。ストルィピンカはタイシェットでさらに受刑者を加えて東進し、石原たちはコロンナ(受刑者用小収容所)33に入所した。ここでは木材伐採に従事したが、真冬はマイナス五〇度にもなる寒さはこたえたに違いない。

石原は、ここでの一年間が八年の抑留期間を通じて「最悪の期間」だと回想するとともに、自分がようやく鹿野のペシミズムに到達し得たと述べている。「生きる」という意志は「他人よりもながく生き残る」発想にしかなり得ないのであって、その意志を断念してペシミストになることほど勇気のいることはない。鹿野は、囚人が組まされる五列の隊伍において必ず外側に位置したが、それは、わずかによろめいただけでも撃ち殺される危険のある外側を選び、誰もが争って入る内側を譲る行為に他ならない。誰もが、生き残るためのどんな小さな可能性も、他人を蹴落としてでも手に入れ、その都度安堵するような状況における「ペシミストの勇気」である(「ペシミストの勇気について」)。なお、この頃の詩に「雲」がある。

雲

ここに来てわれさびし
われまたさびし
われもまたさびし
風よ脊柱をめぐれ
雲よ頭蓋にとどまれ
ここに来てわれさびし
さびしともさびし
われ生くるゆえに

石原は伐採期間終了とともに、一九五〇年四月コロンナ30に移動、流木、土工、鉄道工事、採石などに従事した。九月に沿線一帯のドイツ人及び日本人受刑者はタイシェットに戻り、ドイツ人は西送、日本人は東送されてハバロフスクに向かった。石原は、第一六収容所第六分所に収容された。ここで、八時間の労働と、日に三度の平等な食事により健康が回復過程に入った。しかし、肉体の回復に精神の回復が追いつかなかった。「精神の恢復は、まずなによりもその痛みの恢復である」し、それは個々人の営為である。「同じ釜の飯を食った」被害者という安易な連帯感によって、バム地帯で体験した「人間の根源にかかわる一切の問いから逃避」してはならないのであった(「強制された日常から」)。

一九五二年五月メーデーの日に、鹿野は突然絶食を始めた。四日目に石原が自分も絶食すると言って作業に出かけたが、帰ると鹿野が一緒に食事をしようと申し出た。鹿野が話したところによれば、前日の公園清掃・補修作業にかり出された日本人受刑者にハバロフスク市長の令嬢が自宅から食物を取り寄せて手渡したことが衝撃だったというのである。石原は「このような環境の中で、人間のすこやかなあたたかさに出会うくらいおそろしいことはなかったにちがいない」と記しているが(「ペシミストの勇気について」)、利他的な行為は、自分の生き残りの希望さえ捨てたペシミストにしかできないと思っていたのに、そうでない普通の人にもできることを知ったという意味であろう。

石原の帰国は、日本軍将兵と民間人を抑留して強制労働に就かせた最高指導者スターリンの死を転機とした。一九五三年三月五日スターリンが死去し、日ソ間にも緊張緩和が生まれ、一〇―一一月に両国赤十字社間で長期抑留者の送還に関する協定が結ばれ、送還第一船＝興安丸で帰国したのである(一一月三〇日)。石原がユーラシア大陸の奥地にあって思い描いた祖国は海の向こうであり、望郷とは海への想いに他ならなかった。詩「陸軟風」がそれである。この詩が『展望』に掲載されたとき「東シベリヤ・カラガンダ第二刑務所にて」というサブ・タイトルが付されていたが、それは「故国に忘れられる」恐怖を感じたときに他ならない。

陸軟風

陸から海へぬける風を
陸軟風とよぶとき
それは約束であって
もはや言葉ではない
だが　樹をながれ
砂をわたるもののけはいが
汀《みぎわ》に到って憎悪の記憶をこえるなら
もはや風とよんでも

それはいいだろう
盗賊のみが処理する空間を
一団となってかけぬける
しろくかがやく
あしうらのようなものを
望郷とよんでも
それはいいだろう
しろくかがやく
怒りのようなものを
望郷とよんでも
それはいいだろう

だが、いざ帰国、興安丸に乗ったとき、石原は「海を見ることが、ひとつの渇仰である時期はすでに終わりつつあった」と感じた。「これがあの海だろうかという失望とともに、ロシヤの大地へ置き去るしかなかったものの、とりもどすすべのない重さを、そのときふたたび私は実感した。その重さを名づけるすべを私は知らないが、しいて名づけるなら、それは深い疲労であった」。多くの抑留者に見られた帰国の喜びはなかったのである。

収容所における失語と自由

このように、石原はエッセイを書くことによって抑留を追体験した。それどころか、「ぼくにとってシベリア抑留体験が始まったのは帰ってきてから」だとさえ述べている。執筆の動機は、突き詰めれば鹿野の存在と死去であった。同じ船で帰国した鹿野は、一九五五年三月に病死した。「いまにして思えば、鹿野武一という男の存在は私にとってかけがえのないものであった。彼の追憶によって、私のシベリヤの記憶はかろうじて救われているのである。このような人間が戦後の荒涼たるシベリヤの風景と、日本人の心のなかを通って行ったということだけで、それらの一切の悲惨が救われていると感ずるのは、おそらく私一人なのかもしれない」(「ペシミストの勇気について」)。

のちに妹の鹿野登美への手紙でこう書いている(一九七二年)。「あの文章は、帰国後十五年ほど経て書いたものです。それまで私は、自分の体験についてはとても書けないと思っておりました。ただ、鹿野君については、シベリヤの環境で、例外的な生き方をつらぬいた日本人としての証言をのこす義務のようなものを感じておりました」。

他方、登美は返書で武一の手紙を紹介している。「ソ連にいた時、一つの立場をとろうとしたのですが、自分が余りにも非政治的な性格を持つことを思ひ知ったので、政治的な立場からは自分は〝脱落〟したのです。自分は〝人間性〟には政治的な立場をはなれて人間の〝真実〟があり、それによって人と人とが相結び得るとラーゲルで考へてゐました。しかしそれが不可能なことは菅さんの死がよく説明してゐると思はれます」。「あの厳しい生活条件――人間をすっかり裸にしてしまうと思はれる捕虜生活の中でも自分は虚栄の皮をかぶった、ポーズをもった人間だった」と。鹿野が帰国してから変わったのか、そう振る舞ったのか、いずれにせよ、石原の鹿野像とは異なっている。

ここで、あらためて石原の抑留生活観を整理しておきたい。そのために、右エッセイが、鋭くはあっても抑留生活のそれぞれの部分を描いたものであることに留意し、のちの講演ながら全体像を描いた「強制収容所の一日」を素材とする。一九七五年という晩年に、早稲田大学の学生向けに平易に説いたものである。

講演は「強制収容所〔石原が有罪判決により入った刑事犯・政治犯用の矯正労働収容所〕では一年以上の時間の感覚はありません」という印象的な言葉で始まり、起床、朝食、点呼と身体検査、作業現場での労働(冬場は森林伐採／一時間に一〇分、正午に一時間の休憩、ただし昼食なし)、帰営して点呼と身体検査、夕食、そして就床という日課を紹介している。食事のさいの醜い争いと乞食根性が指摘される。「人間は、あるところでこらえていると何とか体が持ちますが、その限度を越すと体ががたがたになってしまう。それはもう何でもかんでも口に入れるようになってしまう。ゴミ箱をあさったりするようになってしまう」。

食事に限らず「囚われ人として人間の醜さが、日常いたる所に出てきました。それは仕方ないし、自分だって同じです。強制収容所の特徴は、結局、可能性というものについてはあらゆる者が平等だということです。密告する可能性とか、人の物を盗む可能性とか、怪我をする可能性とか、完全に平等で、偶然それから逃れているにすぎない」。「良心とか人間らしさとか、そういうモラリティはないわけです」。「収容所という所は人間に対してお互いを見る眼が意地悪いですから、絶対に同情しません。〔中略〕人間に対しては絶対に冷酷です。〔中略〕強制収容所の中では自分一人で生きていくしか仕方がないわけです。私たちは収容所という制度の中で自分を守ると同時に、同じ囚人に対しても自分を守るわけです。〔中略〕ですから隣人に対してとても冷酷になるし、信用しなくなります。みんな徹底したエゴイストになります」。「ただそういうことを苦しいと感じる感覚が麻痺していますから、それで助かっているわけです。生の感覚で収容所へ行ったらやはり気がふれてしまいます。物を考えない、考える力がないということが囚人を救っているわけです」。

石原は講演を「夜眠っている時が、私たちにとってもっとも幸福な時でした」という言葉で締めくくっているが、それはナチ労働戦線指導者ロベルト・ライがナチズムの全体主義的性格を誇って語った言葉「眠ることのみが私事である」を想起させる。石原は帰国後しばらく経ってから翻訳されたフランクルの『夜と霧――ドイツ強制収容所の体験記録』を読んで深い感銘を受けたが、この講演でも精神病理学者である著者の言葉「強制収容所症候群」を用いている。詩「終りの未知」(一九七一年)のタイトルも、この著作に由来している。

石原が『夜と霧』に共感したのは、ナチ絶滅収容所とソ連強制収容所との違いをどの程度まで認識していたかは別として、囚人の人間としての堕落の過程が自分の体験と合致したからだと思われる。「苦悩する者、病む者、死につつある者、死者――これらすべては数週の収容所生活の後には当たり前の眺めになってしまって、もはや人の心を動かすことができなくなるのである」。「この、ただ生きるということが、自分のそしてお互いの唯一の目的であったのだ。囚人たちが労働場から収容所に夕方精根尽き果てて帰って来て、典型的な深い溜息と共に「さて、また一日が過ぎた」と叫ぶのをいつも聞くことができたのである」。「囚人は考えられない程の劣悪な栄養不足に悩まされねばならなかったから、当然のことながら収容所における「低下した」精神生活の原始的衝動性のうちでは食欲が中心になった」。「生命維持という最も原始的な関心に役立たないすべてのものの価値がなくなった、〔中略〕あらゆる精神的な問題、あらゆる高次の関心の減退を惹き起した。一般的に収容所においてはいわば文化的な冬眠が支配していた」。「かつての収容所囚人の体験の報告や談話が一致して示していることは、収容所において最も苦しいことは囚人がいつまで自分が収容所にいなければならないか全く知らないという事実であった」(終りの未知!)(『夜と霧』)。

おそらく石原が最も共鳴したのは、フランクルがこうした収容所の外的強制と内的惰性のもとで他の、人間的な生き方ができるかと問い、然りと答えた点である(「告発の姿勢」と「被害者意識」からの離脱にも共鳴した)。「元来精神的に高い生活をしていた感じ易い人間は、ある場合には、その比較的繊細な感情素質にも拘らず、収容所生活のかくも困難な、外的状況を苦痛ではあるにせよ彼等の精神生活にとってそれほど破壊的には経験しなかった。なぜならば、彼等にとっては、恐ろしい周囲の世界から精神の自由と内的な豊かさへと逃れる道が開かれていたからである。かくして、そしてかくしてのみ繊細な性質の人間がしばしば頑丈な身体の人々よりも、収容所生活をよりよく耐え得たというパラドクスが理解され得るのである」。

しかし同時に、石原は、フランクルのいう「精神の自由」が成り立ち得るのかという問いを突きつけている。「一般に囚人は、現在の実感については語らない。現実が決定的に共有されているとき、それについて語ることの意味はうしなわれる。そこで人びとは、言葉で話すことをやめるだけでなく、言葉で考えることをすらやめる。一日の大部分がいわば条件反射で成り立っている生活では、思考の自立の誘因となる言葉から、人びとは無限に逃避するだけである」(「沈黙と失語」)。それが「失語」であるが、他人とのコミュニケーションの喪失のみならず、自己内対話の喪失をも意味している。別のところで「ことばは結局は、ただ一人の存在である自分自身を確認するただ一つの手段である」とも述べているからである(「失語と沈黙のあいだ」)。そのような「失語」状態では「精神の自由」が成立しないのではなかろうか。

そのコミュニケーション断絶、「失語」の状態を石原は「寂寥」と呼ぶ。「孤独ではない。やがては思想化されることを避けられない孤独ではなく、実は思想そのもののやすらぎであるような寂寥である。私自身の失語状態が進行の限界に達したとき、私ははじめてこの荒涼とした寂寥に行き当たった。衰弱と荒廃の果てに、ある種の奇妙な安堵がおとずれることを、私ははじめて経験した」(「沈黙と失語」)。

フランクルの言う「自由」は明解で、内村も、囚人は物理的・肉体的には拘束されているが、精神的には自由であり、監視している側こそ実は隷従していると語っているが、石原の「自由」はさほど明解ではない。晩年の講演「「自由」について」では(一九七五年)、「シベリアの強制収容所という環境での自由ということは、ある一点にある姿勢で立つということ」だと語っているが、これまでの文脈からして、収容所の外的強制はむろん、内的惰性にも従わずに生きるという意味であろう。世の中で安易に語られる「生温い自由」ではなく、「絶対的な自由」「苛酷な自由」であり、「人間の根源的な孤独、ある寂寥というものにもつながっていきます」とも述べている。しかし、「失語」の果ての「寂寥」に「自由」を見出すことは難しい。

石原はまた、小文「聖書とことば」で(一九七五年)、こう書いている。「帰国後しばしば私は、シベリアで信仰が救いになったかとたずねられた。実は信仰というものがそのような、危機に即応するようなかたちで人間を救うものでないことを痛切に教えられた場所こそシベリアであったと、すくなくとも私にかぎっていえそうな気がする」。およそ石原のような無教会派的キリスト者にとって聖書を持たない(持てない)収容所での信仰維持は考えにくく、ましてや「失語」状態では「神との対話」(自己内対話)も成立しなかったはずである。フランクルがナチ収容所で目撃した、「文化的冬眠」の中で維持された宗教的関心の現れ＝祈りの感動的な場面は、石原については想像できない。

石原の見た戦後日本社会

すでに見たように、石原は肉体の回復と精神の回復のアンバランスを感じながら、舞鶴港に降り立った。「僕にとってこれまでついに始まることのなかったもの——それはたぶん生活というものであったかもしれないが——それは、これからも始まることはないだろう。舞鶴へ着いた最初の夜、僕は勝手にそう考えた。僕は働くのがいやだった。栄養失調と動物的な恢復をせわしなくくりかえして来た僕の躰は、労働というものを本当に憎んだ」(「こうして始まった」一九六〇年)。さらにのちには、帰国後三日か四日の思い出を日記に「人を押しのけなければ生きて行けない世界から、まったく同じ世界へ帰って来たことに気づいたとき、私の価値観が一挙にささえをうしなったのである」と書いている(七四年一月二二日)。戦後復興を急ぐ社会が競争社会であり、エゴイズムの横行する世界だと知り、収容所生活と変わらないと実感したのである。

そこで、石原は定職に就くことなく、ラジオ東京のアルバイトでも、自分のテキパキした仕事ぶりが他人から仕事を奪う結果になったと知って、約半年で辞めてしまった。ようやく一九五八年、収容所時代の友人の世話で社団法人「海外電力調査会」に臨時職員として就職、六二年には正規職員になっている。ソ連の電力事情などをロシア語文献の翻訳により紹介する仕事だが、『海外電力』に掲載された訳文は実に几帳面である。一九六四年にはカンボジアに出張もしている。六六年の友人への手紙にはこうあった。「三月一日からまた出勤しています。そして以前よりも仕事の嫌いな、周囲にずっと無関心な、平均的なサラリーマンとなって、適度な拘束の中で時間をすごしております。神経は以前よりもややデリケートになりました」。石原にとって、仕事は「糊口をしのぐ」手段だったのだと思われる。

抑留体験者との交流も途絶えていった。晩年の北村太郎との対談で「もうほとんど溶け込んじゃったんでしょうかね。高度成長社会に」と問われて答えている。「いや、もう考え方も僕とはかなりずれているしね。だから話しても仕方がない。自分だけをかわいがっているわけですね。やっぱり一度は徹底的に自分を追いつめなければいけないと思うけれど、そういうところに目をつぶっている。あまりシベリヤ帰りの人に会いたくない理由です」。北村の問いは俗耳に入りやすいが、抑留体験者の多数は生活のために「過去を封印」して語らなかったし、家族も周りも敢えて訊かなかったと言うべきである。それはともかく、石原が周りの抑留体験者を見るまなざしはきつい。直後の小文「ある再会」ではこうも書いている。「シベリア帰りの旧知と会うとき、当然タブーとなっている話題があって、そのことをはっきり自覚したうえで、互いに目をそむけながら、あらぬことを語り合う苦痛は、経験した者にしかわからないだろうと思う」。

ここで、抑留体験者と遺族・家族がどういう思いで、石原たちの第二次帰還、戦後二〇年、三〇年を迎えたのか、当時の短歌を一首ずつ挙げておこう（『昭和萬葉集』一一、一四、二〇巻）。

夫がもしや生きてゐるかと在ソ抑留者名簿発表の朝刊を見る（小泉茂）
黒パンを抱きしまま死にゆきし君が遺言誰に告ぐべき（今野養三）
ハバロフスクのガイドに来たる未帰還兵固く黙して日本を語らず（工藤光夫）

第二次帰還は一九五六年日ソ共同宣言調印の年末に終了し、シベリア抑留問題は解決済みという見方が広まり、注目されなくなったが、一九六一年にハバロフスク、チタ埋葬地への墓参が許可されると、以前ほどではないにせよ報道もされるようになった。第三首は、ロシア人と結婚その他の事情によって帰還しなかった兵の一人（おそらく吉田明男）のことで、これも抑留のもたらした悲劇の一つだった。抑留は、石原個人の文学的営為が知識人に与えた影響とは別に、戦後日本社会に長くトラウマとして記憶され、時に想起されたのである。その意味を問い、再び大きな社会運動となるにはもう少しの時間が必要だった（一九七九年全国抑留者補償協議会結成）。

石原は死の前年の小文「戦争と死と私」で、八月一五日（ハルビンで迎えた）の茫然自失を振り返ってこう述べている。「先取りされた終結が、終結とならなかった瞬間から、終結のうらがえしとしての生が始まる。延長という思想にほとんどうかつであった私が、あらためて延長そのものを認めざるを得ない立場におかれたとき、はじめて死は生の延長にほかならず、死ぬまで生きるしかないのだという立場へひきもどされた。私にとってそれは予想もしない「猶予」であった。爾後どのような困難な環境を経過せねばならなかったにせよ、この猶予においてこそ、今も私は生きているのである」。

「一身にして二生を生きる」という言葉がある。戦前派が敗戦を境に異なる二つの人生を生きたという意味でよく用いられるが、石原は現実の体験とエッセイの追体験とで「抑留を二度生きた」、しかも二度目は「猶予」として――ただし、いっそう苦しんで――と言うべきである。そして、二度目に到達した「寂寥」の境地から、晩年に好んで北鎌倉などの寺を巡り、詩集『北條』や『足利』が生まれた。石原の好きな空海の言葉「仰々として円寂に入る」の境地に近づこうとしたのであろう。アルコール依存症に陥り、精神的にも病みながら、キリスト教的実存主義(神に存在せしめられてある自己)から、仏教的観照＝悟りを求める「日本的実存主義」(存在するという自己意識の消滅)に限りなく接近した晩年だったのである。

参考文献

鮎川信夫・粕谷栄市編『石原吉郎全集』ⅠⅡⅢ、花神社、一九七九―八〇年。

内村剛介『生き急ぐ――スターリン獄の日本人』三省堂新書、一九六七年(のちタイトルのメイン、サブを入れ替えて、中公文庫、一九八五年)。

多田茂治『石原吉郎「昭和」の旅』作品社、二〇〇〇年。

富田武『シベリア抑留者たちの戦後――冷戦下の世論と運動1945―56年』人文書院、二〇一三年。

西尾康人『凍土の詩――シベリア抑留八年、爪で書いた記録』早稲田出版、一九九五年。

畑谷史代『シベリア抑留とは何だったのか――詩人・石原吉郎のみちのり』岩波ジュニア新書、二〇〇九年。

フランクル、V・E『夜と霧――ドイツ強制収容所の体験記録』みすず書房、一九五六年。訳者の霜山徳爾も、抑留を体験した臨床心理学者であることが名訳を生んだ。

2 RIKIDOZAN

力道山

――ヒーローと偏見

りきどうざん…1923-63　◉本名、金信洛《キムシンラク》。1923年、日本植民地時代の朝鮮半島咸鏡南道(現北朝鮮領)に生まれる(生年については異説あり)。40年、渡日し、大相撲二所ノ関部屋に入門。戦後、関脇まで昇進するが、50年に廃業。同年、就籍届を提出し、日本戸籍を得、百田光浩を名乗る。翌年、プロレスラーに転向し、アメリカで修業した後、54年に木村政彦とタッグを組んでシャープ兄弟と対戦し、街頭テレビを通してプロレス・ブームを起こした。58年以降、プロレスはテレビのレギュラー枠で高視聴率を維持し、力道山は実業界にも進出した。63年、大野伴睦の要請を受けて極秘訪韓したが、同年末、ナイトクラブで暴力団員に刺された怪我により入院し、死亡した。

岡村正史

「なぜ力道山を殺さなかったのか」

近年、プロレス・格闘技関係の本でいちばん売れたものは増田俊也『木村政彦はなぜ力道山を殺さなかったのか』（新潮社、二〇一一年）であろう。売れただけではない。同書は二〇一二年、大宅壮一ノンフィクション賞を受賞した。木村政彦は有名な柔道家で、力道山より早くプロレスに転向し、力道山のタッグパートナーも務めた。が、一九五四年一二月二二日に力道山と対戦し、惨敗を喫した。

それにしても、物騒なタイトルである。『木村政彦……』のセールスとしての成功の多くは「なぜ力道山を殺さなかったのか」というインパクトの強いタイトルにあったと考えている。「木村政彦評伝」では、迫力が出なかっただろう。やはり「力道山」という名前を出すことに意味があった。しかも、そこに「殺す」が付け加わっている。

このタイトルに対する表立っての異議申し立ては寡聞にして知らない。

私はこのタイトルを目にしたとき、違和感を禁じえなかった。ミステリーの題名ならともかく、力道山は実在の人物である。著者の力道山に対する敵意を感じた。作品自体は力作である。ただ、木村の名誉を回復しようという気持ちがあまりにも強すぎる。プロレスにおける勝敗は意味がないと何度も強調しながら、木村の力道山に対する敗北に執拗にこだわる矛盾、その根底にある柔道の

ルー・テーズに空手チョップを浴びせる力道山．1957年10月7日，東京・後楽園球場．写真＝毎日新聞社．

神聖視とプロレスへの偏見を感じざるをえなかった。

ここで、押さえておきたいのは、プロレス・格闘技をめぐってはその特性から来るのか、それらを語るとき、強い思い入れに支配されやすいということである。もっと冷静かつ客観的なスタンスをとることはできないのだろうか。私は長年そんなことを考え、実践もしてきた。私も会員になっている現代風俗研究会のワークショップ活動として、プロレスを学術的に考えることを目指す「プロレス文化研究会」を立ち上げさえした。

したがって、本稿を、実際に力道山を目撃した高齢者(当時は若者)を対象としたアンケート結果の紹介から始めてみたい。力道山にできるだけ客観的にアプローチしたいからである。

力道山に関するアンケートより

いささか古いデータにはなるが、私は二〇〇二年一〇月と二〇〇三年五月に兵庫県阪神シニアカレッジで「力道山と日本人」と題して講義を行った。その折に、力道山およびプロレスに関してアンケートを実施したのである。力道山の死後四〇年というタイミングであった。

回答数は一八三。男性一一三、女性四七、性別無回答二三で、全体の八割近くが一九三一―四一年に生まれていた。プロレスラー力道山を初めて目撃したのは一三―二三歳ということになる。

「力道山の生前プロレスをよく見ていたか」という質問に対しては、「よく見ていた」「ときどき見ていた」を合わせると八二パーセントという数字になった。ちなみに、「まったく見たことがない」は五パーセント弱である。

プロレスを見る手段としては、やはり「自宅のテレビ」がもっとも多く、ついで「街頭テレビ」「近所の家のテレビ」「映画館(ニュース映画)」と続いた。「会場で観た」人はわずかに三人であった。

「力道山の死後、プロレスを見ているか」については、「あまり見たことがない」「まったく見たことがない」で五二パーセントを超えた。力道山の死とともに半数の人がプロレスから離れたということになる。

さらに、このアンケートから、プロレスが「嫌いな人」は三六パーセントで、「好きな人」の二二パーセントを上回っていること、プロレスを「スポーツ」と思う人は一三パーセントにすぎないが、「ショー」だと思う人が八割に達することが判明した。プロレスに好意的な空気とは言えない。

それでは、力道山に対してはどうなのか。

「力道山は好きでしたか」という質問に対して、「好きだった」「どちらかといえば好きだった」を合わせると六四パーセント近くに達した。男性だけに限定すると七七・七パーセントである。これは「プロレスが好き」「どちらかといえば好き」の合計である二二パーセントに比べて、かなり多い数字である。力道山の死後、プロレスを見なくなった人の比率を考え合わせると、妥当な数字といえるだろう。

好きな理由としては、「強い」「日本人に勇気を与えてくれた」「外人を負かす」が上位を占めた。複数あった回答を列記しておく。「技の切れ」「空手チョップ」「強い相手に立ち向かう」「フェア」「一生懸命、真剣」「正義の味方」「最後は勝つ」「子供たちのヒーロー」「素直」「カッコ良かった」「新スポーツをリードしたバイタリティ」「相撲界より転向した経緯が好き」。

一方、四パーセントにすぎなかった「力道山が嫌い」な理由では、「プロレスに興味がない」を先頭に、力道山個人というよりはプロレスに対する否定的評価が目立った。

力道山でいちばん印象に残っていることは何なのか。

「空手チョップ」という回答がもっとも多く、全回答の四割を占めた。次いで、「死に方」「木村政彦戦」「黒タイツ」「ルー・テーズ戦」「シャープ兄弟戦」と続いた。中には、「力道山が信頼していたドクターが知り合いだったので、大阪でプロレス開催時多量の出血のため診察に行かれたときお供しました。そのときベッド(ダブルベッド)の上に横たわっている彼を見て、あまりに大きかったので驚いたことを覚えています」と具体的な体験を記す回答もあった。

最後に、「力道山が朝鮮半島出身であることは今日では新聞、書籍、テレビ等で広く知られています。ところが、力道山の生前、この事実は一般には秘密にされていました。ところで、あなたは力道山の生前にこの事実を知っていましたか」という設問を置いた。この質問への回答は「はっきり知っていた」八・七パーセント、「うすうす知っていたような気がする」三七・二パーセント、「知らなかった」四八・六パーセント、「覚えていない」五・五パーセントである。

大相撲時代の力道山を覚えている人は二六パーセントいた。相撲通の間では、力道山が朝鮮半島出身であることは広く知られていたといわれている。先の質問に「はっきり知っていた」と答えた一六名のうち、大相撲時代の力道山を覚えている人は八名であった。なお、「うすうす知っていたような気がする」の中には、実は死後知ったが、生前から知っていたような気になっている回答が含まれている可能性を否定することはできないだろう。

「力道山でいちばん印象に残っていること」をランダムに挙げてもらった回答の中に「在日の身として堂々としていた」がある反面、「力道山が嫌いな」理由に「真の日本人ではないから」があったことを付け加えておきたい。

アンケートからは、当時の大衆（若者）が力道山に抱いた一般的なイメージが浮かび上がってくる。それでは、力道山はどのようにしてこういうイメージを獲得していったのだろうか。

大相撲時代

一九四〇年に渡日し、二所ノ関部屋に入門した金信洛《キムシンラク》は力道山と名づけられた。序の口のときの番付には「朝鮮　力道山昇之介」とあったが、序二段では、「肥前　力道山光浩」と変わっていた。力士としては力道山の二年先輩で後に相撲・プロレス・演芸評論家に転じた小島貞二は、「力道山が朝鮮出身であることを、新しい発見のように書く人もいるが、相撲界ではみんな知っていたことだ。当時、朝鮮はおろか、台湾、あるいはアメリカからの力士も少なくなく、別に仲間うちが差別の目で見るようなことはなかった」(小島 一九八三、一〇頁)と証言している。その通りだろう。しかし、力道山本人およびその周辺では、本人の出世のためには朝鮮半島出身であることを隠そうとする力が働いていたことも事実である。『野球界』一九四二年一二月号の「幕下有望力士放談会」で、力道山は「物言いを付けるようで変ですが、僕は半島出身のようになっていますが、親方(玉の海)と同じ長崎県ですから、よろしく」と語っている。

渡日の二年前に、長崎県大村出身で玉の海梅吉後援会の幹事であった百田巳之助《ももたみのすけ》(通称巳之吉)によってスカウトされた金信洛こと力道山は、一九五〇年に東京都中央区に就籍届を提出し、翌年「長崎県大村市二百九十六番地」を本籍とする「百田光浩」として日本戸籍が作られた。両親は百田巳之助とたつ、でその「長男」として「大正拾参年拾壱月四日」に生まれた、ということになった。このとき、両親とされた二人はすでに故人であった。

就籍届が出された時期は、力道山が相撲界を去った直後に当たる。一九五〇年九月に力道山は自宅で自ら髷《まげ》を切った。なぜ大相撲をやめなければならなかったのか。様々な説がある。もちろん、民族差別は考慮に入れなければならないだろう。外国人では横綱になれなかったと書く人もいる。

だが、私が小島貞二に生前インタビューしたときの印象では、それよりもむしろ二所ノ関部屋というけっして主流ではない部屋に属したが故の悲哀を感じた。小島は出羽海部屋に属していたが、彼の言葉を借りれば「相撲界の東大」である。これに比して、二所ノ関部屋は傍流であった。それゆえに番付編成上で不利な点があったというのである。

力道山は一九四六年一一月場所で入幕、四八年一〇月場所で小結に昇進し、四九年五月場所で関脇となっている。ところが、この場所は三勝一二敗の散々な成績に終わった。川蟹を食べたことが原因で肺臓ジストマを患い、最悪のコンディションだったからである。同年一〇月場所は前頭二枚目に転落したがかろうじて勝ち越し、五〇年初場所で小結に戻って一〇勝五敗。この場所では同じ部屋の先輩力士神風(前頭四枚目)が二横綱を倒して九勝六敗の成績を挙げたが、次の場所では前頭筆頭にとどまった。この扱いに不満を抱いた神風は五月場所の初日に敗れるとあっさり引退宣言をしている。一方、力道山は順当に関脇に復帰している。

玉の海は「入門から敗戦時までの力道山は、とても素直でいい子で、けいこ熱心だった。だが、敗戦後は気持ちが変わったのか性格は一変した」と語っている。戦前・戦中の力道山は「日本人」になろうと努力していたが、戦後「戦勝国民」とされ、心境の変化が起こったことは当然であろう。相撲記者に転身していた小島は、力道山が稽古で日本人力士にことさら威圧的な態度で接し、厳しく当たっていたことをよく覚えていた。

また、弱小部屋のリーダー格になっていた力道山は部屋の再建に彼なりに努力していたが、親方玉の海との確執は大きくなるばかりであった。

玉の海は、力道山が駐留軍のアメリカ人と親しくなり、インディアンというオートバイを乗り回すなどの力士らしからぬ生活態度に業を煮やしていた。戦後一転して「外国人」扱いされた力道山は、戦勝国アメリカへの憧れを強めていたのである。と同時に、インディアンに乗って新宿の朝鮮学生同盟に現れ、特別配給としてビールなどを受け取っていた。肺臓ジストマで入院したときには、部屋の力士は誰も見舞いに来ないというくらいの孤立ぶりであった。

朝鮮半島の戦後史は、力道山の心理にどのような影響を与えていたのだろうか。故郷の地は朝鮮民主主義人民共和国領となり、一九五〇年六月には朝鮮戦争が勃発した。断髪はその三カ月後のことだった。実は、朝鮮戦争の直前、力道山は高知県の鰹《かつお》遠洋漁業船「力道山丸」にまつわる保険金詐取容疑で高知署から取り調べを受けていた。力道山の熱心なファンが「力道山丸」と名付けた持ち船が火災を起こし、力道山本人が保険金の一部を手にしていたところから容疑を受けたのである。力道山は無関係であることを主張し、嫌疑は晴れている。しかし、この件で相撲を続ける気力が失せたとの指摘がある。

プロレスラー・デビュー

力士を廃業後、後援者である新田新作の世話で新田建設資材部長となり、無頼の日々を送っていた力道山は一九五一年一〇月に来日中のボビー・ブランズらアメリカのプロレスラーの興行に参加した。これが一般にレスラーとしてのデビューとなっている。

ところで、最近の研究によると、この時点でも相撲への未練は絶ちがたく、新田が後援会長を務めた横綱東富士らが相撲界復帰工作を進めたものの失敗に終わっている。そして、翌五二年二月にプロレスラー転向及び渡米壮行会が開催され、ブランズとの契約でハワイへ渡るというあわただしさであった。新田はプロレス転向に難色を示していたため、興行師・永田貞雄の後押しで何とか転向できたのが実態だった。その永田も自分の役割はそこまでと思っていたのか、五三年三月に力道山が帰国した当初は日本でのプロレス興行実施に消極的であった。力道山の度重なる説得に折れた永田は料亭を売り払って元手を作り、七月に日本プロ・レスリング協会が発足した。会長には横綱審議会委員長・坂井忠正が就任し、役員には楢橋渡《ならはしわたる》ら政治家が並んだ。

永田は力道山がプロレスの道を選んだ理由を後年、「人気が出れば、事業家になれる」(『週刊ポスト』一九八三年八月二六日号)からだと語っている。戦前浪曲興行で名を売り、戦後は美空ひばりを始めとする歌謡曲興行で大物興行師の名をほしいままにした永田はアメリカでプロレスを見たことがあり、力道山の提案に成算を覚えたのであろう。

実は、永田は五一年に戦後外国人タレント第一号ともいうべきケニー・ダンカンの興行を成功させていた。ハリウッドの西部劇スターにして、二丁拳銃の名手で、投げ縄を自由に扱うという触れ込みのダンカンは国連軍の慰問のために来日し、熱狂的な歓迎を受けた。広島では知事、市長、警察幹部が真夏にもかかわらずフロックコートに威儀を正して出迎えるような熱狂ぶりだった。数万人の広島市民は日の丸と星条旗を打ち振り、その中を会場までオープンカーでパレードした。ところが、ダンカンは馬には乗れない、もちろん拳銃の曲撃ちなんてとんでもないという代物だった。

ルポライターの竹中労は、虚実ないまぜになった宣伝、権威との連携に戦後興行師の基本パターンの確立をみている。

この手法は力道山のプロレスにも当てはまるのではないだろうか。プロレス自体が虚実皮膜の世界であることはいうまでもない。そして、日本に本格的にプロレスを導入するに当たって、政治家も動員した日本プロ・レスリング協会を作り上げ、権威付けを行う。力道山も心得たもので、五四年二月の東京でのシャープ兄弟との興行にあくまでこだわり、新田の筋から北海道で木村政彦と対戦しないかと打診があったのを断っている。日本のプロレスは東京からスタートしなければいけない、しかも相手は外国人で、という線を崩さなかったのである。敗戦、それに続くGHQによる占領期を経て、時代の空気はどういうものか、大衆は何を求めていたのか、を鋭く感じ取っていたのであろう。

シャープ兄弟興行では蔵前国技館に「元大関・力道山」という看板が出ていたという。小島貞二がすぐに指摘して直させたが、関脇を大関と称する興行的センスは永田的な気がする。

力道山が木村政彦とタッグを組んでシャープ兄弟と対戦した初日、国技館は満員ではなかった。ところが、この試合をNHKと日本テレビが放送し、翌日から満員となったのである。人びとはもっぱら街頭テレビで観戦したことは戦後史の有名な一こまである。

この試合のハイライトシーンはいうまでもなく、力道山の空手チョップであり、前述のアンケート結果でもそのことは確認できる。

と同時に、ボディスラム（抱え投げ）に注目したい。一七〇センチメートル台の力道山が、二メートル近くあるシャープ兄弟をボディスラムでポンポン投げる。逆に、木村はシャープ兄弟によってボディスラムで何度も投げられフォールを許す。ボディスラムで重要なことは投げられる側の微妙な体重移動にあるといわれている。シャープ兄弟はこの技術が巧みだったように思う。その結果、力道山のパワーが観客には印象付けられることになるのだ。一方、木村の一本背負いはプロレス的には見劣りがした。

力道山の輸入したプロレス

ボディスラムやドロップキック（飛び蹴り）は当時のアメリカでも最先端の技であった。アメリカのプロレスは大雑把に言って、前史としての「プロ・レスリング」の時代から「プロレス」に推移した歴史を有している。一般には wrestling と称するが、rasslin' という蔑称も存在している。レスリングにリアルファイトがありえた「プロ・レスリング」の時代は、フランク・ゴッチの引退で幕を閉じた。一九一三年のことである。二〇年代に「改革」が断行された。その改革の根本は、真剣勝負を捨てて一致協力して観客に面白い試合を提供するという点にあった。つまり、競技性の放棄である。プロ・レスリングの興行はリアルファイトである限り、退屈な代物になりさがっていた。膠着状態がひたすら続く数時間に及ぶ試合など、当時の人びとにとっても退屈極まりないものだった。とにかく面白い試合を演出しなければならない。そのためには、レスリング技術を知らないフットボールからの転向者がチャンピオンになる事態さえ生じた。

アメリカでは一九四〇年代からテレビ放送が始まり、戦後に入ると、プロレスは人気番組となった。草創期のテレビにとってプロレスは、安い経費で放送ができる優良コンテンツであった。しかも、未発達のカメラ技術でもじゅうぶん対応できる。そして、テレビはプロレスに派手なアクションを求めた。地味な寝技ではテレビ映りがよくない。そこで、ボディスラム、ドロップキック、ロープワーク、コーナー最上段からの攻撃などレスリングとはまったく関係のない動きが次々に開発されていった。空手チョップも同様である。アメリカでは単にチョップと呼ばれていた悪役イメージのあった技に、日本テレビの佐土一正アナウンサーがそれだけでは物足りないと、まったく関係のない「空手」という言葉をくっつけてできた造語なのだ。力道山が空手チョップでいちばん留意したことは、いかに大きい音を出して観客を驚かせることができるか、という点であった。もちろん「空手」で日本のイメージを強調する狙いもあっただろう。

力道山が紹介したプロレスは一九四〇―五〇年代の変容を経たものであった。しかも、日本受けしそうにない部分は巧みに排除した。ゲイのレスラー、女子レスラー、小人レスラーなどプロレスのショー的な部分が剝き出しになる要素はことごとく排除された。最初の五年間は覆面レスラーもリングに上げていない。

力道山が目指したものはプロレスを「スポーツ」のように見せることだった。日本では幸いなことにレスリングに対する理解は深くない。リング上で空手チョップが出ようが、ボディスラムが出ようが、「それはレスリングではない」と非難されることはない。

世界最高峰といわれ、一九五七年以降、日本でも力道山と名勝負を繰り広げたことで知られたルー・テーズは、自伝“Hooker”において、レスラーとパフォーマーを峻別している（ちなみにhookerとはプロレス界の隠語で、裏技を使えるレスラーのことである）。テーズ自身はレスラーであるが、力道山はパフォーマーである。テーズは「プロ・レスリング」の時代を体験した師匠連中にレスリングの手ほどきを受けたため、レスラーとしてのプライドは内に秘めていた。しかし、「プロレス」の時代になってからチャンピオンとなったため、優れたパフォーマーにも寛容である。戦後テレビで放映されるようになり、さまざまなギミック（キャラクター）を持ったプロレスラーが登場するにおよんで、テーズは「私のギミックはレスリング」とさえ語るにいたった。

知識人のプロレス認識

そんな内部事情を当時の観客が知る由もない。プロレスは「新興スポーツ」として受け容れられたのである。もちろん、知識層の多くにはスポーツとして認識はされていない。送り手の日本テレビにもそれはいえる。

日本テレビ社長だった正力松太郎は、プロレスがスポーツではなくエンタテインメントであるという本質を見抜いていたからこそ、プロレスのテレビ放映にゴーサインを出したのである。スポーツはプロ野球で十分なのだ。柔道を神聖視していた正力は「プロ野球の父」といわれることを好んだが、「プロレスの父」と呼ばれることは嫌った。

「日本ではプロレス中継が大変なモテようだが、アメリカの場合プロレスは下品なものにされている。これは演出法のアクドサ、たとえば日本人レスラーは羽織、ハカマであらわれて醜態を演ずるというような見せ方に原因があるのだろうが、とにかくストリップなみに扱われており、ネット番組には流してはいない」(日本テレビディレクター・松本紀彦、『読売新聞』一九五六年五月二三日付)。

「プロレス放映は、金曜の夜八時からでしたが、この時刻はゴールデン・タイムで、それまでNTVは〝ディズニーランド・シリーズ〟を三菱にあてていた。それとまさに反対のプロレスの交互中継で、ブルーカラーと、ホワイトカラーの両方をにぎろうとしたんです」(日本テレビプロデューサー・京谷泰弘、牛島 一九八三、一六〇頁)。

プロレスは「ブルーカラーの娯楽」と位置づけられていた。

ジャーナリストの立花隆にこういう言葉がある。

「私はプロレスというのは、品性と知性と感性が同時に低レベルにある人だけが熱中できる低劣なゲームだと思っている。そういう世界で何が起きようと、私には全く関心がない。もちろんプロレスの世界にもそれなりの人生模様がさまざまあるだろう。しかし、だからといってどうだというのか。世の大多数の人にとって、そんなことはどうでもいいことである」(『文藝春秋』一九九一年五月号、三五九頁)。

一九九一年の大宅壮一ノンフィクション賞で井田真木子『プロレス少女伝説』(かのう書房、一九九〇年)が受賞したとき、最後まで強硬に反対したのが立花だった。その選評で、作者の力量を全面的に認めながらも、以上のように語ったのである。テーマが悪すぎる、と。

一般には、立花の言葉は「プロレスは労働者階級の娯楽」という意味に受け止められている節がある。はたして、そうだろうか。それでは、立花は労働者階級を侮蔑していることになる。そうではなく、立花は知識層であろうが大衆だろうが、大衆心理を操作する興行であるプロレスにはまっている人は愚かだと言いたいのである。

立花ほどはっきりと意思表示はしないが、知識層にはプロレスファンへの違和感を隠さない人が少なくない。文化人類学者の小田亮《まこと》は次のように述べた。

「何が不思議なのかといえば、ファン以外の多くの人たちがプロレスはあらかじめ勝敗の決まっているやらせでありショーだと思っていて、プロレスファンもひそかにそう思っているにもかかわらず、単なるショーや八百長であることを否認するそぶりをみせるという点にある」(小田・亀井編二〇〇五、二二八―二二九頁)。

非プロレスファンの知識人には、「プロレスはあらかじめ勝敗の決まっているやらせでありショー」とわかった時点で判断停止する傾向がある。つまり、それ以上プロレスのことを考えても時間の無駄だからである。

それでは、プロレスを擁護する知識人はどうなのか。

知識人として史上もっとも有名なファンはフランスの哲学者、ロラン・バルトであろう。「プロ・レスリングも、彼はすでに一連の断片集、ばらばらのスペクタクルの集積として見ていたのであった。〔中略〕彼は、驚きながら、大好物として、このスポーツ風の人工物を眺めていた」(バルト 一九七九、一三七―一三八頁)と自ら書いたバルトが、ブルジョアの偽善を批判した『現代社会の神話』の冒頭で「プロレスする世界」というエッセーを残したのは有名な話である。バルトは一九五二年、つまり力道山がプロレス入りした直後にパリのエリゼ・モンマルトルというフレンチ・カンカンを提供する小屋でプロレスを見物し、有名なエッセーを記した。「プロレスは下劣なスポーツだと思い込んでいる者たちがいる。しかし、プロレスはスポーツではなく、スペクタクルなのだ」(バルト 二〇〇五、九頁)と見世物としてのプロレスを擁護した。

バルトが見た同じ小屋で三〇年後にプロレスを見物した私には、バルトの言うスペクタクル性がいやというほど実感できた。日本人悪役が負ける姿に狂喜する観衆の中にたたずみ、「悪しき感情の大狂宴」(バルト 二〇〇五、一九頁)を、身をもって体感したのである。

「ニセの日本人のやるニセのスポーツ」

力道山時代からプロレスを見続けてきた作家の村松友視《ともみ》は『私、プロレスの味方です』において、ロラン・バルトのプロレス論に敬意を表しつつ、警戒感を隠さなかった。

「プロレスという、世間からマヤカシと思われている世界こそ、マヤカシの一切ない世界だ……このようにファンファーレを鳴らされると、ちょっと首をひねりたくなるというものだ」(村松 一九八〇a、五三頁)。

つまり、バルトの好みはいわゆるショーマン派プロレスであり、ルー・テーズがやるような「スポーツ」的見せかけのプロレスではないということである。これに対し、村松はルー・テーズを目標とし、またその「権威性」を興行に利用した力道山の在り方は正しかった、とする。ショーマン派を賛美するバルトの見方はあまりにも狭すぎる、ということになろうか。

村松は独特の発展を遂げた日本のプロレスへのシンパシーを表明し、力道山亡きあとはアントニオ猪木率いる新日本プロレス(とりわけ一九七〇年代後半―八〇年代初頭)にひとつの結実を見た。同時に、その源流としての力道山時代にアンチプロレス派からこんな見立てがあったことを披露している。

「日本の帝国主義の侵略性などに批判をもっていたインテリならば、「日本をやっつけた憎いアメリカ人」という意識もなかっただろう。〔中略〕そしてインテリは冷静だから、相撲を廃業した力道山の国籍問題なども頭に入れて、はやくも八百長論議をはじめたりしたのだった」(村松 一九八一、六〇頁)。

「反応のかげに、力道山は朝鮮人らしい、という呟きも陰気に隠れていた。そのことが、プロレスはインチキだということのなんらかの裏打ちになっているように喋る人も多かった。ニセの日本人のやるニセのスポーツという、ニセのつなげ方である」(村松 一九八〇b、八六頁)。

前述のアンケートで、力道山が嫌いだった理由に「真の日本人ではないから」とあったのを思い出してほしい。ちなみに、この回答者はプロレスについても「嫌い」と答え、その理由として「シヨーじみて、真剣勝負をしていないようにみえるから」と答えている。これだけで、この人が「ニセのつなげ方」をしていたとはもちろん断定できない。しかし、「ニセの日本人のやるニセのスポーツ」との偏見が一部の人に当初から取りついていた事実はあったのである。

力道山が「日本をやっつけた憎いアメリカ人」を倒すという構図が、当時の多くの日本人の「外人コンプレックス」を晴らした側面は否定しないが、プロレスを見つめる眼差しには思った以上に多様な面が存在した。そのうちの「ニセ」という見方は今日にもつながるテーマである。

「日本人」として

だからこそ、力道山は「日本人」であることにこだわった。プロレスの有する虚構性が自身のアイデンティティの虚構性に直結し発覚することを彼は恐れていた。就籍届によって、「国籍」は日本となっていたが、朝鮮半島出身であることは徹底的に隠蔽された。息子たちにもその事実を明かすことはなかった。息子である百田義浩と光雄は語っている。

「父の生い立ちについては、最近ジャーナリズムでいろいろのことがいわれているが、〔中略〕この点に関して、私たちは父から全く聞いたことはなかった」(百田 一九八三、七七頁)。

力道山は自宅では朝鮮時代を知る友人とは会おうとせず、追い返したりしていた。また、プロ野球選手の張本勲《はりもといさお》など在日韓国人の知人と自宅で飲んだ時はお手伝いを帰した後、居間にわざわざ鍵をかけて韓国のラジオ放送を聞き、ひとり踊り始めたという。また、自宅内に「郷愁の部屋」があり、朝鮮陶器や朝鮮民族のレコードが置いてあったという証言もある。深夜にお忍びで友人の経営する焼肉屋を訪れたりすることもあった。

家族で唯一出自を明かしたのは、最後の結婚相手・田中敬子だけである。

「力道山が好きだったパット・ブーンの曲を聞いていたとき、「北朝鮮の出身だって知っていたか。それでもいいか?」と聞くから「噂は聞いていましたけど、あなたの口から聞けてよかった」と答えたら「そうか」とだけ言いしばらく黙っていました。そして「向こうには兄弟がいる」と付け加えました」(田中 二〇〇三、八三頁)。

韓日映画『力道山』が日本で公開されたのは二〇〇六年のことだった。韓国人俳優ソル・ギョングが力道山を演じ、朝鮮人差別をバネにのしあがっていた力道山が描かれていた。ところが、この映画のパンフレットには力道山の年表が載っていて、「朝鮮半島出身と言われているが、定かではない」とある。また、オリジナル・サウンドトラックCDの解説にも「出生地については、現・北朝鮮にあるハンギョン県という説もあるが定かではない」と表記している。そして、映画のスタッフロールのラストに「史実を元に独自の解釈を加えて制作しており、事実と異なる場合がある」というテロップがついていて、作品そのものに対する日本側のエクスキューズのようにも読めるのである。

『日本プロレス全史』の一九九五年版には力道山の出自に関して、「一九二三年金信済(のちの力道山)が朝鮮に生まれる」(「済」は「洛」の誤記。相撲協会の資料に誤って掲載された)という表記と「一九二四年金光浩(のちの力道山)が長崎・大村に生まれる(のちに金村光浩、百田光浩へ改名)」と併記している。ところが、同書二〇一四年版では、出自自体の記述がなくなった。

『東京スポーツ』の記者で、長年プロレス中継の解説者も務めた桜井康雄が原康史の筆名で書いた『激録 力道山』(一―五巻、東京スポーツ新聞社、一九九四―九六年)はもっとも詳しい伝記である。しかし、出自に関する記載はいっさいない。

力道山は朝鮮半島出身ということは半ば常識になった話なのに、「プロレス村」の掟は現在でもまったく違うようなのである。プロレスは「ニセの日本人のやるニセのスポーツ」として誕生したという見方に対する反発が根強く残ったために、力道山タブーが依然健在であるかのようだ。

在日朝鮮人として

力道山が朝鮮半島出身であることが公然と書かれ始めたのは一九七〇年代後半であるが、一般レベルで広まったのは八三年以降のことである。まず、スポーツグラフィック誌『Number』(一九八三年三月五日号)で「力道山の真実」という特集号が出て、井出耕也が出自を取り上げた。この号は二日間で二六万部を売り上げたという。翌年には『週刊プレイボーイ』(一九八四年五月八日号)が「大スクープ」として「彼は〝東京五輪〟で祖国に残した娘と再会を果せぬまま死んでいった!」という記事を載せた。この記事は、北朝鮮の新聞『統一新報』に二回にわたって掲載された力道山の伝記を異例なことに翻訳してそのまま載せたものである。歴史学者の板垣竜太は『統一新報』紙上での伝記掲載の背景に、オリンピックをめぐる政治情勢の反映を見ている（板垣　二〇一一、二一二頁）。北朝鮮は八四年三月に韓国に対して、ロサンゼルス・オリンピックは南北統一チームで参加しようという提案を行っていた。このタイミングで『統一新報』の記事が出たのである。

翌八五年には、在日本朝鮮人総聯合会（朝鮮総連）系の月刊誌『統一評論』（三月号）が力道山の長女とされる金英淑《キムヨンスク》の手記を掲載し、すぐさま『FOCUS』（三月一五日号）が金英淑の写真を載せるといった具合であった。

それでは、在日韓国朝鮮人にとって、力道山はどういう存在だったのか。

「力道山が朝鮮人であったことを明らかにした本は多いが、在日朝鮮人にとって力道山がいかなる存在であったかについてはほとんど言及されていない」と書いたのは、ノンフィクション・ライターの黄民基《ファンミンギ》だ（黄　一九九〇、七九―八〇頁）。彼の「在日朝鮮人たちの力道山伝説」というルポルタージュは、大阪の近鉄線布施駅に近い三ノ瀬公園にかつて力道山がやって来て試合を行ったという伝説の真偽を確かめながら、在日朝鮮人にとっての力道山に迫ろうとしている。四八年生まれの黄は書く。「エリート、インテリ層から遠ざけられた在日朝鮮人ほど力道山に心酔した」（黄　一九九〇、七六―七七頁）。「唯一「力」のみを信奉した時代から、私たちの少年時代には「知」「学」を求める層が現れはじめ、それらの人びとは力道山とプロレスを軽蔑の目で見はじめていたのである」（黄　一九九〇、七七頁）。

「力」に頼り、生きていくしかなかった戦後の在日朝鮮人にとって、力道山はまさに「力」のシンボルであった。しかし、力道山が活躍した時代から在日朝鮮人にとっての新しい時代が切り開かれ始めようとしていた。在日朝鮮人の知識層は、ことプロレスに関しては日本の知識層と認識を共有したのではないだろうか。「品性と知性と感性が同時に低レベルにある人だけが熱中できる低劣なゲーム」だと。

私はここにプロレスに熱中できる人とそうでない人の深い溝を見出す。

力道山時代には、各新聞社には次のような質問が多く寄せられたはずである。

「昨日は力道山の重要な試合がテレビで放送され、大変興奮した。なのに、なぜ新聞は報道しないのか」。

現に、『読売新聞』は三年連続(一九六〇―六二年)で読者のその種の質問に紙面で答えた。「プロレスはショーだから載せません」と。この木で鼻をくったような回答ぶりに深い断絶を見るのである。

反共主義との接近

『統一新報』の記事が出てから一二年後に李淳馹《リスンイル》『もう一人の力道山』が出版された。アントニオ猪木が平壌で「平和の祭典」という名のプロレス興行を行った翌年のことだ。『統一新報』の記事にもなかったエピソードなどをちりばめ、祖国となった北朝鮮に対する力道山の思いに焦点を当てて、新鮮な力道山像を提示した作品だ。村松友視はこの本に強い影響を受け、自著『力道山がいた』において、「力道山の再生」という一章を設けたほどである。政治利用の価値がある力道山をめぐっては、在日本大韓民国民団（民団）と朝鮮総連が接近を試みていたというのは間違いのない事実のようである。

もちろん、異論がないわけではない。朴一《パクイル》『〈在日〉という生き方』に詳しいが、『統一新報』の記事にはイデオロギー色が強く感じられる。たとえば、力道山の最晩年における訪韓、死亡に関する経緯は「日米反動支配層」によって仕組まれた陰謀だとしている。そうした言説には素直にうなずけない。また、『もう一人の力道山』には、『統一新報』にはなかった新潟における帰国船上での娘、兄との再会のエピソードが紹介され、後に出版されたプロレス関連書籍にもそのまま事実であるかのように紹介されている現状があるが、「力道山伝説」の域を出る話なのかどうか私には判断がつかない。

日本プロ・レスリング協会を立ち上げたあたりから保守政治家、右翼、暴力団との結びつきを強めていった力道山の口癖のひとつに「共産主義野郎」というのがあったという。彼自身、晩年には参議院議員選挙に自民党から立候補するという話があったし、任侠組織「東声会」を起こした町井久之こと鄭建永《チョンコンヨン》との間には、兄弟分としての強い結びつきが存在した。

力道山は自民党副総裁だった大野伴睦の要請を受けて最晩年の一九六三年に極秘訪韓し、日韓国交正常化への地ならしの一環の役割を果たした。そのときですら町井にかなり気を遣っての訪韓だった。その印象が強いだけに、北朝鮮に対する望郷の念までは否定できないものの、数々の「力道山伝説」を事実と認定するのに躊躇を覚えてしまうのだ。

力道山は生涯出自を隠し続けることによってヒーローであり続けた。「プロレス村」はそのことに全面協力し、現在も協力を続けている。また、知識人やマスコミによって、力道山のプロレスに冷めた見方が当初から出ていたにもかかわらず、大衆は「スポーツ・ヒーロー」として支持をした。現在、力道山の出自は明らかとなり、プロレスは一見エンタテインメントとして明るく消費されているようにみえる。しかし、われわれは「ニセの日本人がやるニセのスポーツ」という偏見からどれくらい自由になったのであろうか。

参考文献

板垣竜太「力道山」板垣竜太、鄭智泳、岩崎稔(編著)『東アジアの記憶の場』河出書房新社、二〇一一年。

牛島秀彦『力道山物語――深層海流の男』徳間書店、一九八三年。

岡村正史(編著)『力道山と日本人』青弓社、二〇〇二年。

岡村正史『力道山　人生は体当たり、ぶつかるだけだ』ミネルヴァ書房、二〇〇八年。

小田亮、亀井好恵(編著)『プロレスファンという装置』青弓社、二〇〇五年。

桑原稲敏『戦後史の生き証人たち――一二人の巷のヒーロー』伝統と現代社、一九八二年。

小島貞二『力道山以前の力道山たち――日本プロレス秘話』三一書房、一九八三年。

城内康伸『猛牛と呼ばれた男――「東声会」町井久之の戦後史』新潮社、二〇〇九年。

竹中労『呼び屋――その生態と興亡』弘文堂、一九六六年。

田中敬子『夫・力道山の慟哭』双葉社、二〇〇三年。

朴一『〈在日〉という生き方――差異と平等のジレンマ』講談社、一九九九年。

バルト、ロラン(著)、佐藤信夫(訳)『彼自身によるロラン・バルト』みすず書房、一九七九年。

バルト、ロラン(著)、下澤和義(訳)『現代社会の神話　一九五七』みすず書房、二〇〇五年。

ビークマン、スコット・M(著)、鳥見真生(訳)『リングサイド――プロレスから見えるアメリカ文化の真実』早川書房、二〇〇八年。

黄民基「在日朝鮮人たちの力道山伝説」『別冊宝島一二〇　プロレスに捧げるバラード』JICC出版局、一九九〇年。

ベースボール・マガジン社(編著)『日本プロレス全史』ベースボール・マガジン社、一九九五年。

ベースボール・マガジン社(編著)『日本プロレス全史――一八五四年〜二〇一三年の闘いの記録』ベースボール・マガジン社、二〇一四年。

村松友視『私、プロレスの味方です』情報センター出版局、一九八〇年a。

村松友視『当然、プロレスの味方です』情報センター出版局、一九八〇年b。

村松友視『ダーティ・ヒロイズム宣言』情報センター出版局、一九八一年。

村松友視『力道山がいた』朝日新聞社、二〇〇〇年。

百田義浩、百田光雄『父・力道山』勁文社、一九八三年。

李淳馹『もう一人の力道山』小学館、一九九六年。

Lou Thesz, *Hooker*, 1995.（自費出版）

3 EHIME WOMEN'S HISTORY CIRCLE

愛媛女性史サークル
――歴史をつむぐ「普通のひとびと」

えひめじょせいしさーくる ◉全国に広がった1950年代の「国民的歴史学運動」のような「草の根」の運動は、愛媛県の松山にも根を張った。「自分たちの声」による歴史を書き、地域社会を変えようとする、そうした普通の女性たちが松山市でサークルを結成し、いわゆる「地域女性史」の運動として発足したのが「愛媛女性史サークル」である。これは、松山市における「近代史文庫」から56年に独立した女性たちが「女性の声による歴史」を模索し、マルクス主義の影響を受けながら歴史叙述の方法や日常生活の中の歴史の役割などを学んだものだった(現在も活動中)。しかし、60年代までに「地域女性史」の典型と言えるものができた。これはマルクス主義的な歴史学のパラダイムから離脱し、「大きな歴史」よりもむしろ「小さな歴史」としての歴史学的な地平の変容を実現した。さらに、「愛媛女性史サークル」が60年代後半以降の「地域女性史運動」を直接可能にしたのではないかということも、本章では照射する。

カーティス・アンダーソン・ゲイル

戦後初期の歴史空間について

第二次世界大戦後の最初の一〇年間には、歴史記述という行為はしばしば急進的で脱中心的な側面をもち、時に予測のつかない結果を生み出すものだった。戦後日本における歴史記述の発展に、愛媛のような場所が重要な役割を担っていたとすれば、それはなぜだろうか。国家や国民の歴史といった「大きな物語」とは別の歴史を書こうとする試みにおいて、愛媛が重要だったとすれば、それはなぜなのか。

こうした問いが興味深いのは、一般に、日本の地域女性史は西洋のフェミニズムや女性史研究の波を受け、一九六〇年代半ばから後半に誕生したと考えられているからである。しかし、最近の先行研究ではそれよりもさらに遡り、五〇年代に地域女性史が誕生していたことが指摘されている。当時は日本における歴史記述のあり方そのものが大きく変わり、急激な発展を遂げつつある時期であった。しかし、これまでの先行研究では、愛媛女性史サークルが戦後の地域女性史の基盤を築いたことは明らかにされてきたが、こうした地域サークルが誕生する背景となった歴史空間や言説の特徴については十分な説明がなされてこなかった。換言すれば、地域女性史を記そうとする初期の試みがなぜ始まったのか、またその背景にはどういった社会状況があったのか、それを探る手がかりとなる言説空間の性質が明らかにされていないのである。

愛媛女性史サークルのメンバーと著者(右端). 著者提供.

本章では従来の研究よりもさらに踏み込み、一九四〇年代後半から五〇年代初頭・中頃における歴史記述の展開という文脈のなかで、地域女性史が誕生してきた経緯を明らかにしていきたい。地域女性史の誕生を理解するには、この時期に歴史記述がはたした社会的役割に着目すべきだ、というのが本章で主張したい点である。

地域女性史の誕生をより広い歴史および歴史記述の文脈のなかで考察することには十分な理由がある。戦後初期には、日本の過去や戦後国家から距離をとろうとして、男女を問わず多くの人々が、さまざまな進歩的立場から発言し、歴史記述の場においてそれぞれの立場を確立しようと努めていた。こうした動きには多くのものが含まれていたが、なかでもその歴史記述の深さ、幅の広さ、また大衆文化に与えた影響の大きさにおいて際立っていたのが、マルクス主義史学であった。本章でふれるマルクス主義歴史学者がとりわけ興味深いのは、彼らが女性を含め、日本社会で周縁的な地位におかれていた多くの人々の欲求にこたえる歴史記述の枠組みを作り出し、また人々が実際に歴史を書いていく場を切り開いたからである(Gayle 2010)。さらにつけ加えるなら、近代日本の地域女性史は、多様な立場から権力への異議申し立てが行われていたこの空間——そこでは歴史記述は興味深い位置を占めていたのだが——のなかからこそ誕生してきたのである。

本章を始めるにあたってはまず、マルクス主義歴史学者に対する当時の社会的評価、また彼らが行った活動などを若干振り返っておきたい(Gayle 2003)。一九四〇年代後半から五〇年代初頭には、マルクス主義知識人や歴史学者は高い社会的評価を受けるようになり、畏敬の念をもたれることさえあった。戦時国家に抵抗した知識人は、四〇年代後半に海外の亡命先から帰国し、英雄のように迎えられた。本章の内容により密接に関連する点を述べるならば、石母田正や井上清といったマルクス主義歴史学者は、四七年から四八年の時期に日本社会で起きていた大きな変化をとらえられるような歴史記述を作り出していた。

もっとも重要なことは、こうした歴史学者が日々の生活を営むごく普通の人々でも歴史を書けるようにし、歴史記述という方法を通じて、個人や社会の意識を変えていこうとした点である。こうした立場を表す最たる例としてあげられるのは、石母田が四八年に発表した「村の歴史・工場の歴史」という論考である。この論文では、あらゆる社会的立場の人々が、みずからの歴史を自分の声で書くことの必要性が説かれている(石母田 一九八九、一九一―三一頁)。戦後に書かれたこの極めて重要な論考がもつ精神は、歴史学研究会や民主主義科学者協会のような組織にもある程度は共通している。要するにそれは、歴史や特に歴史記述を自由で創造的な活動にすることで、日常生活を送る普通の人々の自立やアイデンティティーの確立を促そうとする精神であった。この時期、歴史は、一般の人々やサークル集団が自分たちの考えを明確に表し、行動する場として選択されるようになったが、その目的は歴史(の記述)を通じて彼らが社会的な存在感を獲得し、認められるようにすることにあった。

それまで声を発する術をもたなかった人々は、歴史記述を通じて、自身の声やアイデンティティーを獲得したばかりか、団結して社会変革を目指すこともできるようになった。愛媛女性史サークルの言葉を借りれば、戦前・戦中に比べ、戦後に「もっとも変化した」のが歴史であり、歴史は社会を根底から変える手段として、一部から受け入れられるようになった(愛媛女性史サークル 二〇〇三)。戦前にはエリート、国家、また超国家主義を支えるために歴史が利用されたが、戦後初期には、歴史はそれまで除外されていたすべての人々が参加できる、脱中心的かつ大衆的な行為となっていったのである。

「国民的歴史学運動」から松山市における「愛媛女性史サークル」の誕生へ

石母田の「村の歴史・工場の歴史」に触発された一部の進歩的な歴史学者や知識人は、歴史記述という、誰にでも取り組める新しい社会的実践を広めていきたいと考え、「国民的歴史学運動」として知られる運動を協力して起こした(渡辺・梅田編 一九九九)。国民的歴史学運動はさまざまなグループの参加を得て、キャンペーンや全国的に開催された行事などを通じて進められた。こうした活動は(歴史記述を含め)種々の文化的活動を促進し、共同性の場を創出することで、個人や社会に変化を生み出すことを目的としていた。その結果、日本の各地に、民話の聴取から遺跡の発掘、また歴史記述など、多種多様な活動に打ち込むグループが生まれてきた。

多くの人々がこうしたグループに参加し、文化的表現の領域へと進出を試みたことは、「批判的な文化想像力」という概念でとらえることもできるだろう（ゲイル 二〇一〇、一一二頁）。実際、二〇世紀初頭に「国民」と結びついた形での「文化」というテーマがもてはやされるようになって以来、文化を表現したり、実践することを通じて、しばしば日本の国家や資本主義への批判が行われてきた。特に一九五〇年代初期から中期の時期には、逆コースの問題だけでなく、朝鮮戦争や東アジアでの軍事衝突の可能性に脅威を感じた学生、主婦、農民、そして働く女性たちが、不安の渦巻くなかで声をあげていく必要性を感じ、行動した。「国民的歴史学運動」は文化的実践を通じて個人の自覚を促すとともに、占領軍、政府、また当時日本が向かっていると思われた方向に対する社会的抵抗の手段となった。

この運動は日本各地のさまざまな人々が構成する多様な集団により形成されていた。そういう意味では、この運動は雑多なものであった。東京、大阪、京都で国民的歴史学運動を主導する人々は、この運動が占領軍や政府に対抗する団結行動になると考えていた。この運動の目標が、全国に大々的な変革を促していくことにあるのは公然の事実であり、目標の一部として革命も視野に入っていた。だが、国民的歴史学運動の基幹は地域にあり、各地域のあらゆる人々の声を取り入れることにあった。社会の周縁にいる人々に自身の歴史を書くよう奨励した以上、こうした人々の物語を統制したり、あるいはこれらをまとめて調和させ、統一的な旋律を作り出すのが困難になったのは当然の帰結である。こうしてみてみると、歴史記述というこの新たな革命的実践が、日常生活にとって有益かつ適切なものであり続けようとするとき、革命の実現という目標は維持されるのかどうか、という疑問が浮かんでくる。愛媛の事例が重要なのはこの点においてである。愛媛は、国民的歴史学運動がどのようにして地域に広がり、地域レベルの運動を通じてどう変化していったのかを知る上での初期の事例なのである。愛媛のケースは、女性その他の参加者たちのつむぎ出した物語や、作り出した地域的空間が、専門のマルクス主義歴史学者の思い描いていたものとは必ずしも合致しなかったことをも示している。

愛媛の場合、国民的歴史学運動に地域の目線で取り組み、普通の人々に自分たちの歴史を記すよう働きかけを行った最たる例は、近代史文庫だろう。近代史文庫は国民的歴史学運動がもっとも盛んだった時期にあたる一九五三年に、マルクス主義歴史学者であった篠崎勝(一九一七―九九)により松山に創立された(古谷 一九九九a)。篠崎は三七年に東京大学で大学生活を始めたが、国家が次第に権威主義的政策へと傾いたことに抗議し、京都大学へと移った経歴をもつ。五一年に郷里の愛媛に戻った篠崎は愛媛大学で近代史を教え始め、同大学におかれていた歴史学研究会の地域支部に参加した(森下 二〇〇〇、一六―一七頁)。興味深いのは、井上清など他のマルクス主義歴史学者も松山の歴史学研究会にかかわっていたことである(古谷 一九九九b、七―八頁)。篠崎の構想では、近代史文庫は地域住民(高等教育を受けず、歴史を書く経験のない人々も含めて)が、歴史を書くことに積極的に参加できる場となるはずであった。篠崎自身の言葉を借りれば、近代史文庫は「知識人と大衆というような区別にもとづく上下関係を想定しない、対等な立場からの研究・議論」を促すものであった（愛媛女性史サークル 二〇〇三）。

愛媛大学歴史学研究会がそうであったように、五〇年代初期の近代史文庫は人々の日常生活状況や生活史を明らかにするとともに、「労働者、漁師、青年、女性」などに注目しながら市民の運動に光を当てていこうとした。近代史文庫は歴史を書きたい人々が学歴や歴史学の方法論などにとらわれず、自由な表現活動を行っていく場であった。このような気風は国民的歴史学運動から生まれてきたものである。篠崎と近代史文庫は「新しい郷土」を創造していくことに関心をもっていた。郷土という言葉は、四八年に石母田によってとりあげられ、あらゆる人がかかわることのできる、新しく活力に満ちた地域史の核となる概念として提唱された（愛媛県歴史教育者協議会編 一九七三）。国民的歴史学運動のなかで培われた地域史に関する生き生きとした理解は、郷土に焦点を当てたものであった。この郷土という基本概念は、地方史や県史の概念とは異なる。郷土とは、より自由で柔軟な概念であり、それは日常を生きる普通の人々に歴史記述を開放したことに対応するものだった。農民や女性、労働者その他の人々が自分の生活空間に即した、みずからの歴史を書くよう勇気づけられたのは、石母田が提唱した地域に関するこうした理解があればこそであった。

篠崎と近代史文庫はこうした概念を足掛かりとし、さらに先へ進むことを目指した。篠崎らはそれまでの歴史に代わる、よりコミュニティに密着した歴史記述の場として「地域」という空間を提示した。塚本学が論じているように、戦後初期の地域史でいうところの地域とは「単に地理的な概念ではなく」、むしろ「生活の実際的基盤に密着して形成された社会集団が登場する」ような場であって、「抵抗の拠点」として「地域住民の主体性」が発揮される場だと考えられていた（塚本 一九七六）。

だが、このような「新しい郷土」という概念にもとづいて書かれる「郷土史」は、全国規模の運動にはできないような形で、その地域のニーズや声と直接的に結びついたものとなりえた。実際、五〇年代初頭には、愛媛での運動にかかわった人々の間に、国民的歴史学運動は地域独自のやり方で実現できるものであり、国民としての共通体験や記憶から離れて実践できるものだ、という明確な意識が存在した。これこそ近代史文庫がスタートする上での土台となった思想である。このような思想からは、松山での運動が国民的歴史学運動に大きな刺激を受ける一方で、「地域固有の要因によって作られ、発展していく歴史を書きたい」という感情に支えられていたこともうかがえる。

では、松山にこのような思潮がみられるなかで、愛媛女性史サークルはどのようにスタートしたのだろうか。一九五五年の終わりにこのグループを結成した女性たちは、当然ながら「新しい郷土」をみつけるという篠崎の考えや、近代史文庫の基本理念から大きな影響を受けていた。しかし、松山に住み、働く数人の若い女性が、歴史を書くグループを独自に結成したことには、この地域に起こったある政治的出来事が深くかかわっている。同年、愛媛では県知事や自民党県連などが推し進めた教員の勤務評定に対して、一連の反対闘争が起こっていた（近代史文庫会員・愛媛県歴教会員 一九七三）。多くの人々の見立てでは、勤務評定は政府が地域の教育を管理体制下におき、労働組合に介入して、最終的には東京からナショナリズム色の強い教育を広める政策を推進していこうとする手段であった。愛媛女性史サークルの会員の回想によれば、愛媛では地元の教員の多くが、こうした一連の動きは、新たに発足した自民党政権が東京から地方の教育を牛耳ろうとしている証拠だと考えていた。同様の見解をもつサークル創立メンバーは、五五年の暮れには、愛媛が、新たに結成された自民党の推し進めるナショナリズム的教育政策の「テストケース」にされたと思った、と振り返っている(愛媛女性史サークル 二〇〇三)。

こうしてみてみると、この頃の愛媛には、愛媛女性史サークルが誕生するきっかけとなるいくつかの重要な要因が揃っていたことが分かる。第一に、近代史文庫が存在したため、この地域の住民には歴史を書くことが新しい、活力に満ちた営みであることを十分に体験できる機会があった。また、教職員組合で働く女性が感じた地域教育の自律性に対する脅威も、サークル発足の重要なきっかけとなったと思われる。さらに、多くの困難が立ちはだかっていても、歴史を書くという行為を通じて、独自のやり方で声を発していこうとする女性が存在したこともあげられる。愛媛女性史サークルは、こうした要因すべてが重なって結成されるにいたったようである。

愛媛女性史サークルの成立とその意義

一九五五年も終わりのこと、松山とその周辺の女性三〇人ほどが集まって、愛媛女性史サークルが結成されるはこびとなった。こうした女性のほとんどは地元の小学校や労働組合、教職員組合で働く人々であった。創立メンバーは、自分たちが書こうとした歴史は、戦時中の教育や国家主義の歴史観から離れた、普通の人々を中心に据えた歴史であった、と振り返っている。同グループは、重要な歴史テキストを学習し、みずからの歴史を書くことで、勤評闘争をめぐる労働組合活動に貢献し、民主的な教育を守るために行動できるようになると考えていた(愛媛女性史サークル 二〇〇三)。実際、川又美子が愛媛女性史サークルの立ち上げを決めた最大の動機は、学者ではない普通の人々が、歴史の学習や執筆を通じて社会や教育を変えていこうと奮闘することで、現実に社会を変えることができる、という信念にあった。創立メンバーの川又美子は一九二六年生まれで、松山の県教組に所属していた。同じく創立メンバーの工水戸《くみと》冨士子は一九三二年生まれで、松山で高校の教員をしていた。愛媛女性史サークルの会員のなかには、栗原美奈子(一九三五年生まれ)のように地元の日本共産党に加わり、松山で地方公務員として働いていた者もあった。

ほとんどの創立メンバーが戦時中は女学生で、地元で学徒勤労動員にかりだされていた。しかし、勤評闘争を闘うなかで、川又美子ほか愛媛女性史サークルを創立した女性は、みずから歴史を書くことと、地域での他の活動とを並行して進めることが、地域の教育を守り、さらには女性の主体形成をはかる手助けになると気づくようになった。なかには、川又のように、占領や「逆コース」の同時代的経験に直面したことがきっかけとなって、愛媛女性史サークルを結成しようと考えた女性もいた。川又は、五三年になって初めて、「逆コース」が日本の朝鮮戦争に加担する道を切り開いたことに気づいた、と思い起こしている。川又やその同僚が、地元の労働組合や愛媛での女性運動に参加することにしたのは、愛媛女性史サークルが発足する数年前のこの時期のことであった(愛媛女性史サークル 二〇〇三)。

興味深いのは、歴史を書こうと発足したこの女性グループのチューターとして、篠崎勝が招かれていることである。川又美子をはじめとする会員は、井上清による『日本女性史』など、彼女たちが学習するテキストについて篠崎に質問したり、解説をしてもらうことを望んだ。川又は次のように説明している。

社会発展の法則を知るためにも歴史、特に日本の歴史を正しい観点で学んでおくことは大切なことではないだろうか、という意見におちついた。そこでテキストには井上清の『日本女性史』が選ばれた。(川又 一九五九、四頁)

すでに述べたように、マルクス主義史観や、普通の人々が歴史を書くという方法論は、井上清などの歴史学者により流布され、組織的な形で実践されていた。こうした形での歴史記述は、五〇年代半ばには重要な自己表現の手段となっていた。井上の『日本女性史』は、戦後初めて日本史の中心に一般女性を据えた女性史の研究書として、多くの人に読まれていたものだった。

しかし、五〇年代後半になると、愛媛の女性は松山での生活や体験、また人生観などをみずからの手で記録していけると考えるようになった。記録すべき内容には、戦時中に国家に対して自身が行った貢献なども含まれていた。サークル会員が地域の女性に訴えかける方法としてもっとも重要だったのは、五九年五月に発刊された『むぎ』という機関誌である。サークルはこの機関誌の名前の由来について、「新しく私たちの「むぎ」は今、五月の晴れた空のもとに小さい芽を出したのです」とか「田には青々と麦の穂が出そろっています」などと記している(『むぎ』一九五九、三頁)。こうした定期刊行物を通じ、会員は読者に直接訴えかける形で自身の歴史を書き始めることができた。『むぎ』は、この地域の女性が、自分の体験をみずからの声で記録していく直接的な媒体となったのである。たとえば、愛媛女性史サークルが発足して間もない時代には、個々の会員の思い出、体験、活動などを綴る「人民の記録」というコーナーが設けられている。また『むぎ』には各会員の「自己紹介」の欄があり、参加者がそれぞれの過去や、サークルに参加しようと思った動機などを、まぎれもない自身の声で伝えていけるよう、独特の工夫がこらされてもいた。初期のメンバーの一人である戸塚郁子は、みずからの過去を次のように語っている。

私は一九三一年五月に、長春に生まれました。九月一八日に満州事変がおこり、家の近くにあった公園に中国軍(中略)が落ちました(中略)「現在」戸籍に長春八島通りと刻めていることに、時々運命的なものを感じます。(『むぎ』一九六〇、三—四頁)

戸塚が愛媛女性史サークルに参加したのは、自分の歩んできた人生も歴史の流れの一部なのだ、と感じていたところに、サークルが五六年に発足し、自分の人生を歴史として記録する具体的な機会を提供してくれたからであった。

『むぎ』には、このほかにも戦時中の松山での体験が優れた洞察力をもって数多く綴られており、注目に値する。こうした体験記には、愛媛女性史サークルに参加している女性の当時の記憶などが記されている。他の地域でもそうであったように、戦時中の松山では、多くの女学生が軍国少女として動員され、かつては男性の働く場であった軍需産業で奉仕していた。愛媛女性史サークル会員の合田鈴子は、『むぎ』に女学校三年生の頃のことを次のように記している。

太平洋戦争もたけなわの頃疎開と云う名で松山へ移り住み、今の南校の前身の松山高女へ転校して間もなく昭和十九年九月八日学徒動員で今治へ当時B29を射撃する弾丸だと云う機銃弾を作りにいきました。お国の為に一生懸命働こうと随分張り切って工場へ行ったのですが、ふっとこんな疑問が湧いてくるのです。「私たちが一生懸命作っているのは人を殺す弾丸ではないか、どうして人と人が殺し合わねばならないのだろう。高い所から見ている神様はこんな私達人間をさぞ悲しい気持ちで見ているのではないかしら」と。(合田 一九六〇、九―一〇頁)

初期の頃の『むぎ』に掲載されているこうした体験記がなぜ重要なのか。それは、この体験記から、戦時中には地域での戦争遂行活動に意気込んで積極的に協力した、という自覚をもつ女性が戦後初期にいたことが読みとれるからである。しかも、戸塚や合田のようなサークル会員はこのような自己認識のもとに、歴史を書くことを通じ、「現在」を、前向きな変革を推し進めて女性の主体形成を実現していく時期としようとした。彼女たちには、自分を単なる国家の犠牲者として語ることなどできなかった。歴史を書こうという呼びかけは、彼女たちも自身の過去と現在を引き受けていくことを意味していたのである。

六〇年代半ばから後半までには、愛媛女性史サークルは日本の地域女性史を代表する存在の一つとなっていた。同サークルはそもそもの刺激(またテキスト)を与えてくれたマルクス主義歴史学者からさえ、評価されるようになったのである。たとえば、六八年には上原専禄から高い評価を受けている。「日本」という枠組みにしばられることなく、直接、東アジアや世界といった文脈に組み入れられるような地域の概念を提示した、というのがその理由であった(上原 一九九七、四五六頁)。確かに六〇年代には、愛媛は重要な意義をもつ地域だ、と上原に思わせるような出来事がいくつかあった。その一つは、篠崎勝が最初に唱え、愛媛女性史サークルがより柔軟な形で発展させた「地域」という概念が、次第に他の地域にも広まったことである。この地域概念が愛媛の内外で受け入れられたのは、雑誌『むぎ』が存在し、そのなかで地域女性がみずからの体験を幅広く、自分の言葉で語っていたためであった。

愛媛女性史サークルは一九六〇年から、歴史に題材をとった劇を松山で上演するようにもなった。たとえば、同年に国際婦人デー五〇周年を記念して開かれた集会での上演がその一例である。同サークルは、戦前の東アジアを題材にしたバラエティー『婦人の歩み』を製作した。サークル会員がこうした活動に乗り出した理由の一つは、五七年頃から地元で行われていた劇団の活動にふれたことだった。また、地域でのさまざまな活動や地域の問題を演劇の題材として取り上げていた、舞台美術研究所などのグループを知ったことも刺激となった(『むぎ』一九九六、三頁)。国際婦人デー五〇周年の上演では、中国、朝鮮、日本の女性の著作をもとにした歴史劇が上演された。この上演は、一般の地域住民や愛媛女性史サークル、そしてなかでも、さまざまな場所の女性の状況や歴史を伝える劇を通じて「女性の国際的な連帯感を強め」ようと考えていたサークル会員に、多大な影響を与えた(『むぎ』一九六〇、四頁)。工水戸冨士子や川又美子によれば、サークルがこの集会の主催や公演に助力したのは、戦前・戦中に東アジアで日本がとった行動に対する、会員たちの反省の気持ちからであったという(愛媛女性史サークル 二〇〇三)。

六〇年三月二五日に発行された『むぎ』では、この集会のことが詳細に取り上げられ、歴史劇の台本の全文が公開されている。この劇はなんと英語にも翻訳され、六一年にコペンハーゲンで開かれた国際婦人会議で紹介されている。また、女性史サークルの会員は、松山に住む多くの女性が、この上演を観たのをきっかけにサークル活動に参加するようになったと回想している(『むぎ』一九六〇、一一頁)。この成功をもとに、同サークルはその後もベトナムで起きている事態をテーマとした歴史劇をいくつか上演し、それは『ビエトナームの歴史』の刊行に結実した(愛媛女性史サークル 一九八六、四六頁)。ある愛媛女性史サークル会員は、こうした上演活動や『むぎ』の役割を振り返って、次のように記している。

女性史サークルは、女性の歴史を学習するだけにとどまらず、それぞれかかわりあっている運動についての疑問や問題点を出しあい、討論し、学習し、さらに実践をしていく中で、歴史を作るのだということを身につけることが出来ました。このことが、私たちの歴史に対する観念をかえると共に、運動をすすめる視野をひろげ、単に松山・愛媛だけでなく、ベトナム支援など、世界へ目を向けるようになりました。私たちは地域住民みずからが、住民の歴史を記述し、語り伝える営みを通して、地域社会をかえる主体に成長することを知りました。(愛媛女性史サークル 一九八六、八五―八六頁)

この文章はおそらく、創立メンバーの使命感や自覚をもっともよく表したものといえるだろう。またこれを読むと、彼女たちが歴史を、単に学問的訓練を受けた専門家による過去の叙述としてではなく、普通の人々が主体的に語り、書き記すものととらえていたことが分かる。愛媛女性史サークルが打ち出した独自の方法論は、それ以後の時期にも引き継がれていった。特に、六〇年代後半から地域女性史運動が登場してくると、このような方法論は重要な役割をはたすことになった。

愛媛女性史サークルのレガシー

国民的歴史学運動が、それまでの脱中心的なやり方を否定するようになったのは一九五六年頃のことである。時を同じくして愛媛女性史サークルが発足し、歴史記述を通じて革命を実践しようとするマルクス主義的方法論が、戦後の日本に豊かな実りをもたらしうることを実地に証明してみせたのは歴史の皮肉である。おそらく、マルクス主義者の一部からすれば、歴史記述における脱中心的な方法論が、真に価値あるものかどうかを決めるのは、結局、それが革命という彼らの終局的目標に奉仕するか否かであったのだろう。五〇年代に行われた歴史記述の試みが、こうした皮肉な結果を産んでいたことが指摘されることはいたって少ない。しかし一方で、愛媛における運動が、石母田などのマルクス主義歴史学者の提示した方法論や思想から、直接・間接の影響を受けていたことは否定しがたい。

もう一つの歴史の皮肉は、石母田の弟子の一人であった網野善彦が、国家・国民の変容を語る「大きな物語」に対抗して、六〇年代に社会史分野の開拓に尽力したことだろう。こう考えれば愛媛女性史サークルは、網野と同様、石母田のような歴史学者から刺激を受けつつ、社会史、文化史、生活史などの他の「小さな歴史」が六〇年代に登場してくる以前に、独自の歴史記述の方法を確立したものとして評価できるだろう。

このような方法論を編み出したことは、愛媛女性史サークルがのこした重要な遺産の一つに違いないが、同グループは七〇年代半ばから後半にかけて、地域女性史の研究を制度化することにも直接的にかかわっており、この遺産は現在にまで受け継がれている。七〇年代初頭から半ばには、北海道から沖縄まで実に多くの地域女性史グループが誕生していた。七六年の夏には歴史教育者協議会が名古屋で開かれ、愛媛女性史サークルは名古屋女性史研究会とともに、「女性史グループの連携を促すような全国フォーラム」をどのように作っていくかを検討した(総合女性史研究会編 二〇〇一、九五頁)。工水戸冨士子が振り返るように、両グループは翌年に共同で「第一回全国女性史の集い」を開催している。この集いは名古屋で開催されたが、『愛媛の婦人戦後30年の歩み』の出版を記念する意味も兼ねていた(『むぎ』一九七九)。総合女性史研究会が近年記しているように、この集いは戦後日本に地域女性史が根を下ろすきっかけとなった。

これまで述べてきたことを総合すれば、戦後の女性史が愛媛の女性に負うところは非常に大きい。愛媛の女性は、その後の地域女性史の研究に深く影響することになる青写真を提供したが、それは戦後初期に特徴的な脱中心性と、ごく普通の人々が自身の手で歴史を綴るという精神を受け継ぐものであった。愛媛女性史サークルや、その後に起こった地域女性史運動は、女性が「歴史の主体」であるという思想を力強く後押しした。

歴史修正主義者が、理性よりも本能に訴える自国中心主義や歴史的偏見のレンズを用いて、戦後日本史を書き変えようとしている現代において、愛媛にみられるような歴史的主体性確立の試みを掘り起こし、明らかにしていくことは重要な意義をもつ。愛媛女性史サークルの事例は、歴史を書くという試みが、戦後の民主主義や社会変革に重要な役割をはたしたことを物語っている。逆コースの進む最中に、民衆の間から自身の手で歴史を書こうとする動きが生じてきたのは偶然ではない。このような試みは、国家が中央集権体制のもとで社会的同質化を推し進め、民衆の体制順応をはかろうとした時期に、一般民衆がみずからを主体として形成し、市民としての活動を進めていく上で有用な手段を提供するものだったのである。愛媛女性史サークルが、五五年体制の始まったまさにその時期に誕生したことは、このような見方を裏づけている。また、このことは、愛媛で培われ、受け継がれてきた精神をよく表してもいる。こうした精神は愛媛女性史サークルのうちに、今日もなお生き続けているのである。

（原文日本語）

参考文献

石母田正「村の歴史・工場の歴史」『石母田正著作集』第一四巻、岩波書店、一九八九年。

上原専禄「近代史文庫の皆さんへ――愛媛資本主義社会史第一巻刊行によせて」『上原専禄著作集』第一九巻、評論社、一九九七年。

愛媛県歴史教育者協議会編『愛媛の勤評闘争』不二出版、一九七三年。

愛媛女性史サークル「国際婦人デー松山集会に主演するの記」『むぎ』一一号、一九六〇年。

愛媛女性史サークル「こぼればなし」『むぎ』一一号、一九六〇年。

愛媛女性史サークル『女性史サークル30年の歩み――麦の穂に青き風ふく』松山、一九八六年。

愛媛女性史サークル「サークル創立40周年記念特集――愛媛の女性の演劇活動」『むぎ』一九九六年。

愛媛女性史サークル会員とのインタビュー、松山市近代史文庫、二〇〇三年。

川又美子「女性史サークルの歩み」『むぎ』一号、一九五九年。

近代史文庫会員・愛媛県歴教会員「座談会・地域社会史論」、愛媛県歴史教育者協議会『皆でつづる・地域社会史論』松山、松栄印刷所、一九七三年。

ゲイル、カーティス・アンダーソン「大正期における「プロレタリア文化」概念の出現と「批判的な文化想像力」の展開」日本女子大学紀要『人間社会学』二〇号、二〇一〇年。

合田鈴子「自己紹介・三十年をふりかえって」『むぎ』一〇号、一九六〇年。

総合女性史研究会編『女性史と出会う』吉川弘文館、二〇〇一年。

塚本学「地域史研究の課題」『岩波講座日本歴史二五　別巻二　日本史研究の方法』岩波書店、一九七六年。

古谷直康「住民の記録係を貫いた人生」『愛媛近代史研究』六三号、一九九九年a。

古谷直康「愛大歴研・近代史文庫創立のころ」『愛媛近代史研究』六三号、一九九九年b。

『むぎ』一号、一九五九年。

『むぎ』一四号、一九六〇年。

『むぎ』二二号、一九七九年。

森下鉄「近代史文庫の地域社会史論をめぐって」『歴史学研究』一六〇号、二〇〇〇年。

横川節子「地域女性史の開拓――地域社会史論(愛媛)の観点から」網野善彦他編『岩波講座日本通史　別巻二　地域史研究の現状と課題』岩波書店、一九九四年。

渡辺菊雄・梅田欽治編『歴史科学大系　第三三巻　民科歴史部会資料集』校倉書房、一九九九年。

Gayle, Curtis Anderson *Marxist History and Postwar Japanese Nationalism*, Routledge, 2003.

Gayle, Curtis Anderson *Women's History and Local Community in Postwar Japan*, Routledge, 2010.

4 KIKOU KOIKE

小池喜孝

——〈痛み〉からはじまる民衆史運動

こいけ・きこう…1916–2003　◉東京府東村山村に生まれる。青山師範卒業後、1936年麴町区立東郷小学校に就任。44年から鷺宮国民学校。戦後、労働組合活動に参加、東京都教育労働組合書記長を務めた。48年、GHQにより教職追放が下される。51年追放解除。53年に北海道に移り北見北斗高校社会科教師として教職に復帰した。美幌高校への強制転任を経て、73年に北見工業高校に移り、以後、民衆史掘りおこし運動の中心となり活躍。オホーツク民衆史講座会長、人権と民主主義を守る民衆史掘りおこし北海道連絡会(民衆史道連)事務局長、北海道歴史教育者協議会副会長などを務めた。82年に埼玉県東松山市に転居。主著に『鎖塚』『常紋トンネル』など。

小田博志

「右手の痛み」

小池喜孝はその主著『鎖塚』の中に、やや唐突とも思える形で、個人的なエピソードをさしはさんでいる。一九七三年に出版されたこの本は、北海道における囚人労働をテーマにしたものだ。網走監獄に収監された約一〇〇〇名の囚人が、明治二四年の「中央道路」開削に動員された。網走―北見峠間の工事は過酷を極め、五分の一を超える二〇〇人以上の死者を出した。前期には囚人たちは鎖でつながれて働かされ、死亡すると路傍に鎖を付けたまま埋められた。屯田兵の入植は、囚人が犠牲を払って開削した道路により可能となったのである。後年、屯田兵たちは亡くなった囚人の埋葬場所を「鎖塚」を呼びならわした。小池の叙述はこの囚人道路の歴史から始まる。囚人労働の後も、北海道では強制労働が止むことはなかった。アジア太平洋戦争時の朝鮮人強制動員について調べを進める中で、小池は当時の現場を知るかもしれない「棒頭」についての情報を手に入れる。棒頭はタコ部屋の監視者的役割で、同じタコ労働者出身でありながら、末端の労働者を暴力支配する加害者の面ももった。

小池はこう述べる。「日朝の友好連帯のために、自分から話をしてくれるようだったら、すばらしいことだが、そこにいたるまでの困難さは、たいへんなものだろうと思った。後述する「加害者としての私」のことも、文字にすることは苦痛なことなのだから」(小池 一九七三、二四四頁)。

ここで小池は記述を自分へと折り返し、個人的な経験を語るのである。

昭和十二年《ママ》、私は東京の青山師範を出て、麹町の東郷(現在の九段)小学校の教員になった。…新卒の私は三年生男子の受持だった。…

受持の生徒たちが四年生になったとき、「もう一人の金」が入ってきた。…〔金〕栄達は色白で、きゃしゃな体質だった。…栄達は、よく喧嘩をし、反抗的だった。

金栄達が「反乱」を起こしたのは、その年の夏だった。「反乱」は、遊びに熱中していたときに突然に起こったという。日本人同士なら、よくある喧嘩で終わるところを、栄達は猛然とかかって行ったという。喧嘩の相手は、クラスの級長だった。栄達は、瓦のかけらを手に持って、級長の頭をなぐろうとしたので、みんながとびついて、ようやくこれをおさえたと、生徒は口々に担任にうったえた。それは、喧嘩なんていう生やさしいものではなかったと、いうのだった。

私が生徒から報告をうけたのは、この事件の翌朝のことであったが、私は栄達を教室の前に呼びだした。何が因で、栄達が「反乱」したのか、当然聞くべきだったのに、私はそれをしなかった。

「本当にやったのか」

「やりました」

の答えと同時に、私の右手は、力一杯に栄達の頬をなぐっていた。彼の体は、二メートルもふっ飛んで、横ざまに倒れた。私は長い教員生活の中で、生徒をなぐったのはこの時だけだった。私は常軌を逸していたようだった。

なぐられた栄達は、横に倒れたまま起きようとしなかった。だが泣いてもいなかった。ただ白い眼で、私をにらみつけたままだった。その憎悪に燃えた眼は、忘れられない記憶となって残った。…

父が何をしている人か、母と別れて父と子だけで暮らしているのはなぜか、だいじなことを私は聞こうとしなかった。ただ、父が子どもの面倒を見ないから、手のつけられない「危険」な子どもになるのだと割り切ってしまった。

なぐったことといい、不十分な家庭訪問といい、私に朝鮮人を差別する意識が潜在していたのだとわかったのは、戦後になってからだった。金をなぐった私の右の手は、そのときまだ痛みを感じなかった。

戦後私は、「日韓合邦」とは、日本の朝鮮植民地化であることを理解した。…

大正十二年の関東大震災を私は東京の祖母の家で経験した。水道が全滅したので、井戸から水を汲んで来た。町内にいくつもない井戸を竹槍をもった自警団が守っているのを見た。朝鮮人が反乱を起こして、毒を井戸に入れるから、警戒しているのだという。

もちろんデマだった。このデマで多くの朝鮮人が虐殺されたことを知ったのも、戦後になってからだった。私は、あの竹槍を持った自警団と私とが、たいして違わないことに気づいてぞっとした。……

いわれない朝鮮民族への差別と侮辱に耐えられないからこそやった喧嘩を、有無をいわさず一方的に「制裁」した教師を、彼は許せなかったにちがいない。金が全身に怒りをこめてにらみつけた教師は、朝鮮を植民地化した日本帝国主義の手先だったのだろう。

私はその右手に、痛みを感じた。（小池 一九七三、二四六―二四九頁、傍点小田）

1980 年，64 歳時の小池．出典：小池喜孝先生を偲ぶ会実行委員会（編）『心を掘る　小池喜孝先生』，2004.

小池はこのくだりをからだで書いている。痛みを追体験しながら。同書を担当した編集者が小池の追悼文集に寄せた述懐からも、それが伺える。『鎖塚』の原稿末尾近く、かつての教え子・朝鮮人児童にふれた箇所のインキが、大きくにじんでいた。書きながら小池さんは涙されたのである。読みながら、私も涙を落とした」（橋本 二〇〇四、三四―三六頁）。

なぜこの個人的な経験を小池は書いたのだろうか。しかも自らを「加害者」と同定して。小池は後に北海道で「民衆史掘りおこし運動」を導くことになった。この「右手の痛み」がその内なる動因となったようだ。ここではその戦中からの歩みをたどり、民衆史運動として開花する〈痛み〉の思想をひもといていきたい。それは「歴史の他者」（高橋 二〇〇四）の痛みへの想像力が希薄化した現代日本の社会状況に、何を示唆するであろうか。

「軍国主義教師」

小池は戦中戦後、東京で小学校教諭を務めた。そのキャリアはGHQによる公職追放によって絶たれる。「民衆の側に立った反体制派」というイメージから、小池の公職追放は「レッドパージ」だったと思われることがあるが、実際はそうではなかった。戦中と戦後の経験は、小池にとり屈辱的な傷であり、それを語ることは痛みを伴った。後の回想記で小池は自身の戦中期を「軍国主義教師だった頃」としている(小池 一九八九a)。

一九三六年に青山師範学校を卒業した小池は、東京麴町の東郷小学校に着任した。二・二六事件の直後であった。青山師範時代、叔父の影響で河上肇や羽仁五郎の著作に親しむが、戦時体制が進む中「戦争批判の視点を欠いていた私は、この体制に盲従した」(小池 一九八九a、三頁)。先の「右手の痛み」のエピソードはこの時期のものである。伊勢神宮、橿原神宮などをめぐる皇国史観を植えつけるコース設定の修学旅行に小池は生徒を引率した。「これらの軍国主義教育は、体制に盲従させられた教師の一般的なものだったかもしれない」(小池 一九八九a、三頁)。しかし小池はさらに生徒に黙想をさせた上で、「明治天皇の和歌を平和を願うものとして朗唱させた」。それは「今考えても体が熱くなるほど恥ずかしい所業であった」。

東郷小で担任したクラスの生徒を卒業させた後、小池は法政大学高師部地理歴史科(夜間)に入学、その修了後の一九四四年、中野区の鷺宮国民学校に着任する。この年、政府は都市部学童の集団疎開を決定、小池の受け持った五年生約四〇名は、福島県東白川郡の山中の禅寺に疎開した。「戦争にのめりこんでいた私は、山寺にこもって松下村塾気取りの授業をした。軍人五ヵ条を真似、死を覚悟した正成と別れた楠木正行の故事に学べと「疎開五訓」を作成し、子供たちに唱和させるなど「少国民錬成」の教育を実践した」(小池 一九八九b、三頁)。その「疎開五訓」の内容は「質実剛健、礼儀謙譲、修文窮理、励学生産、絶対服従」というもので、小池はこれを毎日子供たちに唱和させた(小池 二〇〇二a)。この「疎開五訓」が小池の戦後の運命を左右することになる。

教職追放

アジア太平洋戦争敗戦後の労働組合結成の動きの中で、東京都教育労働組合(都教労)が設立された。一九四六年には小池も加わって中野区教職員組合が誕生し、都教労に加盟した。当初は組合活動支援の姿勢をみせていたGHQだが、東アジア情勢の変化の中で、徐々に民主化路線から転回し「逆コース」をたどり始める。その顕著な表れが一九四七年に計画された「二・一スト」を、マッカーサーが強制的に中止に追い込んだことであった。中止を告げる伊井弥四郎・官公庁共闘会議議長の「わたしはいま一歩退却、二歩前進という言葉を思い出します。わたしは声を大にして日本の働く労働者、農民のためにバンザイを唱えて放送を終ることにします」の叫びに、スト本部に詰めていた小池は衝撃を受けた。「敗戦の詔勅に泣けなかった私も、泣きました」(小池 一九六四、七八頁)。

教師として、最初の「非軍国主義化」の仕事は、国定教科書の墨塗りだった。これについて小池は、後に自己批判をこめて振り返っている。「私は、自分が教えてきた教科書に墨を塗らせることに、屈辱感もなく、その時は痛みさえ感じなかった。むしろ当然のこととして受けとめていた。私は戦前の教育を否定する民主主義の立場に立ったことで、教師としての戦争責任を忘却していたのである」(小池 一九八九b、四頁、傍点小田)。

一九四七年、小池の勤務する鷺宮小学校PTA総会で、役員総辞職が決定された。戦中からのPTA役員が影響力を保って、教員を抑えつけていたからである。辞職させられた前役員の反撃は、都教労書記長の小池に向けられた。学区の旧勢力はCIE(GHQの民間情報教育局)と連絡をとり、デュッペル大尉の命で小池の「教職適格性」が審査された。そのとき問題にされたのが疎開中の記録に書かれた「疎開五訓」であった。そうした戦争協力と、戦後の組合活動のギャップは「無節操」とされ、一九四八年一〇月、小池に「教職不適格者」として教職追放の処分がくだされた(小池 一九六一、七八―七九頁、一九八九c、四頁、二〇〇二b)。本来、日本を非軍事化するために実施された公職・教職追放であったが、逆コースの中で逸脱、GHQの反共政策に利用されるようになった(増田 一九九八、山本 二〇〇七)。小池によると、「当時松本慎一なども公職追放され、民主主義者を狙った「逆パージ」と呼ばれた。占領軍を解放軍と規定していた時期のことであったが、翌年からの「レッドパージ」と朝鮮戦争の前触れであった」(小池 一九八九c、四頁)。この点で、小池は自らを「被害者」と捉えていた(小池 一九六四、七九頁)。けれども、七〇年代からの民衆史運動でその自己像はゆるがされることになる。「戦争に手をかした者としての痛みはそれから三〇年後の、民衆史掘りおこし運動の中で育った」(オホーツク民衆史講座 一九七七、一六三頁、傍点小田)。

突如教職を奪われた小池の生活はどん底に陥った。六畳一間の安アパートで一家四人が生活し、蔵書を手放したり、出版社の校正のアルバイトをしたりして食いつないだ。「一番つらかったのは、経済的困窮よりも、「無節操」とされた心の痛手でした。この傷は、深く心の中に残り、今も尾を引いています」(小池 二〇〇二b)。その状況で小池は三笠書房に就職する。ここで彼が編集者として手がけた本に、ゾルゲ事件に連座し処刑された尾崎秀実《ほつみ》の書簡集『愛情はふる星のごとく』の文庫版(一九五二)、村岡花子訳の『赤毛のアン』(一九五二、村岡 二〇一一を参照)などがある。教職追放の一九四八年から復帰する五三年まで、朝鮮戦争を含む五年間において、小池は屈辱と赤貧の労苦を味わう。そこから小池が学んだことは、「社会の底辺からものを見る視点」(小池 二〇〇二b)であった。

北見へ

サンフランシスコ講和条約締結に伴う特別措置で、小池の追放処分は解除された。しかし、東京都は小池の教師としての再任用を拒否した。教職への誘いは遠く北海道東部の北見市からかかった。北見北斗高校の住吉匡校長(当時)の意向であったという(森山 二〇〇四、六〇頁)。小池が一九五三年七月に社会科教師として赴任した当時、そこには自由の気風があふれていた。

そこで小池は、近隣に意外な歴史が刻まれていることを知る(小池 二〇〇二c)。田中正造と共に足尾鉱毒事件と対峙し、強制廃村にされた栃木県谷中村の住民が、一九一一年に佐呂間町に入植させられ栃木地区を開いたということであった。それは北見から山をはさんだ北側であった。小池は休日ごとにそこに通い、住民に聞き取りを重ねた。彼らの「(国や県に)だまされた」との訴えに小池は驚いた。「危険分子」排除のため「島流し」にあったというのである。彼らは何度も栃木県に「帰郷嘆願書」を出し、一部の住民がその願いを果たすのは六〇年以上経ってからのことであった。

一九六三年に小池のもとに埼玉県から調査依頼が舞い込んだ。県史編纂のため井上伝蔵について調べてほしいということであった。伝蔵は一八八四年に埼玉県秩父地方で起こった農民蜂起・秩父事件の首謀者の一人である。欠席裁判で死刑判決を受けて北海道に逃亡、その詳細な足取りは不明になっていた。六〇年代当時、伝蔵ら秩父事件参加者には、政府から着せられた「火付け、盗賊」の汚名がなお付きまとっていた。この調査に小池は熱中した。関東で権力から弾圧され、奇しくも同じ北海道北見に流れついた井上伝蔵に、小池は自己を投影していたのである。

一九五三年の来道当初から小池は高教組(日本高等学校教職員組合)に加入、さらに道歴教協(北海道歴史教育者協議会)の会員として活動を行った。そんな中で不意打ちのような人事が小池に降りかかる。六六年、北見から離れた美幌高校に強制配転させられたのである。この「不当人事」に対し同僚・教え子たちは「北見民主教育を守る会」を立ち上げて支援をした。この闘いは実りを挙げ、一九七三年に小池は北見に復帰した。

民衆史掘りおこし運動

この一九七三年は小池個人だけでなく、民衆史運動にも画期的な年であった。美幌から北見へと戻り、通勤の手間から解放された小池は、これ以降精力的に活動を開始する。この年の夏『鎖塚』を出版。次いで「北見の歴史を語る会」を立ち上げ、手始めに「女性史入門講座」(ベーベル『婦人論』の講読)を開催した。そこからスタートした北見の民衆史掘りおこし運動は、試行錯誤を重ねながら成長を遂げていった。

民衆史掘りおこし運動がそのスタイルを確立し、ピークを迎えるのは、一九七六年に「オホーツク民衆史講座」と改称された頃のことである。北見市内で開催された講座では、アイヌとウィルタの少数民族、タコ部屋の関係者、朝鮮人と中国人の強制労働者、屯田兵の妻、冤罪事件当事者など多彩なゲストが証言をした。また強制労働の犠牲者が埋められているとの情報がある場所で遺骨発掘が行われた。強制労働犠牲者の追悼碑も建設された。毎回の講座の内容はガリ版刷りの「オホーツク民衆史講座ニュース」として配布され、二冊の証言記録(『語り出した民衆の記録』一九七七、『名もなき民衆の証言』一九八二)および総括的な書籍(『民衆史運動』一九七八)にまとめられた。ことに二冊の証言記録には、はかり知れないほどの当事者の言葉の力が込められ、歴史の他者たちとの出会いの衝撃と熱気を今に伝える。民衆史運動の多様な成果については別稿に譲りたい(小田 二〇一二)。

民衆史運動は、それを率いた小池当人にも自己認識を転換させるほどの影響を与えた。

戦前からの抵抗者とはちがうにも拘らず、自分が民主主義的に変革したことで、戦争責任が解消されたものと思い込む誤りを、私はおかしていた。北海道の民衆史運動で、アイヌ民族と朝鮮人に接したとき、彼らを植民地にしばりつけた帝国主義的施策の残酷さに、怒りを覚えた。と同時に、彼らを差別し、その人権と時には生命さえ奪ったのが、私たち民衆であることを知った。私が戦争被害者であるとともに、戦争加害者でもあることを強く自覚したのはこの時だった。（小池　一九八九b、四―五頁）

ここで小池は北海道の植民地性を指摘している。北海道は植民地的な分断統治があからさまな形で実施される場であった。では、小池が接した「植民地の他者」であるアイヌ民族と朝鮮人の声はどのようなものだったのだろうか。

一九二六年生まれのアイヌ人女性・鷲谷サトは、進学や就職が妨げられるほどの差別にさらされた。それはレイシズムというべき深刻な差別である。それに対してこの女性は声を挙げ、アイヌの権利回復のために闘った。一九七六年のオホーツク民衆史講座第一講に同志の鈴木ヨチ、城野口百合子と共に招かれ、自らの人生を語った。

〔小〕学校に行く途中で、シャモ〔和人植民者〕の子供たちに会うといつも「土人学校ヤーイ」、

「土人学校がどうの、こうの」って云われるのです。…アイヌがどうの、土人がどうのと云われていると、アイヌって云うものは駄目なもの、悪いものなのだと自然と思い込まされてきました。

　五年の二学期から私たちの学校は、隣村の小学校に統合されたのですが、それからというものは、私たちは地獄の中へ入った――そんな感じがしました。教室で机にむかっている時は先生がいるので何もないのですが、休み時間になるとたちまち「こら、アイヌ！」と鉛筆でつつかれたり、お昼になると「アイヌでもごはん食べるのか」とか、「アイヌは何を食べてる」と弁当箱の中をのぞかれたり、外に出れば寄ってたかって蹴っとばされたり、髪の毛をひっぱったり、「ここの学校にもイヌが入って来た。」と言われたりしました。…

　毎日毎日、まいにちまいにちいろいろと云われて――。…高等科へ行く勇気を失ってしまったわけなんです。せっかく一年なり二年半なりを耐えて来て、また違う学校へはいって同じ苦しみをしたくないと思って、足が痛いの、頭が痛いの――といってとうとう高等科には行かないでしまったの。それで小学校しか出ておりません。…

　飯場でごはん炊きをしていた時のことです。〔ある人にいじめられ、他の全員から笑われて〕私は逃げ出すこともできずに立ちすくんでしまったんです。抵抗のことば一つ出すこともできないでぶるぶるふるえながら外に飛び出して思いっきり気の晴れるまで泣き、そして私は絶対にこのシャモたちに負けてはいけないんだな、どんなに真面目にしていてもどんなに正しく生きても、アイヌということで馬鹿にされて、それに対する抵抗も出来ない私はみじめで——。誰一人として私に味方してくれる人もなく、それからまただんだんとシャモに対する不信感が大きくなってきたんです。……

「アイヌを殺してもやっぱり刑務所にいかなければならないのか」と聞かれたこともあります。……「アイヌは山の中に住んでいて、私たちが見に行っても、見ることが出来るだろうか」ともきかれました。このおばさんは何もしらないんだなあと、その時は思いました。……

私たちがこういうふうに受けて来た苦しみ、受けて来た差別を訴える場所がないこと、また、私たちも訴えるということを知らなかったんです。……

北海道の歴史を書くとき、アイヌの歴史を抜きにして書いては、本当のことは伝わらない。それがどうして教育の中でアイヌの歴史は取り上げられないのだろうか。私は、先生がたに、私たちと同じ人間の立場で考えてほしいと訴えたいのです。（オホーツク民衆史講座 一九七七、三一—三六頁）

在日朝鮮人をゲストとする講座も重点的に開かれた。そのひとり李相鳳は一九二六年に朝鮮半島慶尚北道で生まれ、幼少期に家族について美幌町に移住した。次は彼が小学校での体験を語った部分である。小池はこれを「右手の痛み」を思い出しながら聞いたのだろうか。

〔北海道に〕二月にきたのに、その四月には、小学校に入学でした。学校にはいっていたのにたのしい思い出はないのです。いじめられて――つらかった思い出ばかりなのです。教室でも、どこでも、ことばがわからないで、じっとしていたのでしょうか、友だちにこずかれたり、耳をひっぱられたりして、どうしてもけんかになりました。最後には、なぐりあいになりました。当然、先生に叱られます。ふんまんやるかたないので、結局、一番あばれたように見えたのでしょうか――。廊下にたたせるのです。その授業が終わるまでです。理由はろくにきかないのです。きかれた憶えはありません。（オホーツク民衆史講座 一九八二、五五頁）

「朝鮮人の歴史掘りおこしの場合、地元に障害があった」（小池 一九八八a、四頁）。「それだけ根強い朝鮮人差別と、その裏返しである敗戦後の彼らの解放的行動に対する反撥があった」ためである。その中で「教訓的な成果を収めた」のが置戸町のケースであった。民衆史掘りおこしがきっかけとなって、朝鮮人と中国人に対する意識の転換が地域住民のあいだに起こったのである。戦時中、野村鉱業が留辺蘂町のイトムカと置戸町の置戸の二つの水銀鉱山を経営し、そこへ朝鮮人と中国人が強制動員された。小池らが一九七六年五月五日に行った置戸鉱山調査に一人の中国人が同行した。かつて中国河南省からこの鉱山に強制連行された張冠三である。張は戦後も日本にとどまらざるを得ず、北見で中華料理店を経営していた。彼はかたくなに日本語を憶えようとしなかったのだという。その日の夜、張を囲んで歓迎の宴がもたれた。そのときに、置戸町民で、元鉱山従業員の田内昇が、突然両手をつき、涙で嗚咽しながら謝罪をした。「あのとき、一緒に働いていた中国人にタバコをやらなかったこと――。すみませんでした――。許してください――」(オホーツク民衆史講座一九七七、一六頁)。

この告白が他の置戸町民をも動かした。その日に「置戸鉱山の歴史を語る会」の準備会が町民七人により発足。一カ月後の結成総会への参加住民数は三〇名近くになった。住民の長時間におよぶ話し合いの末、五箇条「(一)不浄の金はもらわず、(二)団体・自治体に頼らず、(三)全戸から浄財を集め、(四)中国・朝鮮(韓国)に恥ずかしくない碑を、(五)日中戦争勃発日(七月七日)に合わせて〈不戦の碑〉として建てる」が取り決められた(小池一九九四、二三九―二四〇頁)。それからの約一カ月間で、ほぼ全町民から募金が集められた。

それまで野村鉱業は置戸鉱山の死亡者はゼロと公言していた。置戸町民のあいだでも中国人の犠牲について公に語られることがなかった。しかしこの運動の過程で新たな証言が住民から出され、隠れた埋葬の実態が明らかにされた。その結果、イトムカ鉱山で朝鮮人四三名、置戸鉱山で中国人三八名の犠牲者が確認された。そして同年七月一一日「置戸鉱山　中国人・朝鮮人殉難慰霊碑」が建立され、慰霊祭が執り行われた。その際、置戸町民である慰霊祭実行委員会事務局長によって「祭文」が読み上げられた。

異郷の地置戸で、無念の死を遂げられた中国人、朝鮮人の方々! 本日私たちは、感謝とおわびの気持ちをもって、御霊前に立っています。…あの侵略戦争のさ中に連行された上、過酷な強制労働を強いられ、はるか故郷の家族を案じたまま、侵略者の地で命を落とされたことは、どれ程無念なことであったでしょう。…私たちは戦争がすんでから戦争反対を言うのではなく、着々進められている戦争準備政策に反対していかなければ、再び過ちを犯すだろうという教訓を学びました。今後は日本・中国・朝鮮三国の平和友好のために、力をつくすことをお誓いするとともに、遅すぎるとは思いますが、今私たちは心の底から、あなた方に深く深くおわび申し上げます。本当にすみませんでした。（オホーツク民衆史講座　一九七七、一八頁）

この時期から戦争加害者としての日本人が民衆史講座の主要なテーマとなった。被害者の側面を強調する反戦運動では、「自分の内部にある加害者の側面」がとり上げられない。それでは「戦争責任者までを含めて、加害者の傷口をなめ合うおそれがある。権力はこれを知り利用してはないか」と小池は指摘し、「加害者としての痛みを感じたことを契機に、自らの心のうちにある天皇制思想とたたかうことで自らの意識を変革する方法こそ、凡愚な民衆の戦争責任のとり方ではあるまいか」（オホーツク民衆史講座　一九八二、八九頁、傍点小田）と述べる。「凡愚な民衆」、その中に小池は自らを含めていた。

小池は一九七八年に高校を定年退職、一九八二年四月にオホーツク民衆史講座第百講が大々的に開催された。その年の一〇月、小池は子息の就職が決まった埼玉県へと共に転居した。「軍国主義教師」だった頃受け持った鷺宮国民学校の教え子たちとの再会は、それから二年を費やした。「戦争加害の痛みを口にすることで、私はようやくクラス会出席に踏み切った」（小池 一九八九b、五頁）。小池の過去との和解の道のりは、ここで一巡りした。

〈痛み〉の思想

小池は高校の教室を出て、地域の現場を足しげく歩き、さまざまな人びととの出会いを重ねた。その中で、「歴史の他者たち」の痛みのこもった声を受けとめていった。それは一方で、かつて朝鮮人児童を有無を言わさず殴った自らの右手に痛みを感じられるようになる道のりでもあった。〈加害の痛み〉は小池を内から動かした。そしてそれは民衆史運動に参加した人びとにも、それぞれの立場で共有され、民衆史運動の動因として働いた。そこから多様な連帯と実践が開花した。その実践の中でつちかわれたのは「〈痛み〉の思想」というべきものであった。

「凡愚な日本人の典型であった私に、差別や加害の痛みを教えたのは、北海道での民衆史掘りおこしであった」（小池 一九八八a、四頁、傍点小田）。この〈加害の痛み〉とは、むろん歴史修正主義の文脈でいわれるような、戦争被害者の痛みに耳をふさいで、「加害者」として批判されることへの自己愛的な苦痛を言い立てることではない。それとは逆に、被害者の痛みをまず認識し、その痛みが自分によって引き起こされたことを、自己正当化や言い訳なく認めるときの痛みである。「凡愚な日本人」のひとりとして自分を位置づけることで、小池はどこか高みに立って、他人事のように

「日本人」を評論する道を断った。小池の思想＝運動は常にその中に自分を含み込み、問い直し続けるものであった。自己は凡愚であるがゆえに、今も加害の側にあることに気づけていないかもしれない。その謙虚さ、自己反省が「凡愚」の語に込められているのだろう。小池は民衆史掘りおこしとは、「心を掘ること」だと常に言っていた。その過程で行われた自己の当事者性の絶えざる問い直しが、小池の思想を深みのあるものにしていった。それゆえに小池の言葉は、接する者、読む者の心に深く響くのだろう。

この〈痛み〉は、自己と他者とのあいだで起こるものである。しかしそれは単なる二者の関係にとどまらない。むしろ自己を「加害者」の側に置かしめ、他者に「被害者」としての痛みをもたらした構造の認識へと視野を開くものである。小池は述べる。

幕末、維新期の征韓論にはじまり、江華島不平等条約の締結、そして日韓合邦という名の植民地統合の三十六年間、天皇制イデオロギーが日本国民に植えつけた朝鮮蔑視観は深く根をおろし、現在までまだ払拭されていない…。そのことは、多くの日本人が朝鮮人に対し、加害者側に立ってきたことを意味する。

しかし、そのことを裏返せば、日本人は誤れる朝鮮像を植えつけられ、加害の手先にされたという、被害の側面を持つことに通じる。（オホーツク民衆史講座 一九八二、一三一頁）

これは、加害者にも被害者の側面があるとして、免責を図ろうとするものではない。むしろ自らの「加害者」としての立場性を明確に認めつつ、自らをその位置に立たしめた上位の加害者を問い、末端の加害者と被害者の分断を生み出した構造をまなざすものである。

小池がまなざしていたものを別の言葉でいうならば、それは分断統治だったのではないか。人びとを分断して支配する権力。分断された人びとが対立を繰り返すことになる暴力的な構造。ここで民衆史運動とは、その分断を下から超える実践だといえるだろう。『鎖塚』にある朝鮮人労働者の証言が引かれている。戦時中の飛行場の建設現場で、同じ朝鮮人でも自由労務者(「組のもん」)とタコ労働者とに分けられ、待遇には大幅な違いがあった。この朝鮮人は前者の立場であった。「組のもんは、自由に外出し、買物も出来たが、タコには許さなかった。組とタコの間は、暗黙のうちに対立させられるような状態におかれ、休けい中に組の者が声をかけようと近づいても、タコは遠ざかり、互いに信頼しあえない状態にされ、慰めたくても言葉をかけることもできなかった。タコは、病人も坐って働かされ、上から土をかけられて、そのまま死んだものもあった」(小池 一九七三、二四四頁)。これは分断統治そのものである。朝鮮人と日本人とが対立させられたばかりか、さらに朝鮮人同士もこのように対立させられた。

人びとを分断し、一方に特権をもたせて他方を支配させる統治技術は、欧米列強が植民地で常套手段とした。小池は民衆史運動を通してそれと同様のことを意識化した。分断される二者の関係には対立、不信、差別がつきまとい、対話、共生、コンパッションが成り立ち難くなる。特権を与えられた側は、差別される側を「同じ人間」とみなさなくなり、痛みを感じることなく無関心に陥ったり暴力をふるったりするようになる。そのような関係性が、和人植民者とアイヌ民族、一般住民とタコ労働者、日本人と朝鮮人など、さまざまな分断の形をとりながら繰り返されてきた。

分断統治のもとで末端の二者にはスポットライトが当たるが、その分断の構造を「設計」している者は巧妙に不可視化される。紛争の舞台を設《しつら》える者は舞台に上がらない。舞台の上では、限られた利益を巡って争う分断劇が演じられる。舞台裏の支配者は、人びとを互いに反目させておくことで、非難が自らに向くのを巧みにかわしながら収奪を続けることができる。学歴・家柄などによって支配は社会的に正当化される。色川大吉はオホーツク民衆史講座での講演でこのことを、「分断支配の技術を、支配者集団は長い歴史的経験の中から発見し、何度も繰り返し実効をあげてきた。彼らは民衆総体の弱点やその内部矛盾のしくみをよく知っているが、民衆側は自覚できないまま長い間支配されてきた」と述べている(色川 一九九一、二〇頁)。

差別・対立をほんとうに終わらせるためには、末端の「演技者」がそれを見抜いて分断劇の舞台から降りる必要がある。分断構造に組み込まれながらも、それを自覚して覆していくことは可能だ。民衆は無力ではない。それを実際に示したのが、置戸町の碑建設、サハリンから網走に移住したウイルタ民族のゲンダーヌと日本人との協働(田中・ゲンダーヌ 一九七八)、アイヌの山本多助エカシを中心とした「五民族連帯宿泊のつどい」などの民衆史運動から生まれた豊穣な実践である。これらのきっかけとなったものこそ、他者との出会いにおいて、「加害」の側が全身で感じ取った〈痛み〉

であった。これに知的な認識が加わったとき、分断劇からの離脱が可能になり、連帯という新しいストーリーが始まることになった。

特権を与えられた側が、自分がその分断統治の中にからめとられ、いわれない差別意識を他者に向けていたことに気づいたとき、〈痛み〉の感覚が回復する。小池が朝鮮人児童をなぐった右手に〈痛み〉を感じたように。〈痛み〉は分断を超えるときに感じられる。そして〈痛み〉を媒介にして、対立・差別関係にあった他者とのあいだで新しい関係性が生まれる。〈痛み〉が分断された人と人とをつなぎ直す。

フォルジュは、ホロコーストをいかに子どもたちに教えるかという課題に対して、コンパッションを育むことの大切さを強調している(フォルジュ 二〇〇〇)。これに訳者は「共感共苦」の訳語を与え、「他者の苦悩への想像力」と説明する(私ならここに長崎の原爆被爆者・下平作江が平和を定義する際に使った、「人の痛みの分かる心」という表現を当てたい)。高橋哲哉らはフォルジュの提起を受けて、「現代の日本社会にもっとも欠けている「何か」」がまさに「コンパッション」だとして、それは可能かと問うた(「〈コンパッション〉は可能か?」対話集会実行委員会編 二〇〇二、五頁)。その問いに対するひとつの答えが、民衆史運動だと私は思う。

コンパッションと小池の〈痛み〉とは重なるところが多い。違いは次の点にあるだろう。コンパッションというときの力点は他者の痛みにある。一方、小池が強調する〈加害の痛み〉は、他者の痛みに直面した自己が、折り返すように覚える感覚である。そこでは他者に被害をもたらす側にいる自己が問われる。そして自己と他者とを、差別と暴力の関係に置いた構造が認識される。ここで〈痛み〉は知的な認識と結びつく。

このようにたどってくると、小池のいう〈痛み〉とは、単なる感情ではなく、知的かつ社会的な認識をともなった感情知性というべきものだといえる（感情と知性の結びつきについて安積 一九九三、また安積 一九九五は本章との関連で重要）。〈痛み〉は他者とのあいだで平和な関係をつくる導きとなる、知性ある感情である。〈痛み〉の感情の回復は、自己が分断の当事者であったことを意識化し、分断をもたらす統治のシステムを見抜いて、他者とのつながりを再生する端緒となる。反対に、反知性主義は〈痛み〉の麻痺とセットになっているはずだ。

小池は最後の著書の末尾に、予言的に響く言葉をしたためている。

> 国内における底辺民衆の人権や痛みが見えない人が説く平和論は、いつか侵略論に変わるのではないかという、おそれをいだいています。国内における差別を黙認する者は、外国の民衆の苦痛など眼中におかずに、「平和のため」などといって侵略するのが常だからです。（小池 一九八二、一八四頁、傍点小田）

オホーツク地域で民衆史運動が盛んであった七〇年代から、約四〇年が経った。民衆史運動が取り組んだのと同様の問題は、現在の日本社会にも終わることなく存在している。さまざまな民族差別、戦争と植民地支配の被害者の声の否認、下請けや非正規、「ブラックバイト」などの形で搾取される労働者。北海道では「開拓」と称する植民地化の歴史を背景に、アイヌ民族に対して人種差別的犯罪といえる様々な形の暴力がふるわれてきた。その実態と被害者の傷は、不可視化される傾向にあり、昨今のヘイトスピーチへとつながっている。日本政府は一九九五年に国連人種差別撤廃条約に批准したが、人種差別を禁止する法の制定には及び腰のままだ。小池は足尾鉱毒事件に伴う強制移民の問題に取り組んだが、現代では、同様の構造（国策と企業との結びつき）の中で起きた福島原子力発電所事故により甚大な環境破壊と、多数の避難民が発生している。無数の被害者の痛みの声が、聴かれることなく抑え込まれている。人と人との、人と自然とのつながりが断ち切られる構造の中で、他者との対話と共生がさまたげられている。しかしここで悲観し、無力感を覚えるべきではない。視点を変えれば、分断を超えてつながり合う営為が、連綿と行われていることに気づくだろう。北海道の民衆史掘りおこし運動は、その中でも力強いもののひとつである。そこから学ぶべきである。

民衆史運動の力の源泉のひとつは、具体的な他者との出会いである。個別的な出会いは、社会全体の変革ということでは一見無力そうだが、決してそうではない。それは出会った人を、深く揺さぶり変える力がある。小池ら民衆史運動参加者はその力を体験した。その力は、他者の声を聴くことの力でもある（鷲田 一九九九）。他者の声へと自己を開きそれを迎えいれるとき、すなわち「歓待する」とき、〈痛み〉の感覚は回復し、新しいつながりが生まれる。

オホーツク民衆史講座は他者の声が聴かれる場、歴史の他者が出会い直す場であった（小田 二〇一四）。その場である講座を軸に民衆史運動が展開した。北見から去る直前、民衆史運動をふり返って、小池は述べている。「被害、加害の別なく、胸底にあるものをさらけ出せる「民衆史講座」という場を創り出したことを、望外の幸せに思っています」（オホーツク民衆史講座 一九八二、一五三頁、傍点小田）。それまで声が抑え込まれてきた人びと、普段は口外することができない記憶をもつ人びとが、安心して自らの声を表出できる場。〈痛み〉はこうした場においてアクチュアルに体験されたのである。歴史の他者との出会い直しの場、対話の場は今もなお、あるいは今でこそ必要である。そうした場をいかに開くのか。この課題にオホーツク民衆史講座は豊かなヒントを与えてくれる。

当然のことながらここで〈痛み〉は目的ではない。〈痛み〉の思想は、〈痛み〉のその先を指し示すものであるべきだろう。和人の侵略性を一度は厳しく非難した山本多助エカシは、一九七六年の「五民族連帯宿泊のつどい」でこう述べたという。

> 今晩おいでの方々は、皆自主的に参加した熱心な方々です。しかもここには、中国人、朝鮮人、オロッコ〔ウィルタ〕、和人とアイヌの五族がいます。国がやらなかった五族融和という大事業を、ささやかではありますが実現させたのです。これこそ、民主主義というダイヤモンドを掘りおこした北見の民衆史運動の、誇るべき頂点です。こんなうれしいことはありません。
> （オホーツク民衆史講座 一九七七、一二三頁）

ここでは「民主主義」という言葉が輝いている。一度なし得たことは、今日でもなし得る。〈痛み〉の先にこの喜ばしい出会いが実現した。これをどう広げ、永続きするものにできるだろうか。その取り組みはもはや過去の埋もれた歴史を掘りおこすことにとどまらず、これからの歴史を共に創っていくことである。

謝辞

貴重な資料をご提供くださった小池氏のご子息と、民衆史運動のご関係の皆さまに、深く感謝申し上げます。

参考文献

安積遊歩『癒しのセクシー・トリップ――わたしは車イスの私が好き！』太郎次郎社、一九九三年。

安積遊歩「中国、シベリアから帰った父と車イスの私」岩波書店編集部編『戦後を語る』岩波新書、一九九五年。

色川大吉「新たな民衆像の創出を――オホーツク民衆史講座に寄せて」『民衆史――その１００年』講談社学術文庫、一九九一年。

小田博志「足もとからの平和――北海道の「民衆史掘りおこし運動」から学ぶ」越田清和編『アイヌモシリと平和――〈北海道〉を平和学する！』法律文化社、二〇一二年。

小田博志「歴史の他者と出会い直す――ナチズム後の「和解」のネットワーク形成」小田博志・関雄二編『平和の人類学』法律文化社、二〇一四年。

オホーツク民衆史講座『語り出した民衆の記録――オホーツク民衆史』一九七七年。

オホーツク民衆史講座『民衆史運動――その歴史と理論』現代史出版会、一九七八年。

オホーツク民衆史講座『名もなき民衆の証言――オホーツク民衆史講座１００講記念』一九八二年。

小池喜孝「あの頃」（北見北斗高校8回生）『鼓動』四号、一九六一年。

小池喜孝「私の戦后史」（北見北斗高校8回生）『鼓動』七号、一九六四年。

小池喜孝『鎖塚――自由民権と囚人労働の記録』現代史資料センター出版会、一九七三年。

小池喜孝『北海道の夜明け――常紋トンネルを掘る』国土社、一九八二年。

小池喜孝「秩父事件に学ぶ②　加害の痛み」『冬扇通信』14、一九八八年a。

小池喜孝「秩父事件に学ぶ④　満州事変下の学生生活（つづき）」『冬扇通信』16、一九八八年b。

小池喜孝「秩父事件に学ぶ⑤　軍国主義教師だった頃」『冬扇通信』17、一九八九年a。

小池喜孝「秩父事件に学ぶ⑥　敗戦と教師の戦争加害」『冬扇通信』18、一九八九年b。

小池喜孝「秩父事件に学ぶ⑦　秩父事件との出逢い」『冬扇通信』19、一九八九年c。

小池喜孝「オホーツク民衆史講座」『岩波講座　日本通史　別巻2　地域史研究の現状と課題』岩波書店、一九九四年。

小池喜孝「〈私のなかの歴史〉民衆史家　小池喜孝さん　心を掘る5　公職追放」『北海道新聞』夕刊、二〇〇二年a一月九日、二〇〇二年b一月一〇日、二〇〇二年c一月一一日。

「〈コンパッション〉は可能か？」対話集会実行委員会編『〈コンパッション（共感共苦）〉は可能か？――歴史認識と教科書問題を考える』影書房、二〇〇二年。

高橋哲哉『証言のポリティクス』未來社、二〇〇四年。

田中了、D・ゲンダーヌ『ゲンダーヌ――ある北方少数民族のドラマ』現代史出版会、一九七八年。

橋本進「小池さんの祈りの姿――その「志」」小池喜孝先生を偲ぶ会実行委員会（編）『心を掘る――小池喜孝先生』二〇〇四年。

フォルジュ、ジャン-F著、高橋武智訳『21世紀の子どもたちに、アウシュヴィッツをいかに教えるか？』作品社、二〇〇〇年。

増田弘『公職追放論』岩波書店、一九九八年。

村岡恵理『アンのゆりかご――村岡花子の生涯』新潮文庫、二〇一一年。

森山弘毅「60年代前半の北斗高校と喜孝先生」小池喜孝先生を偲ぶ会実行委員会（編）『心を掘る――小池喜孝先生』二〇〇四年。

山本礼子『米国対日占領下における「教職追放」と教職適格審査』学術出版会、二〇〇七年。

鷲田清一『「聴く」ことの力――臨床哲学試論』TBSブリタニカ、一九九九年。

グレッグ・ドボルザーク(Greg Dvorak)
1973年生．一橋大学准教授．太平洋諸島・アジア地域歴史文化論(特にミクロネシアにおける戦争記憶，メディア，アート，ジェンダー問題)．著書に *Coral and Concrete: Remembering Japanese and American Empire in the Marshall Islands,* University of Hawai'i Press, forthcoming [2016], 論文に "The 'Martial Islands': Making Marshallese Masculinities Between Japanese and American Militarism", *The Contemporary Pacific,* Vol. 18, No. 1 など．

益田 肇(ますだ・はじむ)
1975年生．シンガポール国立大学准教授．アジア近現代史・アメリカ現代史．著書に *Cold War Crucible: The Korean Conflict and the Post-war World,* Harvard University Press, 論文に "Fear of World War III: Social Politics of Re-armament and Peace Movements in Japan during the Korean War, 1950-53", *Journal of Contemporary History,* Vol. 47, No. 3 など．

富田 武(とみた・たけし)
1945年生．成蹊大学名誉教授．ソ連政治史・日ソ関係史．著書に『シベリア抑留者たちの戦後――冷戦下の世論と運動 1945-56年』(人文書院)，『戦間期の日ソ関係 1917-1937』(岩波書店)など．

岡村正史(おかむら・まさし)
1954年生．エッセイスト．プロレス文化研究会代表．著書に『力道山――人生は体当たり，ぶつかるだけだ』(ミネルヴァ日本評伝選)，『力道山と日本人』(編著，青弓社)など．

カーティス・アンダーソン・ゲイル(Curtis Anderson Gayle)
1963年生．日本女子大学准教授．日本近現代史・ジェンダー研究．著書に *Marxist History and Postwar Japanese Nationalism,* Routledge; *Women's History and Local Community in Postwar Japan,* Routledge など．

小田博志(おだ・ひろし)
1966年生．北海道大学准教授．文化人類学．著書に『エスノグラフィー入門――〈現場〉を質的研究する』(春秋社)，『平和の人類学』(共編著，法律文化社)など．

[編者]
テッサ・モーリス-スズキ(Tessa Morris-Suzuki)
1951年生．オーストラリア国立大学教授．日本思想史・社会史．著書に『過去は死なない——メディア・記憶・歴史』(岩波現代文庫)，『日本を再発明する——時間，空間，ネーション』(以文社)など．

[執筆者]
道場親信(みちば・ちかのぶ)
1967年生．和光大学准教授．日本社会科学史・社会運動論．著書に『占領と平和——〈戦後〉という経験』(青土社)，『抵抗の同時代史——軍事化とネオリベラリズムに抗して』(人文書院)など．

平田由美(ひらた・ゆみ)
1956年生．大阪大学教授．日本文学・文化研究．著書に『女性表現の明治史——樋口一葉以前』(岩波書店)，『「帰郷」の物語/「移動」の語り——戦後日本におけるポストコロニアルの想像力』(共編，平凡社)など．

鹿野政直(かの・まさなお)
1931年生．早稲田大学名誉教授．日本近現代史・思想史．著書に『沖縄の戦後思想を考える』『鹿野政直思想史論集(全7巻)』(以上，岩波書店)など．

米山リサ(よねやま・りさ，Lisa Yoneyama)
1959年生．トロント大学教授．文化研究・文化人類学・日米研究．著書に『暴力・戦争・リドレス——多文化主義のポリティクス』，小沢弘明他抄訳『広島　記憶のポリティクス』(以上，岩波書店)など．

ラン・ツヴァイゲンバーグ(Ran Zwigenberg)
1976年生．ペンシルベニア州立大学准教授．近代史(日本の精神史や思想史，戦争の記憶を含む)．著書に *Hiroshima: The Origins of Global Memory Culture*, Cambridge University Press，論文に "The Hiroshima-Auschwitz Peace March and the Globalization of the Moral Witness", *Dapim: Studies on the Holocaust*, Vol. 27, No. 3 など．

ひとびとの精神史　第2巻
朝鮮の戦争 ── 1950年代

2015年8月25日　第1刷発行

編　者　テッサ・モーリス-スズキ

発行者　岡本　厚

発行所　株式会社　岩波書店
〒101-8002　東京都千代田区一ツ橋2-5-5
電話案内　03-5210-4000
http://www.iwanami.co.jp/

印刷製本・法令印刷　カバー・半七印刷

ISBN 978-4-00-028802-6　　Printed in Japan